T0102071

Contemporánea

José Saramago (Azinhaga, 1922-Tías, 2010) es uno de los escritores portugueses más conocidos y apreciados en el mundo entero. En España, a partir de la primera publicación de *El año de la muerte de Ricardo Reis*, en 1985, su trabajo literario recibió la mejor acogida de los lectores y de la crítica. Otros títulos importantes son *Manual de pintura y caligrafía*, *Levantado del suelo*, *Memorial del convento*, *Casi un objeto*, *La balsa de piedra*, *Historia del cerco de Lisboa*, *El Evangelio según Jesucristo*, *Ensayo sobre la ceguera*, *Todos los nombres*, *La caverna*, *El hombre duplicado*, *Ensayo sobre la lucidez*, *Las intermitencias de la muerte*, *El viaje del elefante*, *Caín*, *Poesía completa*, los *Cuadernos de Lanzarote I* y *II*, el libro de viajes *Viaje a Portugal*, el relato breve *El cuento de la isla desconocida*, el cuento infantil *La flor más grande del mundo,* el libro autobiográfico *Las pequeñas memorias*, *El Cuaderno*, *José Saramago en sus palabras*, un repertorio de declaraciones del autor recogidas en la prensa escrita, y *El último cuaderno*. Además del Premio Nobel de Literatura 1998, Saramago fue distinguido por su labor con numerosos galardones y doctorados *honoris causa*.

PREMIO NOBEL DE LITERATURA

José Saramago

De este Mundo y del Otro

Las maletas del viajero

Traducciones de
Basilio Losada

DEBOLS!LLO

Papel certificado por el Forest Stewardship Council®

Título original: *De este mundo ao outro / A bagagem do viajante*
Primera edición: octubre de 2022

Printed in Spain – Impreso en España

ISBN: 978-84-663-5987-0
Depósito legal: B-13.725-2022

Compuesto en M. I. Maquetación, S. L.
Impreso en Novoprint
Sant Andreu de la Barca (Barcelona)

P 3 5 9 8 7 0

De este Mundo y del Otro

La ciudad

Érase una vez un hombre que vivía fuera de los muros de la ciudad. Si había cometido algún crimen, si pagaba culpas de antepasados, o si sólo por indiferencia o por vergüenza se había retirado, eso es algo que no se sabe. Tal vez hubiera un poco de todo eso. Quizá hubiera un poco de todo, pues de lo feo y de lo hermoso, de la verdad y de la mentira, de lo que se confiesa y de lo que se esconde, construimos todos nuestra azarosa existencia. Vivía el hombre fuera de los muros de la ciudad, y de esa segregación, deliberada o impuesta, acabó por hacer un pequeño título de gloria. Pero no podía evitar (realmente, no lo podía) que en sus ojos flotara esa niebla melancólica que envuelve a todo desterrado.

Intentó algunas veces entrar en la ciudad. Lo hizo, no por un deseo irreprimible, ni siquiera por cansancio de su situación, sino por mero instinto de cambio o desasosiego inconsciente. Eligió siempre las puertas erradas, si puertas había. Y sí llegó a creer que había entrado en la ciudad, y quizá sí, era como si junto a la ciudad real hubiera imágenes de ella, inconsistentes como la sombra que en sus ojos se iba haciendo cada vez más densa. Y cuando esas imágenes se desvanecían, como la niebla que de las aguas se desprende al roce luminoso del sol, era el desierto lo que le rodeaba, y, a lo lejos, blancos y altos, con árboles plantados en las torres, y con jardines suspendidos en los miradores, los muros de la ciudad brillaban de nuevo inaccesibles.

De allá dentro llegaban rumores de fiesta. Así se lo decía, más que los sentidos, la imaginación. Rumores de vida serían, al menos. No la muerte solitaria que es la contemplación obstinada de la propia sombra. No la desesperación sorda de la palabra definitiva que se escapa en el momento en que sería, más que una palabra, una llave.

Y entonces el hombre bordeaba las largas murallas, tanteando, en busca de la puerta que, oscuramente, podría estarle prometida.

Porque el hombre creía en la predestinación. Estar fuera de la ciudad (si eso tenía real consistencia) era para él una situación accidental y provisoria. Un día, en el día exacto, no antes ni después, entraría en la ciudad. Mejor dicho: entraría en cualquier parte, que a eso se resumía su esperar. Que la niebla de la melancolía se hiciera noche sería un mal necesario, pero también provisional, porque el día predestinado traería una explicación: o quizá ni eso siquiera. Un final, un simple final. Una abdicación sería ya suficiente.

El hombre no sabía que las ciudades que se rodean de altos muros (aunque sean blandos y con árboles) no se toman sin lucha. No sabía el hombre que antes de la batalla por la conquista de la ciudad tendría que trabar otra batalla y vencer en ella. Y que en esta primera lucha tendría que luchar consigo mismo. Nadie sabe nada de sí antes de la acción en la que tendrá que empeñarse todo él. No conocemos la fuerza del mar hasta que el mar se mueve. No conocemos el amor antes del amor.

Llegó la batalla. Como en los poemas de Homero, también los dioses entraron en ella. Combatieron a favor y en contra, y algunas veces unos contra otros. El hombre que luchaba por vivir dentro de los muros de la ciudad cruzó espada y palabras con los dioses que estaban de su lado. Hirió y fue herido. Y la lucha duró largos, largos y largos días, semanas, meses, sin treguas ni reposo, unas veces junto a las murallas, otras tan lejos de ellas que ni la ciudad veía ni se sabía ya bien qué premio encontraría al final del combate. Fue otra forma de desesperación.

Hasta que, un día, el campo de batalla quedó libre y despejado como un estuario donde las aguas descansan. Sangrando, el hombre y el dios que había permanecido junto a él miraron de frente aquellas puertas abiertas de par en par. Había un gran silencio en la ciudad. Amedrentado aún, el hombre avanzó. A su lado, el dios. Entraron —y sólo después de haber entrado quedó habitada la ciudad.

Érase una vez un hombre que vivía fuera de los muros de la ciudad. Y la ciudad era él mismo. Ciudad de José, si un nombre queremos darle.

Una Navidad hace cien años

Quien dice cien, dice mil. O cuarenta. En fin, una eternidad. La tierra está aplastada de negrura. No llueve, andan lejos las tempestades: el aire está parado, denso de frío, y parece estallar como una red tenue de cristales suspendidos. Hay una casa, y luz dentro de ella. Y gente: la Familia. En la chimenea arden troncos de leña en fuego blando que de repente se encrespa cuando se le juntan unas ramas secas. Crece la llamarada entonces, se divide, sube por la chimenea tiznada, ilumina los rostros de la Familia y vuelve a quebrarse de inmediato. Se oye mejor el hervor de las cazuelas, la fritanga de aceite donde flotan las formas antiguas de los buñuelos, entre el humo espeso, grasiento, que va a entrañarse en las vigas del tejado y en las ropas húmedas. Son quizá las once, y la mesa está puesta, el momento es de paz y de conciliación —y la Familia anda por la casa, confusamente atareada, como un hormiguero.

Pronto saldrán todos hacia el patio trasero. Ahora va a ser lanzado el cohete que anuncia a los vecinos que ya el último buñuelo ha salido chorreando de la sartén y fue a caer en el lebrillo hondo en el que este producto de la dulcería casera aguarda el refinamiento último de la canela y del azúcar. Por las puertas abiertas, el Niño ve a la Familia sonriendo, formando y deshaciendo grupos alrededor del Abuelo, que sopla un tizón y lo acerca al pedazo de caña relleno de pólvora. Había pedido que le dejasen ayudar, pero no se lo consintieron: hay que andar con cuidado con los niños.

La pólvora se inflama bruscamente, lanza un chorro de chispas, silba —y el cohete se dispara hacia el aire helado, lo corta como una espada de fuego, y allá muy alto restalla, sonoro, entre los ecos de otro cohete distante. La varilla desciende con una luz desmayada, mortecina, y va a caer lejos, en los olivares, sobre los hierbajos helados. No hay peligro de incendio. De pronto, la Familia siente frío y vuelve a casa, llevando en brazos, entre los anillos, entre los tentáculos, al Niño que no había podido ayudar a tirar el cohete. El interior de la cocina está más frío. La Abuela lanza una brazada de virutas, y el fuego vacila, elige el lado más accesible de la leña y, mansamente, reanuda su trabajo de destrucción.

La Familia da vueltas en torno a la mesa, con muchos rostros rojos y sonrientes que tienen nombres pero que son, sobre todo, para el Niño, los Padres, los Abuelos, los Tíos, los Primos —un cuerpo de animal complicado que le recuerda la historia de la Serpiente-de-Siete-Cabezas o el Dragón-que-No-Duerme. Sobre la mesa hay, en este momento, una batalla de dientes, de dentelladas que deforman los rostros. Se cuentan casos, chistes, todos ríen. El frío está allá fuera, y la helada, y la noche impenetrable. El Niño se anima, ha olvidado ya la decepción, quizá dentro de un año le dejen lanzar el cohete solo. Tiene también una historia que contar, y va a contarla. Sólo está a la espera de una pausa, de un momento en que se callen todos, para ajustar su vocecilla trémula, porque la historia es importante, mucho más de lo que la Familia podría creer. Entonces, el momento se aproxima, el Niño se prepara, es ahora —empieza a hablar. La Familia mira asombrada, pone toda la atención que puede, pero esta atención no dura mucho, no puede durar, y alguien corta el relato con una frase que los hace reír a todos. Una frase que hará llorar al Niño.

Porque el Niño se levanta de la mesa, abre la puerta, se separa de la Familia y baja los tres peldaños que llevan al mundo. Allí delante hay un muro encantado, bajo, como de un mirador que diera a tierras desconocidas. El Niño se inclina sobre el muro, deja caer la cabeza sobre los brazos cruzados, y siente que se deshace dentro de él un nudo de lágrimas. De la casa llegan risas y voces, alguien habla en voz alta, y luego resuenan carcajadas. Hace mucho frío.

El cielo es alto y profundo. Visto desde allí, parece hecho de terciopelo negro, como si fuese posible llegarle con la mano. Y las estrellas. Duras, nítidas, implacables, casi feroces. Vistas a través de las lágrimas, son diferentes. Qué mundo extraño, éste. Bajo los pasos del Niño, el suelo estalla. Y, enfrente, los árboles negros, vagamente terroríficos, adoptan el aire confidencial de quien conoce los secretos todos.

La aparición

No es una historia de fantasmas, aunque sea una historia del otro mundo. Y tanto la podré contar en media docena de renglones apresurados como llenar y llenar hojas y más hojas de papel, esta crónica y otra, y las siguientes, hasta el infinito, hasta la rendición y la renuncia. Porque de antemano sé que todo cuanto diga o llegue a decir no va a bastar para aflorar siquiera la franja luminosa de la aparición nocturna. Es éste el defecto de las palabras. Partimos de la base de que no hay otro medio de entendernos y explicarnos, y acabamos descubriendo que nos quedamos en medio de la explicación, y tan lejos de entender que mejor sería haber dejado a los ojos y el gesto su peso de silencio. Tal vez incluso el gesto sea excesivo. A fin de cuentas, él no es más que el dibujo de una palabra, el caminar de una frase en el espacio. Nos quedan los ojos, y su acceso privilegiado a las apariciones.

Cosas de éstas no ocurren muchas veces en la vida. Dependen de una conjunción de tiempo y de lugar, del viaje terrestre de un ser determinado y de los impulsos oscuros o conscientes que en ese viaje lo hayan guiado. Dependen

(¿quién sabe?) de los astros, de su posición en el cielo, de la fase de la luna, de la hora en que ella nació o desaparecerá. Dependen de una sombra, de una vibración de la atmósfera. Dependen de que lleguemos en el momento exacto al sitio preciso. Tenemos una probabilidad entre un millón —y, no obstante, a veces ocurre.

Es de noche. Hay un camino entre dos hileras de árboles. Alguien avanza por ese camino, alguien al que el silencio asusta vagamente, y, más que el silencio, la soledad y el juego alternado de sombra y de luz que por el suelo se extiende. Es un muchacho que viene de lejos, de una fiesta de aldea donde estaba aquella eterna muchacha de quien nada se recibirá, pero que es, en sí misma, la promesa del futuro amor. Desde allí hasta la casa, el muchacho tiene que andar aún una legua. Pasará la noche, o lo que quede de ella, en una barraca de maderos, en un lecho de hojarasca y hojas secas de maíz. Habrá una niebla espesa cuando se despierte, y lo sabe porque se lo dicen varias señales en el cielo. Mientras tanto, va andando por el camino silencioso. No piensa. A aquella hora, la muchacha está durmiendo, se ha recogido, otra vez crisálida, en el capullo del que saldrá mariposa. El muchacho aguza el oído para distinguir los rumores nocturnos y sus amenazas. Del lado derecho de la trocha, hay un charco, donde, de vez en cuando, brillan hojas de espadas. La noche es terrible, ya lo sabemos.

De repente, el camino parece acabar. Traza una curva brusca, se esconde tras un vallado, y muestra, como para cortar el paso a quien pase, un árbol aislado, alto y alto, oscuro sobre el azul-negro del cielo. El muchacho siente el frío gélido del miedo. Se detiene, mira alrededor, da dos pasos atrás. El campo se ha recogido en un silencio mayor bajo la luz fantasmagórica de la luna. El árbol llena el camino y el espacio. Condensa en sus ramas toda la oscuridad de la noche. Tal vez allí encuentren cobijo las aves de nombres fúnebres y ojos amarillos. Y habrá murciélagos colgados cabeza abajo, envueltos en sus propias alas como en sudarios negros. Están allí, a la espera, los innominados terrores del mundo de la tiniebla.

Y vino la aparición. Desde muy lejos se aproximó una brisa que era un murmullo. Movió los tallos tiernos de los hierbajos, las navajas verdes de los cañaverales, hizo ondular en un estremecimiento de luz las aguas pardas de la charca, alzó como una ola las ramas extendidas, envolvió al muchacho en un rápido remolino —y siguió adelante hasta el árbol que lo esperaba. Y subió por el tronco y por las ramas, murmurando siempre. Y las hojas volvieron hacia la luna su faz oculta, y todo el árbol se cubrió de blanco hasta la rama más alta. Y a los ojos deslumbrados del muchacho, trémulo ahora de conmoción y asombro, la aparición del haya milagrosa se mostró en un vertiginoso segundo —que durará mientras dure la vida.

El zapatero prodigioso

Hoy quisiera una prosa descansada, tranquila, que dijera las cosas más serias de la manera más sencilla. Una prosa que se ayudase a sí misma, en la que yo no interviniera o no tuviera más presencia que la del contemplativo que descansa a la orilla del río y ve pasar las aguas. La historia de las personas está hecha de lágrimas, algunas risas, unas pocas pequeñas alegrías y un gran dolor final. Y todo puede ser contado en los más diversos tonos: elegiaco, dramático, irónico, reservado, y todos los otros cuya enumeración aquí no cabe o, si cabe, acabaría destrozándome la cadencia de la frase.

Conozco a este hombre desde que me conozco. No es rigurosamente verdad, pero me parece haberlo visto siempre sentado en su tronco desmochado, con el banco abarrotado de las herramientas del oficio y mil pequeños objetos que ya no servían para nada. Y todo reposaba en una capa inmemorial de tierra apisonada de la que emergían clavos torcidos, virutas de suela, residuos de un trabajo continuado y atento. La tienda era un cubículo con una puerta de metro y medio de altura (poco más), por donde sólo los niños podían entrar sin curvarse. Me descubrí hombre el día en que tuve que inclinar la cabeza. Allí pasé horas interminables mientras allá fuera rechinaba el calor en los cantos rodados con los que habían pavimentado la plaza. También al caer la tarde, cuando la primera brisa anunciadora de la noche erizaba como una advertencia las hojas de los plátanos que bordeaban la fuente.

Mi zapatero tenía muchos amigos, pero las horas de visita variaban de acuerdo con la posición social de cada uno. El médico nunca estaba allí cuando llegaba un andrajoso; el párroco no pasaba de la puerta; los labradores de aquellas tierras evitaban encontrarse con enemigos de la vecindad, y decían cosas graves y profundas o chismorreos desde la puerta mientras iban rebuscando con insistencia en los bolsillos del chaleco. Sólo yo era parroquiano de todas las horas. Mi condición de muchacho de la ciudad (porque allí vivía), gozando de grandes vacaciones, me convertía en una plataforma donde cualquiera podía representar su número. Oía los casos clínicos del médico, los monosílabos del pobre, las regañinas ásperas del cura o las interminables letanías del labrador. Mientras tanto, mi zapatero iba batiendo la suela, daba cera al bramante, hacía saltar los puntos o cortaba las rebabas con dos tajos secos y rigurosos.

Era un hombre enfermo, viejo antes de tiempo, retorcido como un sarmiento o un olivo viejo. Toda la fuerza se le había juntado en los brazos. Y yo, que nunca fui hombre de muchas musculaturas, tenía una envidia loca de aquellos hombros poderosos donde las cuerdas de los tendones se estremecían y se hinchaban en un ritmo que hoy quisiera llamar solemne. A mi zapatero le gustaba hablar y oír. Contaba casos de su juventud, vagas conspiraciones de tiempos remotos, la terrible y deliciosa historia de una pistola de la que tal vez acabe hablando yo también —¿qué sé yo, pasados tantos años? Mientras él hablaba, iba yo entreteniéndome en hacer agujeros en un trozo de suela con una lezna. O removía el agua a la que la suela en remojo daba un toque astringente. Y así pasaba el tiempo. Después, mi zapatero quería saber novedades. Yo se las daba, si podía, y adornaba la historia o la inventaba para darme a valer. ¿Me comprenden, verdad? Yo venía de la ciudad, no podía dejarlo sin las respuestas que él precisaba.

Hasta un día. Era al atardecer. Había llegado del río, después de muchas horas al sol, sucio de barro, con el alma limpia de tanto azul y verde —y media docena de peces ya secos, enfilados por las agallas con una rama verde de sauce. Iba a mostrar mi pesca. Mi zapatero mostró un interés moderado. Algo lo tenía preocupado. Se alisaba el pelo con la lezna, suspendía el movimiento de los brazos al tirar del bramante —señales que yo conocía muy bien y que anunciaban preguntas de grandísima importancia. Y llegó la pregunta. Decidido, mi viejo amigo tendió hacia atrás su cuerpo deformado, se echó las gafas hacia la frente y disparó:

—¿Crees tú en la pluralidad de los mundos?

¿Qué le respondí? Que sí, que no, que quizá, que Fontenelle dijo, que el otro replicó. Pero hoy pido a las grandes potencias que mandan hombres al espacio que me hagan el favor de averiguarlo rápidamente y que le den una respuesta a mi zapatero. Es un hombre lleno de interés que vive en una aldea y tiene un tenderete con un horizonte de plátanos de sombra que se erizan en la noche cuando el cielo se cubre de estrellas.

Carta a Josefa, mi abuela

Tienes noventa años. Estás vieja, dolorida. Me dices que fuiste la muchacha más hermosa de tu tiempo —y yo lo creo. No sabes leer. Tienes las manos gruesas y deformadas, los pies como acortezados. Cargaste en la cabeza toneladas de leña y de haces, albuferas de agua. Viste nacer el sol todos los días. Con el pan que has amasado podría hacerse un banquete universal. Criaste personas y ganado, metiste a los lechones en tu cama cuando el frío amenazaba con helarlos. Me contaste historias de apariciones y hombres lobo, viejas cuestiones de familia, un crimen de muerte. Viga maestra de tu casa, fuego de tu hogar —siete veces quedaste grávida, siete veces pariste.

No sabes nada del mundo. No entiendes de política, ni de economía, ni de literatura, ni de filosofía, ni de religión. Heredaste unos cientos de palabras prácticas, un vocabulario elemental. Con eso viviste y vas viviendo. Eres sensible a las catástrofes y también a los casos de la calle, a las bodas de las princesas y al robo de los conejos de la vecina. Tienes grandes odios por motivos de los que ya ni el recuerdo te queda, y grandes dedicaciones que no se asientan en nada.

Vives. Para ti, la palabra «Vietnam» es sólo un sonido bárbaro que nada tiene que ver con tu círculo vital de legua y media de radio. De hambres, sabes algo: viste ya una bandera negra izada en la torre de la iglesia. (¿Me lo contaste tú, o habré soñado que lo contabas?). Llevas contigo tu pequeño capullo de intereses. Y, sin embargo, tienes ojos claros y eres alegre. Tu risa es como un cohete de colores. Nunca he visto reír a nadie como a ti.

Te tengo delante, y no entiendo. Soy de tu carne y de tu sangre, pero no entiendo. Viniste a este mundo y no te has preocupado por saber qué es el mundo. Llegas al final de tu vida, y el mundo es aún para ti lo que era cuando naciste: una interrogación, un misterio inaccesible, algo que no forma parte de tu herencia: quinientas palabras, huerto al que en cinco minutos se da la vuelta, una casa de tejas y el suelo de tierra apisonada. Aprieto tu mano callosa, paso mi mano por tu rostro arrugado y por tu cabello blanco que resistió el peso de las cargas —y sigo sin entender. Fuiste hermosa, dices, y veo muy bien que eres inteligente. ¿Por qué te han robado, pues, el mundo? ¿Quién te lo robó? Pero quizá de esto entienda yo, y te diría cómo, y por qué, y cuándo, si supiera elegir entre mis innumerables palabras las que tú podrías comprender. Ya no vale la pena. El mundo continuará sin ti —y sin mí también. No nos habremos dicho el uno al otro lo que más importa.

¿Realmente no nos lo habremos dicho? No te habré dado yo, porque mis palabras no eran las tuyas, el mundo que te era debido. Me quedo con esa culpa de la que no me acusas —y eso es aún peor. Pero, por qué, abuela, por qué te sientas al umbral de tu puerta, abierta hacia la noche estrellada e inmensa, hacia el cielo del que nada sabes y por el que nunca viajarás, hacia el silencio de los campos y de los árboles en sombra, y dices, con la tranquila serenidad de tus noventa años y el fuego de tu adolescencia nunca perdida: «¡El mundo es tan bonito, y me da tanta tristeza morir!».

Eso es lo que yo no entiendo —pero la culpa no es tuya.

Mi abuelo, también

Tal vez el día lluvioso sea el responsable de esta melancolía. Somos una máquina complicada en la que los hilos del presente activo se enredan en la tela del pasado muerto, y todo eso se cruza y entrecruza de tal modo, en lazos y apreturas, que hay momentos en los que la vida cae toda sobre nosotros y nos deja perplejos, confusos y súbitamente amputados del futuro. Cae la lluvia, el viento disloca la compostura árida de los árboles deshojados —y de tiempos pasados viene una imagen perdida, un hombre alto y flaco, viejo, que ahora se aproxima, por una senda encharcada. Trae un cayado en la mano, un capote embarrado y antiguo, y por él resbalan todas las aguas del cielo. Delante, avanzan los animales fatigados, con la cabeza baja, rasando el suelo con el hocico. Hombre y animales avanzan bajo la lluvia. Es una imagen común, sin belleza, terriblemente anónima.

Pero este hombre que así se aproxima, lento, entre cortinas de lluvia que parecen diluir lo que en la memoria no se ha perdido, es mi abuelo. Viene cansado, y viejo. Arrastra consigo setenta años de vida difícil, de dificultades, de ignorancia. Y con todo, es un hombre sabio, callado y metido en sí, que sólo abre la boca para decir las palabras importantes, las que importan. Habla tan poco (son pocas las palabras realmente importantes) que todos nos callamos para escuchar cuando en el rostro se le enciende algo como una luz de advertencia. Eso aparte, tiene un modo de estar sentado, mirando a lo lejos, aunque ese lejos sea sólo la pared más próxima, que llega a ser intimidante. No sé qué diálogo mudo lo mantiene ajeno a nosotros. Su rostro está tallado a hachuela, fijo, pero expresivo, y los ojos, pequeños y agudos, tienen de vez en cuando un brillo claro como si en ese momento algo hubiera sido definitivamente comprendido. Parece una esfinge, diré yo más tarde, cuando las lecturas eruditas me ayuden en estas comparaciones que abonan una fácil cultura. Hoy digo que parecía un hombre.

Y era un hombre. Un hombre igual a muchos de esta tierra, de este mundo, un hombre sin oportunidades, tal vez un Einstein perdido bajo una espesa capa de imposibles, un filósofo (¿quién sabe?), un gran escritor analfabeto. Algo sería, algo que nunca pudo ser. Recuerdo ahora aquella noche tibia de verano cuando dormimos, los dos, bajo la higuera —lo oigo hablar aún de lo que había sido su vida, del Camino de Santiago que sobre nuestras cabezas resplandecía (cuántas cosas sabía él del cielo y de las estrellas), del ganado que lo conocía, de las historias y leyendas que eran su caudal de la infancia remota. Nos dormimos tarde, enrollados en la manta lobera, porque al amanecer refrescaría sin duda y el rocío no caía sólo sobre las plantas.

Pero la imagen que no me abandona es la del viejo que avanza bajo la lluvia, obstinado y silencioso, como quien cumple un destino en el que nada se puede modificar. A no ser la muerte. Pero, entonces, este viejo, que es mi abuelo, no sabe aún cómo va a morir. Aún no sabe que pocos días antes de su último día va a tener la premonición (perdona la palabra, Jerónimo) de que ha llegado el fin. E irá, de árbol en árbol de su huerto, abrazando los troncos, despidiéndose de ellos, de los frutos que no volverá a comer, de las sombras amigas. Porque habrá llegado la gran sombra, mientras la memoria no lo haga resurgir en el camino encharcado o bajo la concavidad del cielo y la interrogación de las estrellas. Sólo esto —y también el gesto que de repente me pone en pie y la urgencia de la orden que llena el cuarto tibio donde escribo.

El afilador

No es bueno mirar para el pasado. El pasado es ese armario de los esqueletos del que hablan los ingleses, gente discreta, de poco sol y aún menos alborozo. Pero, a veces, la memoria, por caminos que ni siquiera sabemos explicar, trae al día en que vivimos imágenes, colores, palabras y figuras. ¿Cómo voy yo ahora, por ejemplo, a saber por qué diablos aparece ante mí un hombrecillo de boina medio caída empujando su máquina de una sola rueda, mientras arranca de una siringa o flauta de Pan la melodía que es su tarjeta de visita? Si no es una añoranza que exige represión, sí es, al menos, algo que tendrá que ver con cierta defectuosa conformidad con el presente.

La verdad es que no lo sé. Tenemos ahí a ese hombre, de escasas y gallegas palabras, muy metido en sí. Era una figura que tenía su porqué de simpatía. Venía de lejos el afilador, y pasaba. Raíces, ninguna, o allá muy lejos, en los «airiños da súa terra». Pero, para los años que entonces yo tenía, esos de donde me llega ahora el hombre entero, la rueda de afilar y la flauta, había algo siniestro en la suma que de todo esto se extraía. ¿Cómo lo diré? La calle estaba tranquila, recatada, con ropas en las ventanas, tal vez claveles, si era tiempo de ellos, o geranios, que es flor de todo tiempo, o casi. De repente (nada de «de repente», pensándolo mejor, porque el sonido empezaba a oírse de lejos), la melodía entraba calle adentro y ponía en frenesí a las amas de casa. Era un rebuscar desatinado en cajones de cocina, en cestas de costura, un bajar precipitado escaleras abajo. El afilador se instalaba y quedaba allí, a veces todo el día, poniendo parches en lebrillos de barro, fondos de sartén, arreglando paraguas —y, sobre todo, afilando cuchillos y tijeras melladas por la doméstica tarea de cortar.

A mí, que acechaba tras los cristales, me aterrorizaba la expresión concentrada del afilador, atento al filo, como si para él no hubiese (y no la había) misión más importante en la vida que dar a cada uno un filo vivo, que serviría para la prosaica tarea de pelar patatas, para degollar menos prosaicamente una gallina (eran rareza entonces los pollos), o para poner al sol las tripas de un enemigo. Indiferente, el afilador probaba el filo. En cuanto al beneficio, si se lo preguntaban, tal vez respondería con un aria de su flauta.

Llegada la noche, desaparecía. En el interior de las casas se probaba el corte, había centelleos fríos de acero disponible, y si entonces supiese yo lo que eso significaba, diría que toda la calle quedaba apestada por una atmósfera de sadismo. Las pacíficas amas de casa, tijera en ristre, lanzaban miradas enloquecidas alrededor, en busca de víctimas. Aquel día no se podía hablar más alto o practicar un acto fuera de lo común y cotidiano. La presencia viva del acero asustaba a los niños y a las aves del corral.

Mientras tanto, a lo lejos, el sonido de la flauta iba desvaneciéndose. Y yo, un chiquillo que vivía apretado en la piel que en la vida le había tocado en suerte, lanzaba el vaho a los cristales y trazaba dibujos incomprensibles, con la vaga inquietud de quien adivina que hay en las cosas sentidos ocultos que sólo ocultamente pueden ser entendidos.

Nadie se baña dos veces en el mismo río

Estoy tumbado en la orilla. Dos barcas, sujetas a un tronco de sauce cortado en remotos tiempos, oscilan movidas por el viento, no por la corriente, que es blanda, lenta, casi imperceptible. El paisaje que tengo delante lo conozco ya. Por una abertura entre los árboles veo las tierras lisas de las márgenes fangosas, y, al fondo, una franja de vegetación verde oscuro, y luego, inevitablemente, el cielo en el que flotan nubes que ya no son tan blancas, porque la tarde toca a su fin y hay un tono nacarado que es el día que se extingue. Mientras tanto, el río corre. Mejor se diría que anda, que se arrastra, pero no es costumbre.

Tres metros por encima de mi cabeza hay, prendidos en las ramas, manojos de paja, espigas de maíz, aglomerados de lodo seco. Son los vestigios de la riada. A la izquierda, en la otra orilla, se alinean los fresnos que, a esta distancia, por obra del viento que estremece sus hojas con una vibración interminable, me recuerdan el interior de una colmena. Es el mismo hervor, una especie de zumbido vegetal, una palpitación (es lo que pienso ahora), como si diez mil aves hubiesen brotado de las ramas en una ansiedad de alas que no pueden alzar el vuelo.

Mientras voy pensando, sigue pasando el río en silencio. Viene ahora en el viento, de la aldea, que no queda lejos, un quejumbroso tañido de campanas: alguien ha muerto, sé quién ha sido, pero ¿de qué sirve decirlo? Allá, muy altas, dos garzas blancas (o quizá no sean garzas, es igual) dibujan un baile sin principio ni fin: han venido a inscribirse en mi tiempo, irán después continuando el suyo, sin mí.

Miro ahora hacia el río, que conozco tan bien. El color del agua, su manera de deslizarse a lo largo de las orillas, las espadañas verdes, las plataformas de limo donde las libélulas (también llamadas quitaojos) posan el extremo de las pequeñas garras —este río es algo que corre en mi sangre, algo a lo que estoy prendido desde siempre y para siempre. Navegué en él, aprendí en él a nadar, conozco sus pozos y los escondrijos donde los barcos se detienen inmóviles. Más que un río, es quizá un secreto.

Y, con todo, estas aguas no son ya mis aguas. El tiempo fluye en ellas, las arrastra y va arrastrado en la corriente líquida, lentamente, a la velocidad (aquí en la tierra) de sesenta segundos por minuto. ¿Cuántos minutos han pasado ya desde que me tendí en la orilla, sobre el heno seco dorado? ¿Cuántos metros anduvo aquel tronco podrido que oscila? Suenan aún las campanas; en la tarde se ha notado un estremecimiento, ¿dónde están las garzas? Lentamente, me levanto, sacudo la hierba seca agarrada a mi ropa, me calzo. Cojo una piedra, un trozo de cuarzo redondeado y denso, lo tiro al aire, en un gesto del pasado. Cae en medio del río, se hunde (no lo veo, pero lo sé), atraviesa las aguas opacas y se posa en el lodo del fondo, se entierra un poco. Ha cambiado de lugar, tal vez el invierno lo arrastre más allá, lo restituya a la orilla desde donde lo arrojé. Tal vez quede allí para siempre.

Bajo hasta el agua, hundo en ella las manos, y no las reconozco. Me vienen a la memoria otras manos hundidas en otro río. Mis manos de hace treinta años, el río antiguo de aguas que se han perdido ya en el mar. Veo pasar el tiempo. Tiene el color del agua y va cargado de detritus, de pétalos arrancados, de un sonar medido de campanas. Yo sacudo las manos cargadas de tiempo y me las llevo a los ojos —mis manos de hoy, con las que me aferro a la vida y a la verdad de esta hora.

Las bondadosas

En la vida de cada uno de nosotros hay siempre una Vieja Casa. La mía ya no existe. Durante más de cien años, sus cuatro paredes ciegas (digo «ciegas» porque no tenían ventanas, sólo un postigo) defendieron del frío y de la lluvia a quienes allí vivieron. «Defendieron» es una manera de decir, porque, en definitiva, en el invierno el agua se helaba en los cántaros y la lluvia encharcaba el suelo de tierra pisada. Entre las tejas se veían las estrellas, y la luz de la luna llevaba a la noche entera a pasear por dentro de la casa, silenciosa como un alma pacífica del otro mundo que, de éste, sólo tuviera buenos recuerdos.

La casa ya no existe. La demolió una historia de partijas y de odios fraternos, aullada ante el asombro de un rostro viejo. Razón tenía Gide cuando exclamaba: «¡Familias, os odio!». El catecismo del rencor nunca tuvo mejores catecúmenos. Eran cuatro palmos de tierra pobre y fueron disputados como si del mundo se tratase. Papel sellado, leyes y abogados salaron la herida, y allí quedó una familia cortada en pedazos, y cada uno de estos pedazos, gritando. Una historia como tantas. No vale la pena insistir: me sobran ya razones para el pesimismo.

Ante el espacio que la casa ocupó, me di cuenta de que el tiempo, pese a los estragos que en nosotros hace, no tiene mucha importancia: estar vivos es ya de por sí una victoria. Pero la desaparición de las cosas es grave. Si me es permitido expresarme así, diré que la casa había organizado el espacio de un modo determinado, había dibujado un perfil particular del cielo, había dispuesto sus volúmenes como elementos del paisaje, era paisaje. Y ahora había allí otra casa, adornada de marmolita donde tendrá buen nido el polvo, con arriates colgados de las ventanas para que las flores, laboriosamente, procuren honrar su condición de plantas.

La vi y seguí andando, y ni siquiera miré hacia atrás. Nada tenía yo que ver con lo que allí quedaba: una casa sin pasado, que algún día lo tendrá, sin duda, pero que, moldeado en otro espacio, no será el mío. Así mueren las infancias, cuando ya no son posibles los regresos porque, cortados los puentes, bajan hacia el agua infatigablemente las vigas descoyuntadas en el espacio ajeno. Entonces, no hay más remedio que hacer como las culebras: dejar la piel en la que ya no se cabe, abandonarla en el suelo, o colgada de un matojo rastrero, y pasar a la edad siguiente. La vida es breve, pero en ella cabe mucho más de lo que somos capaces de vivir.

Más tarde, oí el relato circunstanciado de la guerra familiar. Ya entonces la conmoción se había hundido hasta desaparecer en el hábito iniciado de ya no tener Vieja Casa: escuché serenamente la historia lamentable, el juego interesado de alianzas, el parloteo vacuo de los leguleyos, el dicho calumnioso, la furia y la soberbia en la plaza pública. Un caso de ambición sin grandeza, algo de lo que nada más se saca que desprecio e indiferencia.

Pero me gané el día. Porque en un momento determinado, cuando entraron en los pormenores de la demolición (y ahí temblé por mí: lo que desaparecía era mi espacio), me dijeron que hasta vinieron al final las bondadosas. Me sobresalté: en una historia sin bondad, ¿qué venían a hacer las bondadosas? ¿Y quiénes eran esas criaturas a última hora aparecidas para reconciliarme con la especie humana? No, no tardé mucho tiempo en entender: las tales bondadosas no eran almas vivientes, eran los bulldozers que habían echado abajo, en un santiamén, las paredes de la Vieja Casa, la que me ha servido de pretexto para evocaciones y lirismos.

Me sentí profundamente satisfecho. Aquel pueblo, ante la palabra bárbara, le había dado un giro a la fonética y la había dejado consonante con la lengua. Para las gentes de mi tierra, los bulldozers, estas máquinas poderosas que con dos acometidas tiran un muro al suelo, desgarran tapias, empujan, nivelan, abren caminos, son las bondadosas, *as bondadosas.* Perdí una casa vieja, pero he ganado una palabra nueva. No fue malo el negocio.

Caer en el cielo

Este mundo nuestro no es avaro en emociones. Podemos quejarnos de todo, pero no de monotonía. Tenemos guerras de grande y pequeño formato, tenemos trasplantes, infartos cardiacos, tenemos a los hippies y el poder de la flor (y el poder negro también), tenemos los movimientos de la corteza terrestre y los terremotos sociales, las campañas presidenciales, los asesinatos de presidentes o candidatos, las drogas y las modas, y las excursiones turísticas, y los retrasos de los trenes, y los ordenadores, que puntualmente preparan el descubrimiento de cualquier cosa para cualquier día, y (como la lista no se acabaría nunca) estamos también nosotros en este mundo, queriendo saber qué pasa por ahí, o al contrario, nada interesados en saberlo. Todo esto, de una manera o de otra, llena nuestro tiempo. Y así lo vamos matando (al tiempo), vagamente inquietos, vagamente perplejos, como actores que de repente se hubieran olvidado del papel y mirasen desconcertados, a la espera de que el apuntador les sople el texto que les permita volver a engranar sus palabras. Y el problema es éste: que nos falta apuntador.

Mientras tanto, en esta disponibilidad en que vivimos, puede ocurrir (y ocurre) que, en un momento dado, un lugar, una luz determinada, nos haga viajar en el tiempo, viajar hacia atrás, hacia otra hora, otra luz y otro lugar que, generosamente, nos hayan colmado de promesas. Nos viene entonces el remordimiento de no haber sido, o de haber sido menos de lo que a nosotros mismos nos debíamos. Parece complicado, pero es muy sencillo.

Recuerdo que hace muchos años estaba yo tumbado en el suelo, en el campo (todos nosotros debiéramos haber nacido y vivido en el campo), con el cielo encima, azul, con lentas nubes. De espaldas, era la posición, y es la posición para quien quiera someterse a la experiencia. Es importante que haya silencio (un leve fondo sonoro de cigarras, follaje y trinos de aves son cosas que no perturban. De todo esto había en el momento del que hablo). Estaba yo tumbado de espaldas y tenía el cielo sobre mí. Y bruscamente el cielo se convirtió en algo donde uno podía caer. No era la fuerza de la gravedad lo que me mantenía pegado a tierra sino mi voluntad. Con las manos extendidas en el suelo, enterraba los dedos en la hierba blanda —mientras el cielo se volvía cada vez más profundo y más azul, y las nubes, más lentas, hasta quedar todo en suspenso en un minuto de terror absoluto y de fascinación. Yo iba a caer en el cielo infinitamente. Animal de este planeta, sin alas que me llevasen siquiera a la nube más baja, me senté bruscamente, rodé de bruces, pegando el rostro a la tierra húmeda. Sólo por eso no fui el primer cosmonauta de la historia.

Fue una pequeña emoción en un mundo ya entonces abundante en emociones. Ahora bien, hace unos días me ocurrió también de nuevo estar a punto de caer en el cielo.

Era también azul, y había nubes. No alborotaban las cigarras ni los pájaros. El tiempo pasado se anuló de pronto, el hombre se encontró convertido en niño —y el cielo renovó sus tentaciones. ¿Qué ha sido lo que yo no hice?, me pregunto, pues, ahora. ¿Qué cosas me fueron prometidas y negadas, o dadas y perdidas? ¿Qué viene a hacer aquí este hermoso demonio azul, este vértigo, esta tentación de renuncia, o sólo la rápida consciencia de una dimensión poética que el mundo no aguanta, o no la aguanto yo viviendo en él?

Me dejé estar mirando al cielo. Sabía muy bien que no iba a caer hacia arriba. El tiempo reconstruyó lo que había deshecho: me encontré de nuevo siendo quien soy y en el mundo en que vivo. Vagamente inquieto, vagamente perplejo primero, pero pronto, mientras me secaba una gota de sudor que se deslizaba a lo largo de mi pescuezo, recobré el recuerdo de la frase que había olvidado: «No sé qué hago aquí, y es importante que lo sepa. Pero más importante es hacer». Y me volví hacia mi lado derecho como quien se reconoce y se entrega.

Nace en la sierra de Albarracín, en España

Este verso de once sílabas entra en Portugal por Vila Velha de Ródão. Va haciendo de camino su cosecha de nombres altisonantes: Toledo, Aranjuez, y luego, cansado de hojas damasquinadas y de graves sones de viola, se abre todo para recibir la luz del sol y reflejar la llanura azul del cielo. Y, para mejor recibirlas, elige los campos más abiertos, aquéllos donde va a ser como un dios: presencia de todas las horas, frescor de todas las sedes, alimento de raíces y de barcos. Es una trenza líquida, centelleante, que resbala como seda entre los brazos tendidos de las márgenes, hileras interminables de árboles a los que milagrosamente han puesto nombres perfectos: fresno, sauce, chopo, haya, abedul.

Es, a veces, una furia mansa y obstinada de agua cargada de barros, de un limo que es materia orgánica, carne de animales, fibras de plantas maceradas, hojas machacadas en el gran almirez del invierno. Es entonces un dios hastiado, un tanto condescendiente: no empuja, raramente ahoga, no levanta el pilón de las grandes crecidas. Todo su genio se manifiesta en paseos insidiosos, en rodeos de mansedumbre, y si de vez en cuando alza la voz, es sólo porque le pusieron en su camino un dique, una barrera. Casi nunca los destruye, les pasa por encima, indiferente como un gran señor.

Sobre él, recogiendo quizá de las aguas las exhalaciones propicias, corre aquel viento que, según la leyenda antigua, fecunda las yeguas ribereñas, ese viento que agita las ramas más altas, que eriza el verdor de las hierbas y sustenta el vuelo de las cigüeñas y el planear amenazante de los milanos. Es tan alto este cielo que caben en él todas las nubes y sobra espacio para el vuelo ilimitado del guardarríos de pecho azul. Caben en él también las miradas de las gentes de las márgenes que miden las promesas y los temores del sol y de la lluvia. Y el río, si es verano, se vuelve sinuoso, entre grandes bancos de arena blanca cargada de sílice, de cuarzo, que ofusca los ojos en la tremolina de las horas ardientes. Y si otra vez es invierno, toma impulso en el descansillo de las arenas y entra en los barbechos y en las casas, convierte los olivares en plantaciones acuáticas y expulsa a gentes resignadas y a animales que han heredado ya esta ciencia de las crecidas inmemoriales.

Os estoy hablando de un río que es como un ser vivo en el que se incrustaron otros seres vivos. Hay entre él y ellos un diálogo, una comunicación de sangre a sangre que no se tradujo en cantares ni en historias comunes. El pueblo de las márgenes trata a su río familiarmente. Conoce sus hábitos y sus mañas, ha trazado la carta de sus remolinos y de sus arenales. No lo toma muy en serio, ni siquiera cuando el sufrimiento, las privaciones y el luto vienen en el correr del agua turbia. El río pasa, el hombre allí está, y todo esto se ha organizado en una correlación de mutua necesidad en la que el hombre, ahora vencido, es siempre al fin el vencedor, porque es el más paciente de los dos.

Este verso de once sílabas canta en Portugal desde que aún Portugal no existía. Ha modelado el rostro de una tierra, le ha dado una serena belleza de horizontes, una melancolía peculiar de espacios libres y planos. Será río para siempre, camino en marcha donde son puestos a navegar los barcos de corcho que los niños ahuecan, y donde los más viejos posan sus ojos, meditando confusamente sobre esa relación hombre-río, con la súbita percepción de un destino aún por cumplir.

Viajes por mi tierra

Para mí, lo mejor de *Viajes** no es Joaninha de los Ojos Verdes. Tanta inocencia y pureza me hacen pensar que he estado tratando con un ángel, y yo no puedo imaginar situación más embarazosa que la de estar un hombre, lleno de contradicciones, ante la delicuescencia de una criatura angélica. No veo otro remedio para ese hombre que el de cubrirse el rostro y volver a las tinieblas de su baja condición. Aunque conserve la añoranza de un bien inaccesible, es decir, aunque lleve una contradicción más para unirla a las otras. Decididamente, el nivel del barro es aún el funda-

* *Viagens na minha terra*, de João de Almeida Garrett (1799-1854), es un libro capital de la literatura portuguesa. Se centra en la narración de un viaje del autor desde Lisboa hasta Santarem. Con su estilo, cuajado de reflexiones, divagaciones, ironía y búsqueda de la complicidad constante del lector, rompió con el énfasis de la literatura dieciochesca. Garrett busca el tono coloquial, las asociaciones fugaces, y manifiesta una sensibilidad nueva, irónica y dúctil, que renovó la prosa portuguesa. Entre las impresiones de viaje se intercala una novelita romántica cuya protagonista es la cándida Joaninha. *Viagens* fue publicado como folletín entre 1843 y 1845. En volumen apareció en 1846. *(N. del T.)*

mento más seguro para empezar a construir peldaños. Se ensucia un poco el alma y las manos, pero al menos nos queda el consuelo de ser, en ese trabajo, al mismo tiempo, arquitecto, albañil y materia prima.

Llegado a este punto, descubro que me he alejado de mi propósito inicial. Es una vieja costumbre de la que no pienso enmendarme: en el fluir del pensamiento, una cosa tira de la otra, y, si no me meto en vereda, ocurre, como ha ocurrido ahora, que sale uno de la literatura y acaba en la construcción civil. Pues eso no va a ocurrir esta vez. Pero, antes de seguir adelante, quiero añadir aún que en los *Viajes* lo que más me gusta es aquel placer disgresivo de Garrett, que va saltando de tema en tema con un aire de benigna indiferencia, pero que, en el fondo, nunca pierde el norte ni una gota de agua para que pueda andar su molino. Bien sé que los tiempos, aquí para nosotros, no están para crónicas. Dividido entre el título de la primera página y el boletín meteorológico (o no), entre las noticias del extranjero y las actividades locales —el lector aparta los ojos cargados de preocupaciones o con billete para las evasiones posibles. ¿Crónicas? ¿Qué es eso? ¿Pretextos, o testimonios? Son lo que pueden ser. Pero si fuese Garrett quien las escribiera, ¡otro gallo cantara!

Pues (y ahora soy yo quien llega) lo mejor de los *Viajes* es exactamente el viaje, la crónica. Si el lector no lo conoce, o no se acuerda ya, abra el libro y saboréelo. Comience de inmediato por el título *Viajes por mi tierra.* Leídas estas palabras, hace uno una pausa, deja que se deslicen los dedos hacia la vaguada de la meditación y murmura: viajes por mi tierra. La tierra de que se habla no va más allá de Santarem, queda aún media legua por andar y otros valles con otros ruiseñores —o sin ellos. Y tanto es así que no pude pasar de las primeras líneas del primer capítulo: «De cómo el autor de este erudito libro decidió viajar por su tierra...». Se me hizo un nudo en la garganta y empecé a mirar, desde el horizonte de esta mesa, a esa tierra que es mía, que no conozco toda, que apenas conozco, de la que tan poco sé, donde hay gente que habla mi lengua, gente para la que escribo estas crónicas, que son como puentes lanzados al espacio vacío en busca de suelo firme donde dar asiento a su esperanza de duración. Y entonces me vino de aquí dentro una grande y grave cólera contra la literatura que de todo hace motivo y ocasión. Pensé en una cura de silencio. ¿Más silencio?, preguntará el lector. No, le respondo: un silencio diferente. El silencio de quien reflexiona, de quien se recoge en sí, de quien pesa y mide sus fuerzas. El silencio de quien reflexiona, de quien se encuentra colocado en el arranque de una carretera y convoca las fuerzas preciosas que el viaje le va a exigir. El viaje por mi tierra, pues de ella estoy hablando.

¿Y Joaninha de los Ojos Verdes? Ángel o no, iría con nosotros. Quién sabe si no poblaríamos de ruiseñores todos los valles de Santarem. ¿Qué? Tiene razón, amigo mío, también esto es literatura.

Las palabras

Las palabras son buenas. Las palabras son malas. Las palabras ofenden. Las palabras piden disculpa. Las palabras queman. Las palabras acarician. Las palabras son dadas, cambiadas, ofrecidas, vendidas e inventadas. Las palabras están ausentes. Algunas palabras nos absorben, no nos dejan: son como garrapatas, vienen en los libros, en los periódicos, en los mensajes publicitarios, en los rótulos de las películas, en las cartas y en los carteles. Las palabras aconsejan, sugieren, insinúan, conminan, imponen, segregan, eliminan. Son melifluas o ácidas. El mundo gira sobre palabras lubrificadas con aceite de paciencia. Los cerebros están llenos de palabras que viven en paz y en armonía con sus contrarias y enemigas. Por eso la gente hace lo contrario de lo que piensa creyendo pensar lo que hace. Hay muchas palabras.

Y están los discursos, que son palabras apoyadas unas en otras, en equilibrio inestable gracias a una sintaxis precaria hasta el broche final: «Gracias. He dicho». Con discursos se conmemora, se inaugura, se abren y cierran sesiones, se lanzan cortinas de humo o se disponen colgaduras de terciopelo. Son brindis, oraciones, conferencias y coloquios. Por medio de los discursos se transmiten loores, agradecimientos, programas y fantasías. Y luego las palabras de los discursos aparecen puestas en papeles, pintadas en tinta de imprenta —y por esa vía entran en la inmortalidad del Verbo. Al lado de Sócrates, el presidente de la junta domina el discurso que abrió el grifo fontanero. Y fluyen las palabras, tan fluidas como el «precioso líquido». Fluyen interminablemente, inundan el suelo, llegan hasta las rodillas, a la cintura, a los hombros, al cuello. Es el diluvio universal, un coro desafinado que brota de millares de bocas. La tierra sigue su camino envuelta en un clamor de locos, a gritos, a aullidos, envuelta también en un murmullo manso represado y conciliador. De todo hay en el orfeón: tenores y tenorinos, bajos cantantes, sopranos de do de pecho fácil, barítonos acolchados, contraltos de voz-sorpresa. En los intervalos se oye el punto. Y todo esto aturde a las estrellas y perturba las comunicaciones, como las tempestades solares.

Porque las palabras han dejado de comunicar. Cada palabra es dicha para que no se oiga otra. La palabra, hasta cuando no afirma, se afirma: la palabra no responde ni pregunta: encubre. La palabra es la hierba fresca y verde que cubre los dientes del pantano. La palabra no muestra. La palabra disfraza.

De ahí que resulte urgente mondar las palabras para que la siembra se convierta en cosecha. De ahí que las palabras sean instrumento de muerte o de salvación. De ahí que la palabra sólo valga lo que vale el silencio del acto.

Hay, también, el silencio. El silencio es, por definición, lo que no se oye. El silencio escucha, examina, observa, pesa y analiza. El silencio es fecundo. El silencio es la tierra negra y fértil, el humus del ser, la melodía callada bajo la luz solar. Caen sobre él las palabras. Todas las palabras. Las palabras buenas y las malas. El trigo y la cizaña. Pero sólo el trigo da pan.

Son alas

La plaza tiene una estatua de bronce: un hombre alto, oscuro, más alto allí que cualquiera de nosotros. En todo caso, hay semejanza entre la estatua y quien atraviesa la plaza. Quitando las diferencias de vestimenta, es el mismo perfil. Dicen que es Luís de Camões. Lo será. Una vez al año le ponen ramos de flores a sus pies, con una mezcla de compunción y prisa, como quien va a dar el pésame por un muerto que nada nos importa. Le llaman Luís de Camões y está muerto. Hará cuatrocientos años que lo está. Cuando los haga, habrá conmemoraciones especiales, cortejos cívicos, recitales populares o no, discursos —quizá un banquete. Pero el viejo Luís Vaz de Camões, a quien por las malas acciones llamaron Trincafuertes, seguirá muerto.

Este hombre, en el fondo, no es pariente nuestro. Porque el parentesco no tiene nada que ver con el lugar de nacimiento ni con los lazos de la familia. Más bien, hermano, es carne y sangre, espíritu y comunión de espíritu. ¿Y qué comunión va a existir entre nosotros, que pasamos por la plaza, y el poeta sobre quien el tiempo pasa y vuelve a pasar? Su voz está encerrada en sus labios de bronce. Los ecos de esa voz, que resuenan de verso en verso como entre montañas que se hablan y responden, no llegan a los duros oídos de este tiempo. No es ésta hora de poetas, aunque los inmortalicen en bronce. La estatua es una justificación, el remordimiento ante un desamor.

Estas voces, poderosas o débiles, estas voces de poetas que van acompañando el correr de los días, plantando al lado de las carreteras flores y árboles de flores —¿cómo es posible pensar que una figura de mármol o de bronce, o, más modestamente, una lápida en la esquina de la calle, les dé cuerpo y resonancia?

Sabemos muy bien que la vida tiene exigencias inmediatas, que es difícil que alguien, cada vez que por allí pasa, diga con sus otros pensamientos: «Es Luís de Camões, mi hermano reconocido y amado». No es posible aguantar esto de andar subiendo o bajando la calle y llevar en el alma algo de aquella alma heroica. (¿Heroica, por qué? Pero dejemos en paz al tópico). Nuestra vida breve, acomodada hasta en sus negaciones, no soportaría el hábito vibrante de aquel fuego que allí arde invisible. Vendrían aquí a propósito las palomas, sería éste el momento de decir que Luís de Camões está coronado de alas, e incluso, con un pequeño esfuerzo, que en estas mismas alas delegamos nuestra veneración y nuestro amor. Pobres palomas. Pobres de nosotros.

De hoy en un año tendrá la estatua más flores a su pie. De hoy en un año (¿y qué es un año para ti?) no sé si volveré a decirte éstas u otras cosas. Es igual, en definitiva. Las palabras no dicen todo lo que es preciso. Dirían más, quizá, si fuesen alas. Delego también en las palomas tu coronación.

Y voy a mi vida, Luís de Camões, con pena inmensa de no llevar la tuya. Hasta dentro de un año, hermano. Hasta el año que viene. Ten paciencia, y espera. Tiene Portugal cerca de diez millones de habitantes. Y tienes aún muchas probabilidades.

El puente

«¡Mamá!».

(El santo y seña, la consigna, la llave que abre todas las puertas, el pasaporte hacia los países que están detrás de lo visible. Durante el viaje, el chiquillo, once, doce años, había venido hundiendo tranquilamente los ojos en el crepúsculo vespertino, rasgado aquí y allá por pinceladas rojas, azuladas, con toques escarlata en el dorso de la ondulación y de las nubes. Se apagaba el domingo, mortecino, pasmado de vacío. El tren, sin luz, daba bandazos, bailaba sobre los carriles. En él, dentro, mucha gente y un mar de melancolía. Y, de repente, aquella voz despertó a todo el mundo. El tiempo se había detenido, vacilante, esperando algo).

«¡Mamá! ¡Mira el puente! ¡Qué bonito! ¡Cuántas luces!».

(Y, pese a todo, este chiquillo no despierta ninguna particular atención. No es feo, no es hermoso. Es trivial. Viste sin gusto, como un hombrecillo. Lleva una horrible corbata de color claro con motivos florales tejidos con hilo dorado. La raya del pelo es del tipo implacable, trazada en una recta precisa, vigilada como una frontera. Pero este chiquillo ha venido todo el tiempo absorto en el crepúsculo, llenándose tal vez el alma de colores inaprehensibles, de imposibles razones).

«¡Mira, mamá, mira! ¡Cuántas luces! ¡Y qué bonitas!».

(Desde el lugar donde estoy sentado no veo el puente. O, mejor dicho, lo veo reflejado en los ojos del chiquillo, sé cómo lo ve él: un objeto maravilloso, puesto adrede allí, en el punto exacto y a la hora precisa para que los chiquillos se vuelvan sabios y entren en la caverna de los innominados tesoros. Lentamente, como quien teme un dolor brusco y familiar, vuelvo la cabeza. La madre tiene el rostro pesado y ajeno, inexpresivo, de quien nunca ha visto puentes o los ha olvidado ya. Veo que se mueven sus labios, que se forman las palabras. Tiemblo y, a pesar de todo, confío).

«¡Vaya por Dios! ¡El puente! ¡Estoy harta de ver el puente!».

(Súbitamente, el pequeño, once, doce años, que antes parecía haber crecido en entusiasmo y alegría, que se sentía en la gloria, en el remate de la alta torre a la que sólo suben niños y poetas, deja caer los hombros, mira decepcionado a su madre, y se encoge en su pequeño rincón como un animal herido que se dispone a aguardar solo la muerte. Rechina el vagón y se agita con violencia. No viene la luz y, ahora, ya no vendrá. Siento frío. En un banco, allá al fondo, dos novios se murmuran secretos que sólo ellos entienden. Todo lo demás es melancolía. La tarde está definitivamente perdida. Este día ha venido al mundo por error. Había una promesa en él, pero alguien se desdijo y perjuró. Entra el tren en la estación, salta sobre las agujas, va a detenerse. Se ha acabado el viaje).

¡Ah, sí, el puente! Pero ¿qué puente?

El ciego del armonio

Amigos, esta historia es verdadera. Todas mis historias son verdaderas, pero a veces se me va la mano y meto en la trama seca de la verdad un leve hilo coloreado que lleva el nombre de fantasía, imaginación o visión doble. Otras veces, nada de esto ocurre, lo hago sólo por el gusto o por la conveniencia del juego cifrado. Si hoy abro esta crónica con una declaración de veracidad, a la que nada falta, salvo el juramento y la firma notarial, no es tanto por el hecho de que la historia no me pertenezca (no asistí a ella ni participé), sino por su singularidad en una tierra donde nada acontece o donde lo que acontece es raramente entendido en su significación exacta.

Como he dicho, no participé en la historia. Y menos mal, porque en tal caso no habría historia, o sería diferente: las historias, es ya tiempo de saberlo, son lo que fueron por fuerza de quien las vive. No hay historias de besamanos. Y esta que me contó una amiga, más que una historia, es el relato de una conquista. De una batalla contra esos altos muros que separan a los seres.

Imaginen una calle. La hora es matinal. El lugar, sosegado, con el provinciano sosiego que sobrenada aún en esta aldea de un millón de vecinos que es Lisboa. Las ventanas de las casas están cerradas, o, si están abiertas, parecen vacías, inexpresivas, ciegas. La palabra llega aquí en el momento propio. Porque está también en el título: hay un ciego. Lleva un armonio, y lleva un lazarillo que no cantará esta vez. ¿Qué va a tocar el ciego? ¿Un fado? ¿Un yeyé arrabalero? ¿Una canción sentimental? Nada de esto, y nada mejor: el armonio llenará la calle de valses de Strauss. ¿Pero qué le pasa a este ciego? ¿Qué gestos son los suyos, amplios, vibrantes, apasionados? ¿Qué protesta, qué pregón, qué fuerza quiere expresarse en las notas primarias de un vals?

Hay gente en las ventanas. El ciego, arrebatado, maneja el instrumento como un estandarte. Y la calle se llena de música. Se precipitan los sonidos, se encabalgan, alzan el vuelo como bandadas de pájaros enloquecidos por la luz, irrumpen en los edificios y se liberan en el azul donde todas las notas musicales y todas las palabras justas deberían ser techo y resguardo para los hombres.

Termina el vals. Es el momento de la limosna. Este día va a ser como los otros. Pero «las historias son lo que tuvieron que ser por fuerza de quien las vive». De pronto, se oyen aplausos. El ciego levanta sus ojos perdidos. ¿Qué pasa? ¿Y qué voz es esta que grita, estrangulada por la emoción: «¡Es usted un artista!»? No se puede aguantar un shock así. Es insoportable. El ciego, hombre grande, robusto, cuadrado, palidece. Vacila como si toda su fuerza se desvaneciera en las lágrimas que corren ahora por su rostro labrado y duro.

Este día es precioso. De repente, se han derrumbado todas las murallas, se han tendido los puentes levadizos, caminan las gentes al encuentro unas de otras, con las manos abiertas. Póngase una piedra blanca en este día. Álcese una bandera en el lugar donde, por un breve instante, un hombre sencillo fue feliz.

Si alguien lee esta historia al ciego del armonio, dele también recuerdos de la amiga que me la contó.

Los ojos de piedra

Siempre me ha parecido que eso de esculpir la piedra es cosa de magia. Bien sé que todo depende de la habilidad con que se nace, del aprendizaje, del gusto de manejar las herramientas y de luchar con la materia bruta. En este sentido, nada turba mi tranquilidad. Soy capaz de contemplar con la más perfecta paz del espíritu una estatua, sin que de la contemplación me vengan otras conmociones que las llamadas emociones estéticas. Lo peor son los ojos. No sé cuándo, ni dónde, ni por qué, me ha entrado en el espíritu la superstición de que los ojos de las estatuas ven. De nada sirve pedirle ayuda al buen sentido. La realidad está ante mí: una figura de piedra es una figura de carne petrificada. Se quedó parada en un determinado movimiento, en cierta posición, no habla, no respira —pero ve. No precisa siquiera que le dibujen en los globos oculares el círculo de la pupila. Hasta así, lisos, desnudos, miran implacables: no soporto la mirada de una estatua. Y me negaré siempre a estar presente cuando el cincel del escultor esté abriendo el camino hacia el último velo, hacia el punto en que los ojos de la estatua van a abrirse. Sé que sufriría ante el temor de que un gesto precipitado vaciase los ojos de piedra.

¿Imaginaciones? Nunca se sabe. Hay en Lisboa un pequeño jardín particular (¿jardín?, más bien veinte palmos cuadrados de planteles verdes de humedad entre dos medianeras carcomidas) donde durante muchos años una estatua de mujer, del peor gusto academicista, alzaba el rostro hacia todos los colores y todos los cambios del cielo y del río. Quizá la piedra no había sido bien elegida: el rostro de la estatua estaba corroído por el tiempo, áspero, con manchas de líquenes y hongos. Naturalmente, tampoco los ojos habían quedado intactos, pero, profundos y áridos bajo los arcos de la frente, conservaban una dureza de diamante opaco, si es que los hay. Le daba el sol a plomo, venía el frío, resbalaba la lluvia por sus cabellos, goteaba por los ojos. Cada día más roída, la estatua apuntaba hacia el río la fecha de una mirada inacabable. Y yo, en las horas de menos coraje, cambiaba de camino o pasaba de largo.

Un día (siempre hay un día, hasta en las historias más inventadas), de aquella estatua quedó sólo el pedestal, un podio cuya parte superior aparecía sorprendentemente blanca, mientras que el jardín, liberado de la presencia que lo hacía insignificante y mezquino, ganaba proporciones nuevas. ¿Qué le había ocurrido a la mujer de piedra? ¿La vendieron? ¿Cayó del pedestal? ¿Se fue por su pie, bajo la cobertura de la noche? ¿Se habría arrojado al río? ¿O, más modestamente, estará cubriéndose de polvo y de telarañas en un barracón de la parte de atrás?

Sabe Dios. Dios sabrá, por ejemplo, las razones de mi suspiro de alivio. Y sabe Dios ahora el motivo de esta inquietud que súbitamente se apodera de mí. En cualquier parte, no sé dónde, los ojos de piedra están viendo (¿quién sabe?) todas las cosas que a nuestros ojos humanos les gustaría ver y aprender: el valor real del tiempo y lo que en él se contiene, la serenidad de saberse transitorio y reírse de ello —y también el valor de ser firme en tiempos de inconsistencia. Pero quizá, para conseguir tanto, es preciso ser de piedra. O tener ojos de piedra. O ser ojos de piedra.

El crepúsculo inevitable

Al menos una vez en la vida, cualquier cronista o literato que no acaba de dar con un tema hace su glosa personal de la puesta del sol. Cierra los ojos al ridículo, se arriesga a que lo cojan en flagrante delito de plagio involuntario (o no) —pero paga tributo. Hay siempre la esperanza de encontrar imágenes nuevas o poco sobadas, colores más reales, analogías menos gastadas. En general es aquí donde se produce la fractura: en las analogías. Es inevitable la fórmula: el sol que desciende en el horizonte es más o menos como una vida que se acaba. Queda también el recurso a un lirismo al alcance de cualquiera: el sol se hunde en un mar de sangre, envuelto en la rubra mortaja de las nubes, lanzando dardos de fuego. Espíritus más científicos, o más dominados por sus lecturas de juventud, abren unos ojos como platos para recoger el último rayo de luz —aquel rayo verde del que habló Julio Verne.

Pese al lado de ridículo que tiene la contemplación casi religiosa de la puesta de sol, y sobre todo la especulación sobre el tema en un plano psicológico, estamos (aún) hechos de un modo que no habrá tal vez nadie en condiciones de afirmar, con entera verdad, que no ha caído nunca en ese pecado de narcisismo —que lo es. El sol está allí, se aproxima al horizonte, va cobrando otro color, otra dimensión, dispersa por la atmósfera una luz que no es ya el día —y vivimos ahora un breve intervalo de tiempo diferente, una suspensión de vida, un minuto que no pertenece al mundo en general, sino a nuestro mundo particular.

La puesta de sol impone sordina en todos los sonidos. La risa sale sofocada, una simple frase resuena como dentro de una cámara acolchonada. Bien mirado, no es precisamente un juego lo que ocurre: se está acabando el día y ¿quién nos asegura que habrá otro? ¿El que haya sido así ayer, y anteayer, y hace diez años, y hace un siglo? Eso es lo que nos conforta, porque, si no, caeríamos en el pánico. Pero, al menos, pensamos en nosotros como quien se despide. Hacemos un pequeño balance de conciencia, de las dificultades, de nuestros desalientos. La hora es propicia. Sobre todo, aprovechamos el efecto calmante de ese vago extinguirse la luz. Es un momento en el que pierden importancia nuestros males. Se inscriben en una grandeza cósmica, apocalíptica (ya estamos con la retórica barata), y todo cuanto es nuestro se vuelve insignificante. Uno sale confortado de una puesta de sol, resignado y, en cierto modo, humilde. Si cupieran en esta crónica citas literarias, sería el momento de meter aquí el monólogo de Hamlet cuando tropezó con la calavera de Yorick.

Simplemente, el mismo sol que despertó en nosotros las añagazas de la melancolía y nos midió con un metro demasiado corto para nuestro orgullo, surge al día siguiente, violento, agresivo, mostrando crudamente las aristas aguzadas de nuestra condición de seres desajustados, insatisfechos, disconformes. Entonces, sin las blandenguerías de la luz arrastrada, nos descubrimos otra vez en el cuerpo a cuerpo con la realidad —y vuelve a empezar la lucha. Lo que nos dolía vuelve a dolernos. Pues así sea. Asentémonos en la verticalidad aún recuperable, y sigamos adelante con una fuerza nuevamente inventada en el dislocado interior de nuestras perplejidades.

El sol tiene esto de bueno: es maestro de todas las lecciones. Padre de nuestra vida, compañero, filósofo que nos conoce desde siempre, espectador de miserias y alegrías: el sol.

Va a desaparecer ahora. Hasta mañana.

A veces la mañana ayuda

Hace tiempo que ando escribiendo una crónica que llevaría el título «No siempre la mañana ayuda». Y hasta tenía ya el comienzo apuntado en un papel por ahí, a toda prisa, sobre la mesa del despacho. Empieza así: «Al salir de casa y tropezar con el rostro del sol (antiguamente lo representábamos así, con una amplia sonrisa y los ojos alegres, con una cabellera de rayos resplandecientes), deberíamos caer de rodillas, ofrecer cualquier cosa al culto pagano de la luz y sentir después el mundo conquistado. Pero todos tenemos otras cosas que hacer». Y saldría uno por ahí fuera a ahuyentar la melancolía, a justificar el título, en definitiva.

Algo me ha impedido continuar. Y sé hoy que no voy a concluir una prosa que sin duda me enfrentaría con el lector. Y es que, sin esperarlo, se despertó en mi memoria un caso acontecido entre dos hombres, un caso que viene a demostrar que, a veces, la mañana ayuda, sí señor. Vamos, pues, con la historia.

Imagine el lector un vagón de tren. Lleno. El día no es ni feo ni bonito: tiene algo de sol, unas nubes que lo cubren, y hay una brisa cortante allá fuera. Los viajeros van callados, hacen todos unos gestos involuntarios al albur del traqueteo. Unos leen periódicos, otros se ausentan hacia un país silencioso y sólo habitado por pensamientos oscuros e indefinidos. Hay una gran indiferencia en la atmósfera, y el sol, al descubrirse, ilumina un escenario de rostros apagados.

Entonces, el hombre más joven (pero muy lejos de ser un adolescente), que está sentado junto a la ventanilla, empieza a tararear en sordina una vaga canción. Quizá no tenga motivos especiales de contento, pero, en aquella hora, la necesidad de cantar es irresistible. Todo cuanto acuda a su memoria sirve. Y va tan absorto en su pura y gratuita alegría que ni siquiera repara en que el vecino de asiento se muestra ofendido y esboza esos movimientos elocuentes que sustituyen a las palabras cuando no hay valor para pronunciarlas.

Frente al hombre que canta, hay un viejo. Éste, desde que salió de casa, anda rumiando problemas que lo atormentan. Es muy viejo, y está enfermo. Ha dormido mal. Sabe que va a tener un día difícil. Y detrás de él una voz deshilacha canciones, badabá-dabá, notas de música, de un modo impreciso pero obstinadamente vivo y afirmativo.

El sol sigue jugando al escondite. Y el mar, que súbitamente aparece, se puebla de islas de sombra entre grandes lagos de plata fundida. A lo lejos, la ciudad se diluye en humo y niebla seca. Silenciosa, a aquella distancia, tiene un aire de fatalidad y resignación, como un cuerpo que ha renunciado a vivir y se va extinguiendo lentamente. Es grande el peligro de que la melancolía triunfe definitivamente.

Pero el hombre insiste. Ya no es posible identificar al que canta. Ahora sale de su boca un flujo de armonía, un lenguaje que ha desistido de la articulación coherente para penetrarse mejor de la sustancia de la música. Esto acabará sin duda con un grito irreprimible de alegría, con indignación y escándalo de los viajeros.

Ocurrió, sin embargo, que la ciudad llegó de repente. Se abrieron las puertas, la gente se precipitó, empujándose, olvidándose unos a otros. El hombre se levanta, murmurando aún algo. Sigue a lo largo del andén, va a lo suyo, con su música. Y, de pronto, alguien lo coge del brazo. El viejo está a su lado, se juraría que tiene los ojos húmedos, y dice: «Gracias. Yo venía preocupado y triste. Cuando lo oí cantar sentí una gran paz, y durante todo el camino vine pidiéndole a Dios que siguiera usted cantando. Muchas gracias».

El hombre de las canciones sonrió, primero con embarazo, luego como si fuera el amo del mundo. Se separaron. Y fue cada uno a su trabajo, con la música que era de los dos.

Travesía de André Valente

La historia de mis madrugadas tendría mucho que contar. Entre casos vividos y altas imaginaciones, entre este mundo y el otro, no sé yo bien por qué secretos tanta cosa me alcanzó. Cierto es que, las más de las veces, esas cosas sólo valen para mí, y no es pequeño atrevimiento cogerlas por las orejas y alzarlas hasta la altura de los ojos del lector. Pero ése es mi privilegio y mi patente de corso, y uso de él. Que se me perdone el uso, mientras no se convierta en abuso.

Convengamos, no obstante, que no es caso indignificante el que vaya yo bajando por la travesía de André Valente y me dé de bruces, casi al doblar la esquina, con el poeta Manuel Maria, más conocido como Bocage.* Son encuentros que sólo pueden ocurrir en la alta madrugada, cuando no anda ya nadie por las calles o sólo andan los predestinados a encuentros semejantes. Y no se piense que yo iba —¿cómo lo diría?— bebido. De madrugada estoy siempre lúcido, aunque se me cierren los ojos de sueño y de fatiga. Oigo mis

* Manuel Maria Barbosa du Bocage (1765-1805), poeta prerromántico portugués. *(N. del T.)*

pasos y mi respiración —y estoy vivo, angustiadamente vivo, por obra y gracia del silencio y del descubrimiento de estar solo, y otra vez solo, hasta ya no poder aguantar más y buscar al menos el reflejo de un vidrio, una presencia visible aunque inexistente.

No sé si Bocage era allí inexistente. Visible, sí. Le daba en la cara la luz de una farola: flaco, de ojos azules. Lo reconocí inmediatamente. Me miró, muy serio. Me miró de arriba abajo, y sonrió, como quien no cree en lo que ve o se sonríe de sí mismo. Aún ahora no sé si estaba lúcido o borracho. Me dio las buenas noches, y las palabras sonaron en mí como si hubieran sido dichas por un extranjero, como si llegaran de un país hundido bajo este tiempo nuestro. Le respondí, y él sí me entendió. Realmente, hablábamos la misma lengua.

¿Qué van a hacer dos personas solitarias y no desconfiadas a aquellas horas de la madrugada? Pues conversar. Tiramos calle arriba, viramos a la derecha por la rua do Século y, caminando y charlando, llegamos al jardín de Santa Catarina. Íbamos a ver los barcos. Pero los barcos no eran los mismos, y cuando descubrimos que estábamos hablando de cosas diferentes (Bocage ni siquiera veía el puente), nos echamos a reír. Caso curioso: la risa era igual. Después, Bocage empezó a recitar versos, exactamente, y eran versos que yo sabía nacidos en aquel momento de aquella madrugada. Pero ¿qué madrugada? ¿La mía, o la de él? Comprendí entonces que uno de nosotros era un fantasma. Del pasado o del futuro —él, o yo.

En esta perplejidad estaba cuando, de repente, vi oscilar ante mí el paisaje nocturno y todo lo que me rodeaba. Las imágenes se estremecían, ya imprecisas, como si, al mismo tiempo, buscasen la línea exacta de su definición y se apartasen de ella. Dejé de oír a Manuel Maria en medio de un verso: «De lo demás y de mí mismo...». Y sé que en aquel momento me convertí en niebla a sus ojos. Bruscamente, como una boya de corcho a la que ya nada sostiene amarrada al fondo, el presente (el mío, el de todos nosotros) emergió. Se detuvo en el año de 1969, en una madrugada de invierno. Y me encontró allí, con las manos en los bolsillos, encogido de hombros, mientras una lluvia fina y aguda hacía que resplandecieran todas las luces del río.

«De lo demás y de mí mismo...». Sé que este verso, y el soneto al que pertenece, existen en el tiempo que vivo. Pero también sé que a estas horas anda Manuel Maria en busca del lugar donde fue posible que nos encontráramos, para acabar de decir lo que comenzó y que no está en el soneto: «De lo demás y de mí mismo...». Como lo busco yo.

Las tres de la madrugada

Las tres de la madrugada: ¿dónde está Lisboa? Esta plaza barrida por el viento, iluminada por fantasmas de faroles, desierta de lado a lado —¿es aún Rossio? Y este suelo liso donde resuenan los pasos como en el interior de una caverna, ¿qué tiene que ver con el campo de feria de la luz diurna? En alguna parte, mientras yo bajaba la rua do Carmo, una ventana golpeaba atronando el desfiladero de la calzada. Y, a la entrada de la plaza, un remolino alzaba hojas y papeles por el aire, mientras en su centro un duendecillo invisible (así me lo dijeron, al menos) repetía los juegos de una infancia nunca vivida.

Lisboa duerme. Duerme profundamente. Todas esas ventanas cerradas protegen la oscuridad de las casas. Y allá dentro están las mujeres y los hombres de esta ciudad, más los personajes vagos de los sueños y de las pesadillas. Sobre los tejados se hace una gran permuta de figuras y de imágenes. Lisboa es una red de transmigraciones. Nadie está seguro dentro de su cuerpo. En un lugar de la ciudad, alguien que está durmiendo llama a alguien que está durmiendo, y esta atmósfera que se mueve en el viento frío es toda ella atravesada por llamadas urgentes. Se abren las paredes de este dormitorio de un millón de almas, amplia enfermería o sala multiplicada hasta el infinito por un efecto de espejos. Y las figuras de los sueños se unen a los seres adormilados, y Lisboa aparece ante mí irreal, como suspendida entre el ser y el ya no ser.

Sin los prestigios de la luz, los maniquíes aparecen desvaídos e indiferentes, casi hundidos bajo la ropa y los adornos. Todo parece insignificante y falso. No hay diferencia entre el vidrio y el diamante, y los perfumes son líquidos inertes que nunca despertarán a la vida de los aromas. Duerme tanto la ciudad.

Hablo y escucho, y estas voces son, entre todas, las únicas que han resistido a la letargia. Rechazamos ahora la puerta falsa del sueño —y vamos por las calles súbitamente interminables, donde sólo nuestros pasos reconstituyen Lisboa, pureza transparente y casi angustiosa de paraíso perdido y hallado, y hallado y perdido, en esta hora tan breve que no podemos detener pero que no se perderá (que no se perderá) nunca.

Las tres de la madrugada, tal vez las cuatro. No tardará en llegar el día. Durará aún la noche, pero hay en ella una sospecha de amanecer. Sobre el río comenzará a nacer el albor indeciso que el sol anticipa. Se nota algo más de frío. Desde aquí, se ven las estrellas. Cómo brillan, nítidas, duras y, para nosotros, eternas. Duerme aún la ciudad. Pasa el río, oscuro y profundo, vivo y profanado, con centelleos rápidos en la superficie como aristas luminosas de un cristal negro. Sobre la muralla de piedra que defiende la ciudad, nuestras manos aferran ardientemente el mundo.

Pensando en el terremoto

Perdonará el lector que yo, de vez en cuando, me permita un desliz por el declive de las filosofías fáciles. Me controlo como puedo para no caer en el error de la gravedad pretenciosa, cosa que, a mi entender, es el peor enemigo de una convivencia pacífica. Prefiero esta cuerda cómplice entre cronista y lector que algo han vivido y que por eso mismo no se toman demasiado en serio.

Viene esto a propósito, aunque no lo parezca, de la conmoción terrenal que nos asustó a todos y que a algunos mató. Hay por ahí ruinas, pequeñas advertencias de lo que podría haber sido. Aquí cabría la canción tan conocida de la precariedad de la vida humana, de la fragilidad de este mundo, la alusión fatalista al viejísimo Salomón: «Vanidad de vanidades...». Etc., etc. No vale la pena. Todo eso ya lo sabíamos antes, aunque no parecía que lo recordáramos. Aquí, muy en el fondo, sabemos que la vida (esta vida nuestra) está, como se dice corrientemente, prendida de un hilo. Pero, en fin, pasan los días, pasan los años, la tierra da su vuelta obediente, y nosotros acabamos por creer que recogemos alguna migaja de los manjares de la eternidad. Menos mal: vamos haciendo así proyectos para el mañana, para el verano que cae aún lejos.

Y, de pronto, veinte o treinta segundos de convulsiones (¿y qué son treinta segundos?) nos muestran cuán poco significamos. Unos millones de animales asustados, de alma tan trémula como el mundo que se desliza bajo nuestros pies. Se va a acabar todo, está acabándose, ya se acabó. Pero vuelve la tierra a la serenidad, se finge sólida y segura, mocita sensata y bien portada, como debe ser, y, entonces, este irresistible deseo de seguir vivo nos aferra a las ruinas (a la nuestra y a las de las cosas) y las reajusta, y les da sentido y permanencia. Ganamos la partida: no hemos vencido al temblor de tierra, pero vencimos al miedo, no hemos permitido que él hincara raíces en el alma que sintió terror —y que volverá a sentirlo.

No sé qué es lo que más une, si las grandes catástrofes o las grandes alegrías. Las catástrofes son buena marea para que aflore el instinto de conservación, el egoísmo instintivo. (Las alegrías, si nos fijamos bien, también tienen sus pecados). Pero, al menos, después de las catástrofes, cuando nos encontramos a la luz del día, apenas rehechos del pavor, y tal vez avergonzados de las fugas mencionadas, de la ferocidad del sálvese-quien-pueda, ponemos los ojos unos en los otros y nos encontramos iguales, un poco hermanos y amigos. Por eso hablamos tanto de lo que nos aconteció, a éste, a aquél, al desconocido que la casualidad nos puso delante. Hay una urgente necesidad de expansión, de comunicación. Es como si todos juntos ganáramos fuerzas para afrontar lo que aún pueda venírsenos encima.

Todos juntos —aquí está la flor de este pequeño arbusto que es la crónica. De pronto, la gente quiere ayudarse, todos acuden, se dan órdenes, se improvisan soluciones, se agarra el terremoto con ambas manos, virilmente. Esta vez, sí. No ganamos para el susto, pero sí ganamos solidaridad. Somos un bloque firme, sin fisuras, un proyecto en acción que hizo marcha atrás y se instaló en el día de hoy. No estamos a salvo de una catástrofe futura (nadie lo está), pero hemos aprendido la lección: ahora se hará todo para protegernos a todos. Podemos quedar enterrados bajo los escombros, pero no por incuria, no por indiferencia. Habremos hecho todo lo que estaba al alcance de estas pequeñas fuerzas humanas.

Perdone el lector que me permita resbalar por el declive de las utopías. El hombre tiene flaca memoria. Un día de sol hace que lo olvidemos todo, el duro pavimento de la calle desmiente los temores. Cada uno por sí, nadie por todos, y el vecino tiene una cara desagradable que, decididamente, no cuadra con mis exigencias.

Hasta el próximo terremoto.

El traje del revés

Incorregible fabricante de ilusiones, el hombre (yo, tú, aquél) nunca lo es tanto como el último día del año. Indiferente, como las más de las veces, el reloj da las doce campanadas. Es oído en silencio, con atención y reverencia. Millones y millones de personas suspenden sus quehaceres (graves o joviales) para escuchar la resultante sonora de un mecanismo ciego. Mientras el reloj hace sonar los doce golpes (y tarda en ello un buen minuto, de modo que nadie va a saber realmente cuándo el año comenzó), las naciones se transforman en gigantescos tribunales de conciencia. Si el mundo se acaba en estas pocas decenas de segundos, no habría lugar en el paraíso para tantos santos y ángeles a quienes no habían dado tiempo para serlo.

Es la historia del traje vuelto del revés. Con el uso, se cansa uno del corte y del color de la tela. Hay unos brillos sospechosos en los fondos y en las coderas. Empezamos por hacer mala figura en sociedad (una sociedad que es implacable y que no disculpa estas cosas) y, entonces, como no llega el dinero para el trajecito nuevo, se lleva el viejo al sastre, y éste, en tres tiempos y con tres hilvanes, nos devuelve una indumentaria que así, a primera vista, parece incluso nueva. Mirando de cerca, no obstante, se descubre que los ojales han sido recosidos, y que el revés, en definitiva, poco difiere del derecho. En todo caso, y durante unos días, nos miran en sociedad con mayor indulgencia. ¿Y qué más se precisa para ser feliz?

Pues bien, en el último día del año volvemos el traje del revés. Es un forcejeo de aguja y de tijeras que causaría asombro si no ocurriera, todo él, en lo íntimo del sujeto. El mentiroso va a ser, en adelante, verdadero; el hipócrita será sincero; el liviano descubre que la constancia es virtud que le conviene; el envidioso promete aplaudir los éxitos ajenos; el avaro empieza a desabotonarse los bolsillos. En fin, quien es malo, nocivo y perjudicial, allí mismo se desdice y arrepiente. Va a empezar el reino de la fraternidad universal. Y esto es tan cierto que hasta los calendarios llaman así al primer día de enero.

¡Ay, ilusiones, ilusiones, cuán poco duráis! Los buenos propósitos de la noche no resisten al día siguiente. Éste trae la luz desmixtificadora, el autobús que llega con retraso, la lluvia que penetra por los zapatos de verano usados en invierno, el choque con alguien que hizo también grandes promesas pero que no va a ser capaz de cumplirlas. El día siguiente es irónico y auténtico: viene con balanzas contrastadas en las que van a ser pesadas las intenciones, y como las virtudes por las que optamos (según la medida a nuestro alcance) no bastan para equilibrar el fiel, fielmente volvemos a lo que éramos, a lo que nunca hemos dejado de ser.

¿Y no hay remedio para esto? Pues, no. No lo hay. La naturaleza humana es así y el hombre es lobo para el hombre, dice mi barbero, que tiene el espíritu tan afilado como la navaja con la que no me afeita. Pero ¿no será posible?, insiste esta ingenuidad de nacimiento que ya me ha dado algún que otro disgusto. Es posible, es posible. Quizá, es lo que responde el maestro con enérgicos y rápidos tijeretazos en la atmósfera. Pero sería necesario un mundo diferente. En primer lugar, que todos los días fueran el último del año, para no dar tiempo a que se enfríen las promesas. Después, y aquí está la dificultad mayor, que la verdad fuera tan lucrativa como la mentira, que la sinceridad fuese más rentable que la hipocresía. Y así sucesivamente, para que todo cambiase.

Me hundo en la silla, desalentado. Creía que trataba con un barbero, y ahora me sale un profeta, un Elías. Cuando al fin me veo en la calle, respiro. Rebusco en mi interior, y encuentro todos los defectos. No falta ninguno. Ni siquiera la frase que regalo a la mujer que me pide limosna: «Tenga paciencia». Pues la paciencia es también una virtud, como todos nosotros aprendemos y no olvidamos.

Jardín en invierno

Si hubiera visto antes el jardín, no lo habría atravesado. Pero cuando me di cuenta ya iba por la primera alameda, bajo un gran árbol cuyas ramas horizontales, a la altura de un hombre, parecen caer de repente como una trampa. Me detuve, inquieto: tenía ante mí un país desconocido. Allí cerca, un pequeño surtidor lanzaba al aire un chorro trémulo y fatigado. La cerca que lo rodeaba en semicírculo creaba un espacio misterioso y amenazador, como los claros de la selva, iluminados por una luz que no se sabe de dónde viene, y donde hay siempre una tensión expectante, de algo que se aproxima o va a acontecer. Los bancos del jardín, verdes y corridos, se reclinaban en un apoyo invisible y brillaban como serpientes de agua. Había llovido poco antes. En los declives aún corría el agua, sin rumor, y en el asfalto de las avenidas se arrastraban unas láminas líquidas que nada reflejaban. Los planteles, cercados de césped violento, mostraban la tierra negra que ya en la superficie se sabía que era profunda y cada vez más negra. Y los árboles salían del suelo, viscosos hasta el principio de las raíces que el musgo cubría e iba devorando.

Era esto el invierno: un jardín silencioso y yermo, encerrado en una cúpula de vidrio empañado, ceniciento, del color de la atmósfera. En los cuatro lados del jardín, el tráfico era un cortejo de fantasmas sin peso, una procesión de sombras. Mi vieja pesadilla infantil se iba reconstruyendo lentamente, envuelta en nieblas que no eran de la memoria. Venía otra vez la ciudad desierta, de casas deshabitadas, de anchas calles invadidas por los hierbajos, y, sobre todo, el lento asentarse del polvo, el barrizal disperso y anárquico, la suciedad que se multiplica y ofende.

Avancé por el jardín. El estanque parecía de plomo, y no de plomo derretido, sino sólido, duro, rugoso, con velos brillantes en la superficie. Allá dentro, navegando con dificultad, peces oscuros oscilaban en el espesor del agua. Empezó a llover —y el jardín parecía aún más abandonado. El lago se cubrió de pequeños y fugaces cráteres, y desaparecieron los peces. Bajo la lluvia, el jardín pareció dilatarse súbitamente. Podría haber echado a correr, pero pensé que en la precipitación de la huida, de la carrera, había algo que sería un sacrilegio. La luz cenicienta exigía movimientos lentos, una actitud respetuosa ante la melancolía indefinible que pesaba sobre el jardín. De esta sustancia estamos hechos o en ella nos reconocemos cuando estamos solos: se apoderan de uno tales escrúpulos, unos pudores, unas delicadezas, que pensamos que hasta un jardín en invierno puede ser ofendido —aunque la lluvia caiga, áspera y agresiva. No obstante, cesó de repente, como había empezado. Seguí mi camino, adelante, bajo los árboles. Fue entonces cuando vi a aquel hombre.

Estaba sentado en el borde de un banco. Vestía una capa negra y brillante, de piel de foca. Tenía las manos en los bolsillos, las rodillas apretadas como si se defendieran del frío. Sin sombrero. El agua le caía por el cabello y resbalaba por el rostro huesudo y arrugado. Me planté delante de él. No daba señales de enfermedad, de malestar, ni siquiera de tristeza. Los ojos, fijos, no pestañeaban. No me veía, y siguió sin verme cuando, deliberadamente, me coloqué en lo que creí sería su campo de visión. Los ojos seguían clavados en la misma distancia. Me volví hacia atrás: quería atrapar, sorprender, la imagen que él había elegido. Vi el inicio vacío de una calle, el cielo gris al fondo —la nada. Volví a mirarlo. Aquel rostro de piedra parecía ahora cargado de malevolencia y de odio. Y también de una soledad sin desesperación, inhumana.

Di dos pasos indecisos. El hombre recogió la mirada, la clavó más cerca de mí, en mí, me hirió con ella. Al mismo tiempo, se abrió su boca en una sonrisa mordida por los dientes agudos. Empezó a levantarse. Era alto, alto, y no acababa de levantarse, y las arrugas de la capa se prolongaban interminablemente. Retrocedí asustado. Ante mí, por la diferente perspectiva, estaba la pacífica estatua de un hombre célebre. Con la fecha de nacimiento y de muerte. Y una leyenda laudatoria. El cielo se descubrió entonces un poco, como a propósito, y la luz sobrenatural del crepúsculo pasó sobre los árboles.

Propongo que se averigüe qué pasa en este jardín. No tardará la primavera. No tardará en llenarse esto de chillidos y de flores. Y de enamorados también, que vienen a inventar el amor. Basta de fantasmas, que ya es tiempo de sol.

¡Hip, hip, hippies!

Os saludo, muchachas y muchachos de este cansado mundo que andáis paseando flores por selvas de cemento y bosques de anuncios luminosos. Comprometido entre el sueño y la vida, me doy cuenta de que sufro del mal de la envidia en esta isla que soy, poblada de alguna arruga y de no pocas canas. Poblada también de una inmortal presencia a la que doy por nombre esperanza, y, a veces, alegría. Poblada de una súbita conmoción ante vuestro gesto, que alza una simple flor contra las altísimas murallas del sentido común, murallas donde yo mismo, que a vosotros me abro y confío, estoy clausurado y preso. Porque el sentido común es el bordón de los adultos, y yo adulto me confieso. Pero, piedra entre piedras, seguro que me tallaron mal: una parte de mi contorno no concuerda con mis vecinos, y con esa parte me descubro pidiendo vuestra faz.

Nos separan largos años. De mí, no sabéis nada, y yo, de vosotros, poco sé. Ni siquiera espero que después de estas palabras lleguemos a saber algo más: es difícil comunicarse, y si entre los seres se interpone el tiempo de una generación, no hay gran diferencia entre esa distancia y un diálogo de sordos. Pero ganas no me faltan, desde luego. Quiero saber quiénes sois y qué deseáis, una pregunta hago, y una respuesta pido. Esa flor (sabed que yo amo las flores), ¿dónde la tenéis? ¿En las manos, o en el corazón? Aquí se centra mi duda. Ahora sois jóvenes: levantar una flor, hacer de ella arma y escudo, será para vosotros algo tan natural como respirar y amar. (También nosotros, adultos hoy, levantamos todas las flores posibles cuando teníamos las manos limpias y el alma confiada). Pero no va el tiempo a perdonaros nada. No seguiréis siendo eternos adolescentes, tendréis que embarcar, como embarcamos nosotros, en esta canoa agujereada, siempre a punto de naufragar, que es el compromiso cotidiano del adulto. ¿Y qué haréis entonces? Seguir nuestras huellas no vale la pena: aquí estamos nosotros, que no hacemos más que poner los pies en las marcas que nuestros padres y nuestros abuelos han dejado. Porque vale la pena que desde ahora lo sepáis: hay una hora para la flor en las manos y otra para el trabajo de las manos. Cuando dejéis la flor, cuando la camisola de colorines exija el sudor del esfuerzo, cuando los collares se conviertan en peso y embarazo (porque de eso no podréis huir), recordad lo que sois hoy. Muchos de vosotros renegaréis y seréis nuestro espejo. No hablo para ésos: me despido de ellos con tristeza. No los conoceré porque serán exactamente nuestros iguales. Hablo para los otros, para aquéllos que en el momento decisivo querrán preservar la flor que es hoy emblema y manifiesto.

A ésos vuelvo a preguntarles: ¿en las manos, o en el corazón? Si sólo las manos sustentan la flor, la vida os tentará con muchas cosas que la flor no soporta. Sé lo que digo. Y la vida misma os cargará de trabajos y amarguras, y entonces la flor será pisoteada y arrojada lejos. Os queda el corazón. Si conserváis ahí la flor, si ya la tenéis ahí, entonces guardo vuestra respuesta como signo precioso y como promesa. ¡Y desde aquí os lo agradezco, esperanza del mundo!

C'est la rose...

Anda la canción por ahí, ganándose la vida (la suya propia, la de quien la compuso y canta, la de quien hace de ella producto industrial y negociable). Es una voz, una melodía sencilla, un pequeño misterio musical que no tendrá vida larga, que perderá su fuerza persuasiva antes incluso de caer en el olvido. Tan sencilla es que ni siquiera parece haberse servido de todas las notas de la pauta. Y, sin embargo, con qué admirable convicción viene diciendo, en la confidencia de las casas o en la promiscuidad de los altavoces públicos, que «lo importante es la rosa». Se diría ingenuidad o inconsciencia. Se desvaloriza la moneda, disminuyen aceleradamente las reservas de oro, se estremece de arriba abajo la economía mundial, temblamos todos ante la amenaza de las diversas guerras posibles (hoy, tal como se elige el color de un tinte o un modelo de frigorífico, se puede elegir, en el Muestrario-Escalada, la guerra que mejor convenga al momento o al lugar) —y la voz obstinada niega todo eso al afirmar la rosa. ¿Ingenuidad, inconsciencia o sabiduría?

Con mi manera natural de ser hombre confiado, me

inclino por la sabiduría. Recuerdo aquel antiquísimo proverbio chino: «Si tienes dos panes, vende uno y compra un lirio»; dejo de lado (y perdonen) la otra alternativa de dar el pan sobrante a quien no tiene ninguno, y descubro que, realmente, pocas cosas nuevas hay bajo el sol. El amor de la rosa, del clavel ardiente, del lirio, de la camelia, ha atravesado hambrunas y guerras, siglos y distancias, egoísmos y abnegaciones —y viene de nuevo a brotar en ese confuso mundo, bajo el dosel de la nube atómica. Incorregible, el hombre inventa primaveras en ruinas y desaciertos. Si duda de sus invenciones, sonríe para sí, les llama espejismos —y continúa. Hasta que el espejismo pierda su nombre de ilusión y gane la realidad del jardín y de la lozanía.

Pero todo esto es historia antigua, reflexión. Todo esto suena a ya dicho. Sobre los campos de tulipanes de Holanda pasaron ejércitos, los jardines colgantes de Babilonia cayeron convertidos en polvo y raíces secas, los enamorados asesinan margaritas para poder creer en la eternidad de los amores precarios. La flor es como un murmullo de remordimiento que se insinúa en el tiempo de secura. Tal vez crea ella en su final victoria y, resignadamente, acepte a los hombres como vehículo y pretexto, apostando en la fatiga del sufrimiento por un futuro de tinieblas y desolación en el que ella abrirá lentamente sus pétalos como quien propone, una vez más, la figura de la armonía.

Entretanto, inventemos primaveras. No tenemos otro mundo ni otra manera de sobrevivir en él. Digamos, aunque todo lo niegue, que «lo importante es la rosa». Hagamos cosas monstruosas, pero rechacémoslas en el fondo del corazón. Quizá no sea demasiado tarde. Tal vez la rosa sea paciente. Tal vez haya en ella reservas inagotables de confianza.

Ah, este mundo al que algunos llaman perro. Los perros, sin duda, lo llamarían hombre.

Discurso contra el lirismo

Señoras y señores:

Tomo la palabra impulsado por un deber de conciencia y solicito toda vuestra atención porque voy a decir cosas muy serias. Creo que ha llegado la hora de definir posiciones, de tomar partido en favor o en contra para que se extremen los campos y cada uno de nosotros conozca el lugar que ocupa. Es imperioso. Es urgente. Es inaplazable. Y espero firmemente que salgamos de aquí más seguros de nuestras certidumbres y sabiendo, de una vez por todas, dónde están y quiénes son nuestros adversarios.

Anda por ahí, con inesperada reviviscencia, contrariando y minando nuestros esfuerzos cara a la objetividad y al desapasionamiento, sin los que nada útil se puede construir, una antigua enfermedad que ha hecho mucho mal al mundo en tiempos pasados. Me refiero al lirismo. Afirmo que es una doctrina perniciosa. Perniciosos son sus propagadores, individuos desvariados, intoxicados, verdaderos focos ambulantes de infección. Se llaman a sí mismos poetas. Y ése es también el nombre que nosotros les damos; pero, afortunadamente, hemos conseguido ya, por medio de un disciplinado trabajo de las cuerdas vocales, ayudado con cierta expresión del rostro, transformar esa palabra en injuria. Injuria que se tienen bien merecida, dicho sea de paso.

Vuelvo a solicitar vuestra atención. No me complace el veros distraídos sólo por el hecho de que hace un hermoso día de sol y alza el vuelo en el aire una paloma. Las palomas, lo he dicho muchas veces, son más dañinas de lo que se cree. En el extranjero, es un hecho ya reconocido por todos. Y han tomado providencias adecuadas para la salvaguarda de los monumentos y de la salud pública.

Pero, vuelvo a los poetas, ahora que el conserje de esta sociedad ha cerrado las ventanas. Los poetas deberían ser, pura y simplemente, eliminados. Se imponen actitudes drásticas, radicales, que no dejen piedra sobre piedra, es decir, verso sobre verso. Esa gente de la que hablo divulga papeles donde aparecen palabras que deberían ser eliminadas de los diccionarios. Diré algunas, aunque mi formación espiritual se revuelva contra la violencia a la que, por deber de objetividad, me obligo. «Amor», «esperanza», «nostalgia», «rosa», «mar» —éstas son algunas de las palabras a las que me refiero. Una pequeña muestra de un vocabulario decadente, inoportuno, incluso subversivo, podría decir.

Y, como si no bastase con eso, los poetas (¿han reparado en mi manera de articular la palabra?) extraen de su malvada actividad un no sé qué de insoportable arrogancia, un desdén olímpico que nos estremece de indignación. Algunos se cubren con capa de modestia y de humildad. Una capa que, a primera vista, engaña. Son ésos los peores. Con su aire de mansedumbre, que, dicen ellos, les viene de un particular conocimiento del mundo, engatusan a algunos de nuestros mejores conciudadanos, los pervierten, los desvían de sus tareas esenciales. Dicen que también ellos saben algo de tareas esenciales. Desconfiad, amigos. Sólo cuando consigamos erradicar esa lepra de la faz de la tierra podremos vivir en paz.

Sé que me escucháis con atención, que cada palabra que pronuncio refuerza nuestra unidad, pero no puedo dejar de observar cierta… ¿cómo decirlo?, cierta vacilación en la sala.

No puedo comprender la actitud de algunos presentes que siguen con los ojos el humo de los cigarrillos. O es distracción, o es perversión, o es que carecen del respeto mínimo hacia el conferenciante. De todos modos, resulta lamentable. Tampoco sé yo qué interés encuentran en la botella de agua. Yo, por mi parte, sólo veo en ella unos efectos de refracción luminosa, algo que cualquier manual de física elemental explica. Y declaro que me empieza a irritar ese canturreo de los pájaros (¿o serán niños?) que llega de fuera. Y ese señor, el de ahí al fondo, ¿qué le ha dado para ponerse ahora a sonreír? Y usted, sí, usted, ¿por qué se levanta y va a abrir las ventanas? ¿Para qué quiere este sol? ¿Y el verde de los árboles?

¿Y por qué no se callan los niños de una vez? ¿O serán pájaros?

Señores, tengo que reconocer que me siento profundamente irritado. ¡Se cierra la sesión! He dicho.

La niña y el columpio

Llevaron a la niña al columpio y la dejaron sola. No era uno de esos juguetes vulgares de jardín, con sólida armadura de hierro y breve oscilación pendular. Tenía dos cuerdas altísimas que se perdían en las nubes, y por ellas subían trepadoras floridas. Había siempre flores que se abrían y otras que se marchitaban, de manera que parecía que las cuerdas tuviesen vida. El asiento era una tabla de oro y, como era alto, se subía a él por cuarenta escalones de espuma. Alrededor de todo esto, había mucho silencio y un círculo ininterrumpido de aves blancas.

La niña empezó a subir la escalera, peldaño a peldaño, y cuando llegó al último y agarró las cuerdas, hubo una gran vibración musical. Se sentó en la tabla de oro, y en el mismo instante los escalones desaparecieron en grandes flecos que un viento súbito se llevó lejos, al tiempo que las aves descendían hasta el suelo transformadas en palabras de despedida. La niña miró alrededor: el horizonte era circular, como de costumbre, y se veían en la distancia vagas ciudades que crecían lentamente y a veces desaparecían; porque el tiempo, allí en el columpio, tenía otra dimensión y los siglos cabían en minutos. Es un gran misterio que no se explica.

Los columpios se hicieron para columpiarse. La niña empezó a oscilar levemente, un poco aturdida por la altura. Estaba suspendida entre el cielo y la tierra, sostenida sólo por una tabla de oro y por dos cuerdas que nadie sabía de dónde estaban sujetas. Lentamente, el arco se fue volviendo mayor, y la niña ayudaba haciendo esos movimientos que todos los niños aprenden, o que ya sabían antes, cuando los llevan al columpio. Ahora había desaparecido el vértigo de la altura y había sido sustituido por la confusa sensación de miedo y de victoria que acompaña al cuerpo en los aires. Cuando la chiquilla era lanzada hacia arriba, sólo veía el cielo profundo y azul: gritaba de alegría y de asombro, de miedo también. Después, al llegar el impulso al fin, caía de lo alto, describía una amplia curva, y era la tierra lo que aparecía ante sus ojos, verde y amarilla, y negra, y también azul, porque desde allá arriba se veía muy bien el mar. Y en ese ir y venir lanzaba destellos la tabla de oro, y el pelo de la niña, suelto y leonado, era como una bandera o una antorcha. Y reía la niña porque eran suyos el cielo y la tierra, unas veces uno, otras la otra, y porque iba sentada en un columpio y las cuerdas del columpio eran floridas, aunque, como dicho queda, algunas flores se mustiaran y se desprendiesen: caían en espiral como si bajaran por una ancha escalinata hasta las profundidades del suelo. Y cada vez caían más flores, tantas que, por fin, las cuerdas quedaron desnudas y ásperas. Al mismo tiempo, el movimiento del balancín se fue haciendo más breve, hasta que las cuerdas se convirtieron en dos columnas rígidas, verticales, definitivamente inmóviles. La niña intentó aún moverlas, hizo todos los gestos necesarios: imposible.

Una niebla densa empezó a alzarse del suelo. Las ciudades se ocultaron tras de él, y los campos, y el mar. Ya no había cielo azul. Era todo una espesa y húmeda nube por la que pasaban murmullos y voces antiguas. La niña temblaba de frío. No tenía miedo, sólo frío. Tendió los pies en busca de los peldaños y no había peldaños. Entonces, se dejó ir de su tabla de oro, y cayó. Cayó lentamente, como en sueños, un poco triste y cansada.

Cuando llegó al suelo quedó encorvada como un animalito o como la piel de un fruto. La niebla empezó a disiparse lentamente, enrollándose en volutas desflecadas. Entre ellas, rompían los rayos del sol. Y, de repente, desapareció. La niña miró hacia arriba. El columpio estaba allí, mucho más alto que antes, con su tabla de oro y las cuerdas florecidas. Pero no había peldaños.

Entonces, la niña se sentó y esperó. Junto a ella se abría una rosa con la paciencia del tiempo recobrado. La niña aproximó su rostro a la flor terrestre y permaneció allí a la espera de que fueran a buscarla: porque era niña y tenía el anhelo de otra mano en la suya.

Alicia y las maravillas

La historia verdadera no es exactamente como la contó Lewis Carroll. Ni Alicia se llamaba Alicia ni hay siquiera certeza de que el caso le ocurriera a una muchacha. Por otra parte, tampoco yo sé si mi versión es toda ella exacta. Conviene desconfiar de lo que uno ve o cree ver. Por ejemplo: los montes del Otro Lado. Según la hora y la luz, aquellas modestísimas colinas cambian de color y de perfil como si hubieran sido trasplantadas de otro mundo a las orillas del Tajo. Hay momentos en que las vemos como cosa que sólo podría haber existido en el paraíso terrenal. Otras veces, atemorizan, amenazan, parecen a punto de desplomarse sobre las aguas, de provocar un maremoto. En esos momentos, no dudo de que el terrible Gato Que Ríe (la sonrisa de un gato es, sin duda, un espectáculo terrible) se pasea irónicamente por el lomo de los montes ateridos. Afortunadamente, ahí viene el sol y equilibra las tierras pretas a deslizarse. Y los ojos, tan contentos, ayudan también mucho a componer el paisaje.

Pero esto, repito, vale sólo como ejemplo. Cuenta Lewis Carroll que Alicia cayó por la madriguera del Conejo, atravesó el espejo y volvió del sueño sabiendo que había tenido un sueño. Puede ser. Pero la historia, tal como yo la sé, es diferente. Lo que pasó, le pasó a Alicia (pero ¿sería Alicia?, ¿sería una muchacha?) estando bien despierta. Había un río, árboles, un barco. La hora, no la sé, pero debía de ser por la mañana, una mañana de verano apenas iniciado, o de finales de la primavera. Alicia (sea Alicia, ésta es la única concesión que hago a Lewis Carroll) remó durante horas, lentamente, como quien sabe que el tiempo no tiene inicio ni final, ni, mucho menos, medida. Su primer encuentro fue con un ave azul, tan azul que hasta después de haber pasado dejó un rastro en el cielo. Creo que está aún ahí. Y voy a desengañar a los apreciadores de lo maravilloso: Alicia y el ave no hablaron. ¡Pero me gustaría que Lewis Carroll viera la expresión del rostro de Alicia, insolentemente arrancada del sueño! Como menos real, sólo hubo un detalle: durante largos minutos el barco navegó en el azul de las plumas del ave. Después, Alicia desembarcó. Se tumbó a la sombra de un árbol, entre la hierba que casi la cubría, y desde allí vio correr las aguas, que no eran ni cristalinas ni transparentes, sino más bien densas por los detritus que arrastraban.

Estuvo así mucho tiempo. Tanto tiempo que llegó a formar parte del paisaje. De otro modo, ¿cómo se explicaría que dos andarríos se hubieran posado allí, a tres metros, sin miedo y sin curiosidad? Realmente, hay casos extraordinarios. Imagínense un claro entre árboles, un pilar de luz que sin duda sustentaba la bóveda del cielo, y allí en medio los andarríos, dando saltitos, balanceando sus largas colas, moviendo las cabecitas de acuerdo con los ojos. Era de mañana, sin duda. Allá a las tantas, alzaron el vuelo los andarríos y quedó desierto el claro. «Desierto» es una manera de decir. Había un viento manso, que pasaba y repasaba revolviendo el cabello de Alicia. Había una flor amarilla que parecía estar en todas partes. Había, sobre todo, un gran silencio, tan profundo como el que precede a un suspiro.

De repente, al otro lado del claro, apareció un muchacho (si estoy hablando de Alicia). El mundo dio una vuelta rápida sobre sí, se estremeció hasta encontrar de nuevo la estabilidad antigua. Era el mismo, y ya no era el mismo. El pájaro azul, los dos andarríos, ganaron significados míticos —y las aguas aceptaron convertirse en símbolo del tiempo ahora irreversible.

La historia acaba aquí. Nadie tuvo nunca después noticia alguna de Alicia y del muchacho. Hay quien dice (y yo lo creo) que andan por el mundo enseñando algo que la gente no entiende muy bien. Pero después de ellos alejarse, esa misma gente se queda pensativa y se pone a mirar por la ventana, tal vez a la espera del pájaro azul, mientras va murmurando la sangre dentro de sus venas, como un río. El último comunicado oficial dice que se están operando grandes transformaciones.

La isla desierta

Por haberme mostrado demasiado exigente con el comandante del barco que me llevaba, fui desembarcado en una isla desierta. Me dieron alimentos para quince días o quince años (nunca llegué a saberlo con certeza), armas y municiones (incluidas bombas atómicas), y de lo que el barco llevaba permitieron que me llevase un disco y un libro. Elegí *Don Quijote* y *Orfeo.* Será conveniente que explique por qué. Iba a vivir allí yo solo y en paz, si me era posible. Iba a tener mucho trabajo y pocas distracciones. En consecuencia, no había libro mejor que el *Quijote*, que hace reír y tiene una Dulcinea inexistente, y el *Orfeo*, que hace llorar y que tiene una Eurídice muerta. Con esta deliberada ausencia poblaría yo mis noches interminables.

Viví de esta manera en la isla desierta. No sé cuánto tiempo, pero fueron más de quince días y menos de quince años. No llegué a recorrer toda la isla, pero sé que estaba desierta porque, si no lo hubiera estado, no me habrían desembarcado allá. Perdí el habla por el hábito de no hablar, y le di así un poco de silencio al mundo. Aparte del canto de los pájaros y del rugido de un animal feroz (nunca lo vi, pero, por el rugido, sin duda era feroz), no se oía en la isla otra cosa, fuera de las llamadas desesperadas de Orfeo y de las carcajadas de Sancho Panza. Don Quijote, él sí, paseaba todas las mañanas por la playa que olía a algas y a sal, cada vez más flaco, montado en los huesos de Rocinante. Se subía por las noches a unas peñas y se ponía a contar las estrellas. Sostenía en el brazo izquierdo el yelmo de Manubrino, vuelto de lado, y daba así allí abrigo a una avecilla que se había habituado a dormir allí. Con la lanza en la derecha, don Quijote velaba el sueño del pajarillo. De vez en cuando, lanzaba un suspiro. No llegué a preguntarle las razones de sus suspiros porque mientras tanto había llegado yo al final del libro.

Vivíamos los cuatro en paz y compañía en la isla desierta. Un día llegó a la playa un cajón grande. Mientras lo abría, se reunieron a mi alrededor mis compañeros. No estuvieron allí mucho tiempo: vieron enseguida que allí no venían ni Eurídice, ni Dulcinea, ni un barril de vino. Se fue cada uno por su lado mientras yo me devanaba los sesos por saber qué sería aquello. Tenía luces que se encendían y se apagaban, y parecía respirar. Fue más tarde, al empezar a modificarse la vida en la isla, cuando descubrí que se trataba de un ordenador, cerebro electrónico o algo semejante. Lo sabía todo; yo no, claro, hablo de la máquina. Siempre era una compañía. Lo peor fue que nuestra hermosa anarquía se acabó. Orfeo sólo podía llorar a ciertas horas, el pajarillo de don Quijote fue acusado de transmitir la psitacosis (y no era un loro, lo juro), y Sancho Panza tuvo que dejar de lado los refranes y aprender inglés. En cierto modo, con esta y otras modificaciones salimos ganando, pero quedó en todos nosotros una inquietud que era casi una enfermedad y que la computadora no sabía curar. Fue ésa, si no recuerdo mal, su única demostración de ignorancia.

Me cuesta decir lo que hizo conmigo la computadora. Me demostró que estaba equivocado en todo lo que había sido mi razón de ser y de existir. Me demostró que el capitán del barco había tenido motivos sobrados para echarme y que la isla desierta no era tal, porque ella, la computadora, estaba allí. Que el hombre (el hombre en general, y no yo en particular) es sólo un ser ridículo cuando (o sobre todo cuando) llora, sufre, ríe o sueña.

De manera que me morí. El ordenador sigue allá. Pero tengo grandes esperanzas. Si Dulcinea gana cuerpo y Eurídice resucita, este mundo aún será capaz de resultar habitable.

La vida suspensa

Imagine el lector que, por obra y gracia de esas drogas en las que la química diariamente escudriña, queda en estado de vida suspensa, es decir, de muerte aplazada. Estaría vivo, pero inmóvil. Todas las funciones del cuerpo descenderían a cero, todas las necesidades quedarían abolidas. Ni hambre, ni sed, ni frío, ni calor. Nada. Mientras durase el efecto de la droga, sería como si el lector hubiera quedado listo para la eternidad. Mientras no fuera devuelto a la vida, sería un ser eterno. Parece una paradoja pero no lo es. Las drogas tienen esas cosas, aunque no pasen de los domésticos y benignos (o malignos) vicios que son el alcohol, el tabaco, el juego, a los que añado un largo etc., en el que pueden caber todas las predilecciones inconfesadas.

Tenemos ya al lector en estado de vida suspensa: lo han instalado con todo confort, lo que, por otra parte, le es indiferente, pues no va a sentir náuseas ni calambres. Al inyectarle la droga lo han liberado de una infinidad de pequeños y grandes problemas que convertían su vida en un infierno. Lo han retirado del mundo, pero dejándolo en él. Nadie llora por él, porque está vivo. Nada lo atormenta. Nada. Excepto el pensamiento.

En esto falló la química. El lector sigue pensando. Al principio puede ocurrirle que, si es optimista, le encuentre gracia a lo ocurrido. Incluso le parecerá que ha sido una suerte enorme. No tiene inquietudes, y le ha sido concedido el privilegio de tener consciencia de no tenerlas. Desde el fondo de su silencio sonríe encantado (o cree que sonríe) y se dispone a gozar de la situación. Y si el lector es inteligente (todo lector es, por definición, inteligente) descubre que tiene allí una oportunidad excelente para, a través del puro pensamiento, llegar a sabe Dios qué alturas o iluminaciones. También se dice que el ayuno despierta al cerebro y le da alas —a condición, claro, de que no se prolongue hasta donde las alas (que son máquinas de volar) ya no aguanten el vuelo.

Porque es aquí cuando llegamos a la cuestión clave. En un momento determinado (más tarde o más temprano, según sea flojo o tenso el ligamen que lo une a su vida anterior), el lector descubre que le duele el pensamiento. Ya lo ha resuelto todo, lo sabe todo, ya conoce los últimos fines, tiene en la cabeza la explicación de todas las dudas, las respuestas a todas las preguntas. Parece que debería haber alcanzado la paz. Pero le duele el pensamiento. Y la angustia, de la que creía haberse liberado para siempre, se apodera de su cuerpo quieto, sereno, intacto. De repente, el pensamiento quiere tener manos y pies, quiere amar y odiar, quiere sufrir y dar sufrimiento (sólo porque no es posible vivir sin dar sufrimiento), quiere recuperar el cuerpo y sus miserias, quiere los placeres fugaces, los prolongados dolores, antes insoportables y ahora deseados, quiere, en fin, salir de la vida suspensa, y tal vez eterna, y sacrificar un día en cada veinticuatro horas, sabiendo felizmente lo que pierde en cada minuto de ese día.

Si está en la mano del lector (o en la fuerza de su pensamiento) obligar a la mano que le aplazó la muerte, ambos ya sabemos que su cuerpo inmóvil, y en la superficie tranquilizado, prefiere que con el regreso a la vida le traigan la muerte, incluso próxima. Porque mientras ese cuerpo esté vivo y despierto, en convulsión, ardiendo como una antorcha que se queme por los dos extremos, ni la certeza de la muerte bastará para disminuir en él o para ensombrecer la más pequeña alegría que vivamente florezca del contorno de su gesto.

Imagínelo el lector. No puede, ¿no es verdad? Probó la vida, le tomó gusto y ahora quiere ver nacer el sol todos los días. Dame tu mano, lector. Siéntate aquí, a mi lado, y oye la historia sencilla del corazón de los hombres.

Venden los dioses lo que dan

Lo mejor de esta crónica va a ser el título, que, por otra parte, como todo el mundo sabe, no es mío. Es de Fernando Pessoa. Pero por si hay aún por ahí alguien que no sabe quién es Fernando Pessoa, le diré que fue un poeta que sabía mucho de esas cosas de dioses y de los negocios que ellos hacen. Sabía tanto que tuvo que inventar dentro de sí otras personas que le ayudaran a soportar la carga y el peso de la sabiduría. Y ni siquiera así pudo vivir en paz.

Mucho de lo que se escribe no pasa de glosas a lo ya dicho, de modo que esta crónica es también una glosa, escrita en medio tono, de un verso que de ella no precisa. Pero las circunstancias pueden más que las voluntades, y ahora no tengo voluntad bastante para resistir a la obsesión de este verso: «Venden los dioses lo que dan». Y para que la crónica no sea totalmente gratuita, imagino un lector ingenuo, de esos que no van más allá del entendimiento literal de los textos, y que, por eso mismo, no consiguen entender cómo y por qué es vendida una cosa dada. Por otra parte, si dejamos de lado estas altas caballerías poéticas, hasta viene la equivalencia en un refranero de esos que venden en las ferias a tres un duro. Dice el pueblo (o decía) que «cuando la limosna es grande, el pobre desconfía».

Simplemente, aquí se desencuentran el pueblo y el poeta. Y resulta que éste, al final, no desconfía. Recibe de manos de los dioses lo que los dioses le van dando, y lo recibe como un triunfador, mostrando a todo el mundo los benévolos dones de que le han colmado. Hasta que llega el día en que le pasan la factura. Y como en este negocio no se comprometen dineros, ni los dioses aceptan este pago, paga el poeta con el alma, única riqueza que tiene, y la única que los dioses aceptan como moneda adecuada. Para eso mismo hicieron el negocio. Entonces, el poeta (no es forzoso que lo sea: basta que se trate de hombre a quien los dioses hayan elegido, y ellos ya saben a quién eligen) deja caer los brazos, descubre el fraude y murmura: «Venden los dioses lo que dan».

¿Y qué venden los dioses, dando? Todo cuanto exalta al hombre, todo lo que lo engrandece. Venden la inteligencia aguda, venden la sensibilidad exacerbada, venden la lucidez implacable, venden el amor apasionado. Y esto, que son caminos de perfección (de gloria, en el más alto sentido de la palabra), se vuelve, de repente, un infierno en la tierra. Los dioses rodean de murallas a la víctima elegida y en esa arena del sacrificio la dejan sola. Es la soledad: el mayor espectáculo del mundo. Se sientan los dioses en las gradas y disfrutan. No entran leones en ese circo —¡y ojalá entrasen! No hay combates de gladiadores —¡y ojalá los hubiera! Los dioses son apreciadores expertos, y saben que esas trivialidades nada añadirían al plato fuerte del menú: la lucha del hombre para conservar su alma.

¿Cómo acaba el espectáculo? Siempre igual. Anduvo el alma por las gradas, pasó de mano en mano, le dieron la vuelta una y otra vez, los dioses se indicaron unos a otros las heridas sangrientas, las viejas cicatrices. Entretanto, en medio de la arena, el hombre es un ovillo informe. Saciados los dioses, con gesto desdeñoso, le devuelven el alma y se van del circo. Van en busca de otra víctima. Laboriosamente, difícilmente, el hombre reintegra en sí el andrajo que le han devuelto. Es lo más precioso que tiene. Ahora que está desnudo, sabe que no tiene otra riqueza. Echa abajo, como puede, la muralla con que lo cercaron, y sale a campo abierto. Los dioses se alejan riendo y conversando. En el fondo, no tienen la culpa: es que son así.

El hombre se endereza e intenta respirar. Da los primeros pasos. Y como quien se conjura a sí mismo, va diciendo: «Venden los dioses lo que dan». Hagamos votos para que no lo olvide. Pero ¿sería hombre si no olvidara?

Un encuentro en la playa

El caso es extraño, pero si nos fijamos bien, no es más extraño que cualquiera de esas pequeñas cosas que todos los días nos ocurren y que, por pequeñas y repetidas, han perdido para nosotros su significado. Y no hablo ya de lo maravilloso, que es moneda gastada, cuando no falsa. Por otra parte, me han ocurrido en los últimos tiempos tantos casos extraños que uno más, uno menos no va a añadir ni a quitar nada a mi reputación.

El lugar no tiene nada de extravagante. Elija el lector una playa cualquiera e imagíneme (o imagínese, si le resulta más fácil) sentado al sol, recibiendo del aire y de la luz los beneficios que nuestra buena voluntad admite. Alrededor está la gente que en la playa suele estar. Niños, adolescentes, gente crecida y gente que ya no crecerá más. Hay cuerpos bonitos, otros menos, nadadores atrevidos, otros tímidos —y todo se confunde en azul y verde, algas y aromas fuertes, gritos de alegría, en el calor que cae del cielo sobre la arena. Se está bien.

Estoy sentado, recibiendo mi quiñón de salud. Miro al mar, un tanto melancólico (yo, no el mar), y empiezo a pensar que es la hora del baño. Y voy a iniciar un movimiento que me llevará al agua cuando siento que alguien se ha sentado junto a mí. Ahora estoy solo. No espero a nadie. Aquello me parece un abuso de intimidad. Procuro no mirar, disimulo, pero aplazo el gesto de levantarme: soy un hombre educado, no me gustan los remilgos ni la afectación. En esta indecisión estoy cuando, de repente, noto que una mano se posa en mi hombro. Me resulta imposible hacerme el distraído. Miro hacia el lado: es un chimpancé. No soy timorato, lo juro, pero así, sin más ni menos, al darse uno de cara con un chimpancé, y un chimpancé de tamaño medio, ¿quién puede evitar un sobresalto? Pero el animal parece pacífico. Soy casi capaz de jurar que hay una sombra de sonrisa en el hocico del animal. El primer pensamiento que se me ocurre (en cuanto me descubro capaz de pensar) es buscar al dueño del macaco. Miro alrededor —la playa está desierta.

Por favor, no se rían. Esto es serio, y yo no tengo la culpa de que estas cosas sólo me pasen a mí. La playa está desierta, repito. No sé por qué artes mágicas han desaparecido todos mis vecinos. Tengo ante mí el mar y, al lado, un mono. ¿Qué puedo hacer? Sonrío pálidamente, vuelvo a mirar y me resigno. El chimpancé me coge las manos y las estrecha. Lo miro directo a los ojos y me quedo paralizado de asombro: si aquello que veo no son lágrimas es porque de lágrimas no entiendo.

El mono se me acerca sin dejar mis manos. Y yo, que preciso urgentemente hacer cualquier cosa, empiezo a hablar. ¿De qué? Del mar, de la arena, del sol, de los escollos a flor de agua, de las gaviotas que pasan en silencio, de las nubes blancas y leves que flotan en el aire y se deshacen lentamente. Hablo de la gente que había estado allí, de los niños risueños, de los adolescentes en flor, de los adultos cansados y aún con esperanzas. Hablo de los hombres en general, del mundo, de la paz y de la guerra, del amor y de sus voluntades, de las flores y las sementeras, del trabajo y del sueño —¡qué sé yo! Y el mono escucha. Responde como puede, apretándome los dedos. Y yo sigo. Y cuando no tengo nada más que decir, hablo de mí. Y entonces repito todo lo que había dicho antes.

Después, hay un gran silencio. Sé que estoy solo. La mano casi humana deja de estrechar mi mano. Me levanto. La playa está otra vez poblada. ¿Qué ha pasado? ¿Habré soñado? Busco a mi chimpancé y sólo veo gente como yo. Sin duda ha sido un sueño. Nítidas, bien hincadas, están allí las huellas inconfundibles. Y en la arena húmeda, que una ola amenaza de lejos, leo palabras escritas por un dedo torpe: «Ser hombre, ¿es eso?».

La ola corre sobre el agua, se enrolla, sé lo que va a ocurrir, quiero evitar lo inevitable, quiero el testimonio —y cae la ola, se extiende, se desliza sobre la arena, apaga las palabras, la interrogación, el asombro.

Quedé aturdido. Había tenido en mis manos un secreto (de qué, no lo sé) y ahora estaba allí, vacío, solitario, expoliado. Pero todo esto aconteció, lo juro. Y conviene que el lector crea que estas cosas ocurren. Necesito su compañía.

La vida es una larga violencia

No sé si el lector es propenso a estas cosas. Por ejemplo: va tranquilamente por la calle, mirando a quien pasa o no mirando a nadie, y, de repente, al doblar una esquina, sin aviso ni previa sospecha, descubre una verdad fundamental, una nueva ley de la naturaleza, la explicación formal de los destinos, la cuadratura del círculo, el movimiento continuo. Esto pasa en un segundo fulgurante, finalizado el cual vuelve uno a su condición de todos los días, es decir, a la condición de hombre sin problemas más altos que su cabeza. Pero hay momentos de ésos, y conviene tomar precauciones: es síntoma de paranoia. Vaya al médico, que rápidamente extraerá de su serie de pruebas-del-nueve desequilibrada el número perturbador.

A mí, que ando ya desengañado, me ocurren también cosas así. Hace unos días, imagínese, descubrí que la vida es una larga violencia. Durante un minuto fui el hombre más feliz del universo: había acabado de dar forma a una frase sencilla y razonablemente lapidaria que encerraba una teoría de la historia. En media docena de palabras (cuéntelas y comprobará que no pasan de seis) había resumido mi vida personal, la suya, lector, y la de la humanidad entera, sin distinción de credos o de razas. Miré a mi alrededor, en busca de discípulos, y no vi a nadie que me pareciera digno del trabajo de catequesis que me disponía a emprender. Y menos mal. Porque el día siguiente, con restos aún de la vanidad que me dominó a raíz de mi descubrimiento, quise transmitírselo a una persona amiga, normalmente capaz de entender estos excesos de supervisión, y oí como respuesta que eran ya muchos los que antes de hacerlo yo habían dicho lo mismo. Quedé ofendido en mis bríos de iluminado y electo, y me puse de malhumor. Perder el pañuelo, la cartera, el llavero, o incluso el juicio, es algo que ocurre todos los días, y ya nadie se queja, pero perder una teoría de la historia es muy duro.

Hice un esfuerzo, me obligué a mostrarme de acuerdo, y decidí que estas cosas no son transmitibles, que santo de casa no hace milagros, que el silencio no es oro, etc., etc. Cuando me quedé solo, alcé la punta del mantel sobre el que había servido mis manjares (este lenguaje es, todo él, figurado, ya se entiende), y allí lo descubrí, un tanto mohoso, pero en todo caso bastante aprovechable para mi apetito y paladar. Rezongué agresivo: «¿Y va a ser menos verdad por el hecho de que otros lo hayan dicho antes?». Y me juré que el caso no iba a acabar así.

De manera que aquí estoy yo, hablando con el lector incógnito. La vida, a ver si se entera, es una larga violencia. Hubo un tiempo en que pensé que más bien era una larga paciencia. Era yo más joven entonces, y por eso más escéptico. Pero hoy (con o sin paranoia) creo que no señor, que la paciencia no tiene nada que ver. Cuando, como se suele decir, va uno para viejo, descubre que sólo con violencia se llenan los días de la vida. Y, entonces, todo el pasado aparece bajo nueva luz: cuando nos creíamos dormidos y pacientes, resulta que estábamos acumulando energías para el esfuerzo de los últimos metros. La meta está en un punto cualquiera, nadie sabe dónde, pero, visto que hay que llegar a ella, que sea (¿cómo diría yo?) en gloria. No se trata de aplausos, cuidado. Es, sí, el cántico, el canto, el himno, la simple aria íntima que da la cadencia de nuestro paso acelerado. Y para eso es necesaria mucha violencia. La que sujeta los desánimos y las renuncias, la que transforma en cuerda tensa y vibrante el ser (paranoico o no) en el que habita. Pero no pisemos a nadie, no confundamos esa violencia con esta agitación. Mi vecino, que lee por cortesía todas las crónicas que escribo, se me acercó el otro día y, con un tono medio avergonzado, medio vengativo, me dijo que casi nunca las entiende. En aquel momento, me sentí avergonzado. Pero ahora, llegado a este punto de la crónica y buscando ya su remate, doy con la respuesta que entonces no encontré y que me venga por entero: «¡Léalas dos veces, amigo, léalas dos veces!».

El grupo

Son diez o doce personas asustadas —un grupo. Se sientan alrededor de un saco lleno de miedos: el miedo a la soledad, el miedo al pasado, al presente y al futuro. Son unas cuantas personas trémulas que entre sí han decidido el fingimiento de ignorar la presencia del saco —y a eso le llaman valor. Son unas cuantas personas mudas de terror, que se ríen, se hacen preguntas y respuestas y respuestas —y a eso le llaman comunicación. Pero el saco está ahí.

El grupo se agita, fermenta, organiza, tiene ideas, discute, pone, dispone y contrapone, se lanza a interminables charlas en las que el mundo es deshecho y rehecho —mientras dentro del saco se anudan los miedos, viscosos como limacos, a la espera de su hora. Son diez o doce avestruces que esconden cautelosamente la cabeza en la arena y mueven en compañía sus colas emplumadas. Y son inteligentes. Todos han venido de muy lejos y saben mucho. Han leído todas las bibliotecas, han contemplado todos los cuadros de todos los museos, han escuchado toda la música existente. Tienen en el bolsillo de la chaqueta o en su cartera de mano las treinta y seis maneras radicales de transformar el universo próximo o remoto —pero ninguno de ellos ha transformado su pequeña vida personal y, en algunos casos, ésta ha sido desgraciadamente transmitida.

Cuando el grupo se dispersa (cosa inevitable, de vez en cuando, hasta por razones de higiene), continúa, de lejos, gravitando en torno al saco de los miedos. Ahí, el miedo a la soledad hace converger de nuevo los doce planetas en el foco central del sistema. Cada cual presenta entonces su flaqueza y se espera que de doce debilidades nazca una fuerza. El grupo tiene esta ilusión.

Pero en la naturaleza profunda del hombre (y en su responsabilidad) está el que la confrontación de sí mismo con la vida tenga que pasar por una batalla personal con los miedos que la niegan. Y de nada sirve para la resolución del segundo problema (ser, siendo entero) esa embriaguez en común, ese paraíso artificial que es el grupo. El miedo a la soledad sólo puede ser vencido después de un cuerpo a cuerpo con la total desnudez del alma (si me explico bien) o de la abstracción a la que damos ese nombre. Y esa victoria no fue alcanzada, ni siquiera ha sido quizá iniciado el combate, si se va a buscar en el grupo el mítico remedio, la panacea universal. Eso es aceptar la derrota antes de la primera escaramuza.

Hay también la vejez y la muerte. Aquí están el espejo y su lenguaje. Aquí está el brazo que no ciñe ya con su fuerza antigua. Aquí está el corazón que empieza a negarse a subir la cuesta. Aquí está el dolor sordo que anuncia lo irremediable. Aquí están el tiempo y el fin del tiempo. Del nuestro, del tiempo que le ha correspondido a cada uno de nosotros y cuya medida nos ocultan, pero que suena como el cantar rápido del agua que va subiendo en el cántaro. Aquí están, pues, la vejez y la muerte. Ante este miedo, estaremos solos. Es nuestra batalla particular, aquella en la que, en el fondo, más arriesgamos, porque es el cuerpo lo que está en juego, el cuerpo, que va perdiendo lozanía y vigor, belleza (si la tenía), la máquina esplendorosa hecha para la luz y a la que la luz abandona. Pero son tales las virtudes que el grupo tiene que en él vamos a buscar la ceguera útil, ayudados por el espectáculo consolador de la decadencia de los otros.

Por fin, hay el miedo del pasado, del presente y del futuro, generador de las angustias cotidianas, sombra y amenaza constantes. El grupo pone en común tres o cuatro esqueletos del pasado de cada cual, lo que permite la instauración de una benévola aristocracia de sentimientos, a través, naturalmente, de la lisonjera práctica del elogio mutuo. Pero el armario de los esqueletos con defectos óseos, ése, continúa bien cerrado, y la llave la guarda uno mismo y su copartícipe, si el patrimonio osamentario es común a dos. En cuanto al presente, el miedo está al alcance de la mano, al alcance del grupo, porque nada de aquello va a durar, porque el grupo segrega de su contradicción el veneno que lo destruirá. En el futuro. Mañana. Hasta el próximo grupo.

O hasta que cada una de las diez o doce personas descubra que es en sí misma donde está el mal y tal vez también el remedio. Y que el grupo es, a fin de cuentas, un poco de agua turbia donde va a diluirse y desaparecer, como frágil terrón de azúcar, la roca amarga y vertiginosamente lúcida (y por eso es capaz de alguna alegría perfecta) que es lo mejor de esa grandeza a la que suele llamarse condición humana.

La palabra resistente

Elija el lector una palabra cualquiera, dígala muchas veces seguidas —poco a poco esta palabra irá perdiendo sentido y densidad, hasta transformarse en un articulado sonoro incoherente que ya nada expresa. Llegados a este punto crítico, se instala en uno un movimiento de pánico: necesita recuperar la palabra destruida, darle forma de nuevo en el complejo de emociones que le devolverán su antigua y singular fisonomía. Es una experiencia sencilla que sirve para mostrar hasta qué extremos precisamos de la palabra para continuar siendo.

Si le parece pretenciosa esta introducción, dela el lector por no leída. Ni yo la habría escrito si no tuviera aquí a mano una palabra que ha resistido todas mis tentativas de pulverización: por algo decimos, desde hace siglos, que la excepción confirma la regla.

Esta palabra es «horizonte». He llegado a pronunciarla hasta cincuenta veces, y, tras ese esfuerzo trabajoso, acabé por descubrirme a mí mismo dentro de una esfera resonante, en el centro de un círculo vertiginoso e inaccesible. Fue entonces cuando descubrí el prestigio de esta palabra, prestigio que procede del carácter particularísimo de aquello que expresa.

Vamos a ver: el horizonte, según las definiciones corrientes, es la línea en la que el cielo parece confundirse con la tierra o con el mar. Si el observador se desplaza en cualquier sentido, la línea del horizonte se desplaza igualmente. Se va formando así una sucesión de círculos secantes, como si el observador fuese empujando el espacio ante sí y arrastrando tras él una cortina distante, que es el límite de su alcance visual. De ahí se concluye que nunca nadie puede estar en el horizonte. Desde cualquier lugar donde nos encontremos, el horizonte es siempre una imagen que nos desafía, que nos promete maravillas. Vamos hacia él, y se aleja para servirnos otra vez de señuelo.

Todo esto, y el lector lo habrá entendido ya, tiene dos sentidos: el propio y el figurado. Uno es el de la realidad física —y nada podemos contra él, dado que no es posible estar aquí y allí al mismo tiempo, ser, simultáneamente, el observador y lo observado, estar colocado donde se está y al mismo tiempo en la línea donde el cielo, etc., etc. Mejor que no entremos en este sentido, en defensa de nuestra salud mental.

El otro sentido (el figurado), ése sí nos conviene. Hablo ahora del horizonte traspuesto al plano de la realización personal, hacia los treinta mil puntos en los que puede proyectarse esa realización. Y esto es mucho más importante que el tener el don de la ubicuidad. Claro que también en ese caso la línea del horizonte se desplazará a cada paso que demos. Más allá del horizonte hay espacio infinitamente. No consiente la brevedad de la vida (de nuestra vida) un largo itinerario en el camino de las realizaciones posibles.

Pero, si nos fijamos bien, esta vida no tendría mucho sentido si no fuese, o no debiera ser, un continuado esfuerzo por alcanzar horizontes —aunque estos horizontes no estén ya donde antes los habíamos visto.

Hoy me ha dado por esto, ya ven. Otras veces me dio por contar casos reales o historias inventadas, tan complejas que acabo por no saber dónde acaba la realidad y empieza la invención. Esta vez, en el silencio y en el aislamiento en los que trabajo, fue como si por artes mágicas me hubiera desdoblado y me estuviese viendo andar, seguro y obstinado, por el paisaje interior de mi humanidad, con los ojos en un horizonte cuya inaccesibilidad niego —porque hacia él voy. Como quien trepa a pulso por una áspera y larga soga que tiene la realidad de su aspereza y de su extensión, pero a la que impongo la realidad del querer y de esta indefinible certidumbre que no pierdo ni cuando parece que me ahogan las dudas: no hay otro camino a no ser aquél en el que podemos reconocernos en cada gesto y en cada palabra, el de la obstinada fidelidad a nosotros mismos.

Me ha dado hoy por esto, lector. Ten paciencia, y dale la vuelta a la página.

Receta para matar a un hombre

Se toman unas decenas de kilos de carne, huesos y sangre, de acuerdo con los cánones adecuados. Se disponen armoniosamente en cabeza, tronco y extremidades, se rellenan de vísceras y de una red de venas y de nervios, con cuidado de evitar errores de fábrica que den pretexto a la aparición de fenómenos teratológicos. El color de la piel no tiene la menor importancia.

Al producto de este refinado trabajo se le llama hombre. Se sirve frío o caliente, según la latitud y la estación del año, según la edad y el temperamento. Cuando se pretende lanzar prototipos al mercado, se les infunden algunas cualidades que van a distinguirlos del común: valor, inteligencia, sensibilidad, carácter, amor por la justicia, bondad activa, respeto al próximo y al distante. Los productos de esta segunda elección tendrán, en mayor o menor grado, una u otra de estas virtudes de atributos positivos, y con ellos los opuestos, en general predominantes. Manda la modestia no considerar viables los productos íntegramente positivos o negativos. De todos modos, sabemos que también en estos casos el color de la piel no tiene la menor importancia.

El hombre, clasificado entretanto por un rótulo personal que lo distinguirá de sus compañeros, salidos como él de la misma cadena de montaje, es puesto a vivir en un edificio, pero raramente se le permitirá subir la escalera. Bajar, sí se le permite y a veces hasta se le facilita el descenso. En las plantas del edificio hay muchas viviendas, ordenadas a veces por capas sociales, otras veces por profesiones. La circulación se hace por canales llamados hábito, costumbre y prejuicio. Es peligroso andar a contracorriente de estos canales, aunque hay hombres que lo hacen durante toda la vida. Estos hombres, en cuya masa carnal están fundidas las cualidades que distinguen aquellos productos que rozan la perfección, o que optaron por esas cualidades deliberadamente, no se distinguen por el color de la piel. Los hay blancos y negros, amarillos y aceitunados. Son pocos los cobrizos, pero sólo por tratarse de una serie casi extinguida.

El destino final del hombre es, como se sabe desde el inicio del mundo, la muerte. La muerte, en su preciso momento, es igual para todos, pero no es igual lo que inmediatamente la precede. Se puede morir con sencillez, como quien se queda dormido; se puede morir en las garras de una de esas enfermedades de las que, eufemísticamente, se dice que «no perdonan»; se puede morir bajo tortura, en un campo de concentración; se puede morir volatilizado en el interior de un sol atómico; se puede morir al volante de un Jaguar o atropellado por él; se puede morir en la bañera o en la barbería; se puede elegir la muerte propia, y a eso llamamos suicidio; se puede morir de hambre o de indigestión; se puede morir también de un tiro de fusil, al caer la tarde, cuando hay aún luz de día y no cree uno que la muerte esté próxima. Pero el color de la piel no tiene ninguna importancia.

Martin Luther King era un hombre como cualquiera de nosotros. Tenía las virtudes que sabemos, y, sin duda, algunos defectos que no disminuían sus virtudes. Tenía un trabajo por hacer —y lo hacía. Luchaba contra las corrientes de la costumbre, del hábito y del prejuicio, hundido en ellas hasta el pescuezo. Hasta que vino el disparo de rifle a recordar, a los distraídos que nosotros somos, que el color de la piel tiene mucha importancia.

Los animales locos de cólera

Lo que voy a contar no ha ocurrido aún. Pero ocurrirá, no sé cuándo, quizá de aquí a quinientos o mil años, precisamente (arriesgo la profecía) en 2968. No diría, aunque lo supiese, cuál será el primer animal que enloquezca de cólera. Y no lo diría porque lo más seguro es que acabaran con toda su especie para evitar la catástrofe. Y yo, que no estaré aquí para verlo, yo, a quien precisamente por eso no interesa demasiado el asunto, al menos de manera personal, no veo por qué voy a ahorrarles un futurible vago y lejano en el que se verá la mayor guerra de la historia. Y no es pequeño favor este aviso, que conste. Cúmplanse, pues, los hados.

En todo caso, algo me dice que la primera revelación vendrá de un animal pacífico. Quizá el perro, puede que la calandria. O la tórtola, hoy tan modesta y conformista. No sé, no sé. Ahora mismo (sabe Dios por qué) tuve la seguridad de que será el potro. Lo vi en medio de un prado, con hierba hasta las rodillas, el sol encendiendo fogatas en su pelo sedoso —y de repente alzarse sobre las patas traseras, esgrimir los cascos, la crin revuelta y el belfo contraído de furor. Y si, al fin, dejo aquí esta revelación, es sólo porque, en el fondo, nadie va a creerme.

Será la primera señal. El potro saldrá del prado verde y se lanzará a las carreteras de los hombres. Levantará el motín por donde pase, despertará la cólera, coceará los troncos de los árboles y las casuchas sombrías. Alzará su cabeza transfigurada hacia las nubes y llamará a las aves del cielo. Y por todo el mundo empezará a moverse el gran ejército de los animales.

Al principio, los hombres quedan sorprendidos. Luego, el interés científico los lleva a sobrevolar en helicóptero las manadas y los rebaños, los insectos alados y las bandadas de pájaros, los interminables cortejos de lagartijas y de hormigas. Sacan fotografías y escriben informes y reportajes. Cogen de aquí y de allá un animal crispado, estudian su comportamiento, viviseccionan y disecan —y no encuentran nada, porque no hay virus de la ira ni microbio de la furia.

Cuando los animales resultan incómodos, los hombres echan mano de la panoplia doméstica de los pequeños conflictos: escopetas de caza, insecticidas, redes, venenos, cepos. Pero los animales son innumerables. Surgen por todas partes y asedian las ciudades. Y de nada sirve contar con la enemistad del gato y del perro, ni con el gusto del león por la carne de gacela. Los animales se alimentan de su propia cólera. Entonces, los hombres sustituyen el DDT por el TNT, la caza a tiros por la bomba atómica, el papel matamoscas por los gases. Todo inútil. Sobre los cadáveres de unos avanzan otros. De las cloacas salen ejércitos de ratas enfurecidas. Los topos ciegos abren paso a largas serpientes que dormían en el interior de la tierra. Están pobladas las noches de rumores extraños: susurros, batir de alas, relinchos, crepitaciones de mandíbulas secas, aullidos y rugidos, silbidos horrorosos. Y cuando nace el día, los hombres, pálidos de insomnio y de miedo, leen en los periódicos que una escuadra entera fue hundida por monstruos marinos y que trescientos aviones cayeron con sus reactores asfixiados por plumas y carne triturada.

Vendrá entonces el pánico. La cólera de los animales crece hasta convertirse en locura de exterminio. Se preguntan los hombres unos a otros qué han hecho para merecer esta condena. No pueden enviar parlamentarios porque los animales no hablan. Y, si hablaran, la cólera les cortaría la voz. ¿Qué hacer? ¿Qué hacer? Son convocados sabios y filósofos —y nadie trae salvación. Vienen los políticos y los ingenieros —y callan. Se pide auxilio a todos, a los viejos, a los adolescentes, a los niños —y nada. Albricias: el mundo de los hombres va a acabarse.

Quizá realmente se acabe. Y si los animales se vuelven locos de cólera y desencadenan esta guerra (en 2968, por ejemplo), al menos el último hombre, cubierto de hormigas que lo despedazan, aún podrá pensar que muere por salvar a la humanidad. No contra la humanidad... Y será la primera vez que tal cosa ocurre.

La nueva Verónica

Imaginemos la tierra desierta. No es fácil. Estamos demasiado habituados a nuestra propia presencia, a las huellas que el trabajo humano ha dejado en la naturaleza. Incluso en los campos. Basta con que nos ocultemos tras un árbol y acechemos cuidadosos. Con un pequeño esfuerzo, y si hemos elegido bien el lugar, se adivina que es un planeta despoblado de hombres y, también ahora, de todos los animales de pelo y pluma que nos hacen buena o mala compañía. Quedan sólo los insectos, que son bichos duros e indiferentes. Pero despoblar ciudades es otra cosa. Las calles resultan interminables, las fachadas de las casas van a derrumbarse. Y reinan el silencio y el miedo.

Imaginemos que en esta tierra, de donde todos los hombres han huido y en la que todos los hombres han muerto ya, desciende una nave, cápsula o platillo volante, y que unos cuantos seres, de esos que la ficción científica nos promete, vienen a enterarse de qué gente vivió aquí. Si tienen tendencias necrófilas o arqueológicas, desenterrarán cuerpos y reconstruirán formas; si traen ya con ellos, o aquí se les pega, el virus del arte, tienen los museos sin guardas ni cicerones; si les cupo en suerte el don de lenguas, hay al menos un millón de novelas y diez billones de poemas que lo dirán todo de quien los escribió y los leyó —o no leyó.

Pero hay en Hiroshima un muro, una pared, la pared de una casa. El 6 de agosto de 1945 contra ella se proyectó, y allí quedó grabada, la sombra de un hombre. Y como no hay sombra sin luz, hubo una bomba antes, una claridad súbita, una oleada de calor. El hombre que allí estaba absorbió las radiaciones como una esponja y sirvió de antepecho a la ola de calor, y fue a chocar contra el muro. Desapareció el hombre. Dejó la sombra, la marca, la dimensión que ocupaba en este mundo. Su pequeña dimensión que al mundo daba sentido, su pequeña alegría, su profundo e irremediable dolor.

En Hiroshima hay un muro. Esos seres de otro planeta que he traído en esta crónica a colación, si tuvieran inteligencia y fueran capaces de indignarse, se juntarían ante aquella nueva y rígida Verónica, aunque al decir este nombre no sepan, en rigor, lo que están diciendo, y fundarían una religión nueva, la de la protesta contra la fría locura, la de la revuelta contra la crueldad enloquecida.

Y no tendrán ya ojos (si es que los tienen) para la belleza de las pinturas y de las estatuas, y de los campos restituidos (¿para qué?) a su verdad natural.

Y harán un magnífico auto de fe de las oportunidades perdidas por los antiguos habitantes de este globo.

Y el muro de Hiroshima será mirado como el más fiel retrato del hombre, boca silenciosa y única por donde pasan los gritos del dolor y los aullidos del odio, Verónica rugosa donde fue a acogerse este viejo rostro del hombre que a sí mismo se lamenta —y se acusa.

El derecho y las campanas

Tengo un enorme respeto por los historiadores. Creo que realizan una tarea de mucha responsabilidad y minucia. Aprecio a los que, con objetividad, honradamente, son capaces de consumir una vida entera para desenterrar una verdad. Y soy, todo yo, tolerancia y comprensión para los errores de buena fe —porque no siempre están los archivos a mano, porque, entre mil interpretaciones de un hecho, hay que escoger una. En fin, un hombre que me venga a contar la historia de los hititas o de los faraones de la XX dinastía, la guerra de las Dos Rosas o la muerte de Inés de Castro, puede contar, al menos, con un lector interesado, que tiene el vicio de pensar históricamente. Pero lo que no perdono es que se retuerzan los hechos en función de conveniencias propias o ajenas. No se juega con las cosas serias, y no sé de nada más serio que la historia de los hombres.

Dicho esto, imagine el lector el placer que sentí, días atrás, hojeando un librito sin pretensiones, al encontrar el relato de un episodio ocurrido en el siglo XVI en una aldea de los alrededores de Florencia. El lector hará el favor de volver inmediatamente atrás y releer: «en el siglo XVI en una aldea de los alrededores de Florencia...». Y, ahora que no tiene dudas, vamos al caso, y quede claro que no vamos a asistir a escenas de batallas, asesinatos políticos o la firma de tratados célebres.

El episodio pasó, como queda dicho, en una aldea. Están los moradores en sus casas o trabajando en el campo, entregado cada uno a sus cuidados y ocupaciones, cuando, de repente, empieza a sonar la campana de la iglesia. A muerto. Sorpresa general, pues no había en la aldea nadie de quien se esperase defunción. Salen las comadres a la calle, se juntan los chiquillos, dejan los hombres la sementera, y todos se reúnen en el atrio para saber la triste nueva. Y la campana sigue tocando, doblando melancólicamente, con un sonido que venían ganas de llevarse las manos a la cara y llorar de tristeza. Qué será, qué no será, quién murió no lo sabemos —y, de pronto, calla la campana y a la puerta de la iglesia aparece el labrantín que había estado haciendo de campanero. Dobla el asombro como había doblado la campana y, a las preguntas, responde el campesino: «He doblado a muerte por el Derecho, porque el Derecho ha muerto». Así mismo, exactamente, como si supiera ya que estaba hablando para la Historia.

Este campesino, dice el narrador, veía cómo todos los días el señor del lugar le iba arrebatando palmo a palmo jirones de su huerto. Reclamó, protestó sin resultado. Entonces, decidió anunciar *urbi et orbi* —el mundo puede tener el tamaño de una aldea— la muerte del Derecho.

Si la historia es inventada, juro que no la he inventado yo. La encontré en un libro, negro sobre blanco, en letra de molde, con nombre de autor y de editor. Con todas las garantías, pues. He contado la verdadera historia de este campesino y de su acción, en el siglo XVI y en Florencia.

Y, ahora, imaginemos las campanas todas del mundo, en todos los templos que usen campanas para llamar, llorar y protestar, doblando a muerto, con un resonar universal que va saltando de ciudad en ciudad por encima de las fronteras, lanzando puentes sonoros sobre los océanos. Vamos todos a ensordecer. ¿Cómo soportar este clamor?

No hay manera, bien lo sabemos, de remediar las muchas injusticias de la vida. Pero el olvido a que estaba condenado mi campesino, antes de descubrirlo yo en el siglo XVI y en Florencia, pasa, por obra mía, a tener enmienda. Propongo, pues, una gran colecta pública para un monumento al aldeano anónimo que hizo de su ofendido corazón una campana. Abro la suscripción con el dinero que me da esta crónica. ¿Quién me acompaña?

Esta palabra «esperanza»

En Portugal se ha hecho un gran consumo de mayúsculas. En la oratoria política, en el periodismo, en ceremonias de inauguración hierven los Ideales, la Humanidad, la Patria, y la Familia, el Deber, los Descubrimientos —todo en frases hinchadas y campanudas que resuenan tanto más cuanto más huecas son. Llevan estas frases los ingredientes todos del sermón de encuentro y del discurso de asamblea general. Y en la boca de los profesionales de la palabra se añade la vibración adecuada, que va del trémulo conmovido a la estridencia de fanfarria. Es un regalo para los oídos tal primor en la orquestación. Y es una desolación para la inteligencia.

Ahora, apareció en el circuito de las ideas la palabra «esperanza». E inmediatamente le vino a alguien la tentación de soplar en la letra inicial y convertir la «e» en «E». Es una operación que participa de la magia, como se dice que de la magia participan los grabados rupestres prehistóricos. Poniendo esa mayúscula es como si incrustáramos mejor la esperanza en nuestros buenos deseos. Se toma a la nube por Juno, el proyecto por trabajo, el sueño por realidad. Y, como eso ya le ocurrió a Newton, nos sentamos al pie del manzano a la espera de que nos caiga encima la manzana para descubrir, al fin, la ley de la gravitación universal. Se trata, como se ve, de lección para gente perezosa, que cree aún en la ciencia infusa.

Ahora bien, en esta mi canción de preopinante poco dado a ilusiones, he hecho el descubrimiento de que la retórica no es compañía honrada para gente que quiera pensar en serio y con su propio meollo. Claro que nadie (realmente nadie) puede alabarse de pensar sólo con su propia cabeza. Hay tantas cabezas por el mundo, y todas pensando, ¿cómo no recibir de ellas el material para nuestro pensamiento? Pero exactamente el mal de los que piensan con mayúsculas es que esas mayúsculas ocupan demasiado espacio: con sólo media docena se atasca cualquier cerebro, incluso un cerebro genial. De ahí que yo sea enemigo acérrimo de las mayúsculas: me gustan las palabras (¡vaya si me gustan!), pero querría hacerlas a todas pequeñísimas, de modo que cupieran muchas. Y también quisiera que fueran palabras densas, cargadas de significado, de sentido, de fuerza, de capacidad de acción.

Si vamos a decir y a escribir «Esperanza», ¡adiós mis buenos pronósticos! Caemos en un balanceo adormecedor, en el baño tibio, en la blandura de las letanías. Y, mientras tanto, irán las realidades siguiendo su camino propio, riéndose de nosotros, cuando no sirviéndose de nosotros. Y uniremos al repertorio de nuestros lamentos una decepción más. Después, nos sentaremos en el umbral para ver desfilar el cortejo que otros organizaron y que hacen pasar para edificarnos.

Ahora bien, la vida está hecha de pequeñas y minúsculas tareas. Escribir es una de ellas. Desde el punto de vista de

Sirio, ni siquiera el viaje de la Tierra a la Luna tiene tanta importancia. Pero poner una palabra delante de otra, aquí en la superficie de la tierra, y en particular en este desván del planeta, es un acto muy importante. Positivo, o negativo. Será positivo si cada palabra es pesada y medida, restituida a su verdadero valor —y no usada como cortina de humo o puerta para el museo de las antigüedades retóricas. Será positivo si despierta en quien lee un eco que no venga de la oscura condescendencia de la ilusión y del engaño que dormita en el fondo de la pasividad en que hemos vivido. Será positivo si. Adelante, sin más explicaciones.

Pues esta palabra «esperanza», con mayúscula o sin ella, lo mejor es borrarla de nuestro vocabulario. Sólo la deben usar los exiliados o los desterrados que se han conformado con el destierro y el exilio, y eso a falta de algo mejor. Les da consuelo y alivio. Los no conformistas tienen otra palabra más enérgica: «voluntad». Que, por otra parte, se puede escribir con mayúscula también. Con lo que estaré de acuerdo, si eso nos ayuda.

Almeida Garrett y fray Joaquim de Santa Rosa

Hace unos meses fui invitado a decir algo sobre la novela portuguesa. No sólo yo, claro, porque no bastarían para situar dicha novela mis débiles palabras y mis flácidas ideas. La cosa acabó por no hacerse, y seguramente no se hará nunca. De modo que metí los papeles en el cajón y allí quedaron, a la espera de no sé qué. A la espera quizá del día de hoy, puesto que hoy los cojo de allí y los saco a la luz. Pero la vanidad personal del autor no entra en esta decisión: como verá el lector, el meollo de la crónica pertenece a Almeida Garrett (a quien todo portugués honrado conoce) y a fray Joaquim de Santa Rosa (a quien tengo el gusto de presentar).

Después de unas consideraciones generales sobre problemas relacionados con la novela, decía yo que todo eso no era más que una cereza del abundante racimo que es la situación de la vida portuguesa. Y, hablando de cerezas, invitaba al oyente (y ahora invito al lector) a apreciar el sabor de unas cuantas, aunque cuidando los dientes, por no morder el hueso. Veamos la primera: Almeida Garrett, *Portugal en la balanza de Europa*, 1830: «Se dice —y tanto lo dicen enemigos calumniadores como locos amigos— que la nación portuguesa no está preparada para la libertad. Pero ¿qué hombre o qué pueblo no está preparado para el estado natural del hombre y de la sociedad? Con todo, el gobierno representativo, sin el cual, en el presente estado de las naciones, la libertad sería castigo y flagelo y no bendición y gozo, el gobierno representativo, añaden, requiere educación propia y especial, exige ilustración en el pueblo, y no todos los pueblos están en ese punto; y, en consecuencia, no todos están preparados para recibir instituciones libres.

»El argumento es especioso, y por tal seduce a muchos; pero la razón lo destruye y la experiencia lo desmiente. Quien así argumenta parece suponer un tiempo, una época previa al establecimiento del gobierno representativo, durante la cual el pueblo sí estuvo educado para la libertad. Ahora bien, en ese espacio de tiempo, alguno debía de ser el gobierno que al pueblo regía: y está claro que no podía ser el liberal. ¿Sería entonces que, bajo el despotismo, estaba el pueblo educándose para la libertad?».

Mientras asimilamos este suculentísimo fruto (que nos llega de 1830, no se olvide), saco del tarro la segunda cereza, procedente del vergel poco conocido de José Timóteo da Silva Bastos, *Historia de la censura intelectual en Portugal*, obra publicada por la imprenta de la Universidad de Coímbra en 1926. Se trata de una sentencia de la Real Mesa Censoria, en 1769, caída como un cuchillo sobre el libro de madame de Lafayette, *La princesa de Clèves.* Escribe el censor, fray Joaquim de Santa Rosa, y reproduzco yo, actualizando el lenguaje: «Este libro es de la misma naturaleza y hechura de muchos otros que han sido prohibidos ya por esta Mesa, que los ha erradicado de estos Reinos: trata el libro de los amores profanos de esta princesa, y sólo a los mercaderes y negociantes puede ser útil, porque con él extraen nuestra moneda. Y es pernicioso a los naturales, no sólo por la materia, sino también porque consume su tiempo, que podrían emplear en la lectura de libros útiles e interesantes. Es, pues, mi parecer que debe erradicarse de estos Reinos y de sus Dominios. Fueron del mismo parecer los Diputados adjuntos. Lisboa, en Mesa, 10 de febrero de 1769».

Han pasado doscientos años. Si el lector es desconfiado habrá pensado que estos textos han sido publicados por mí con sabe Dios qué inconfesables fines. En cuanto a los textos, es fácil: busque las obras que he citado y allí los encontrará. Sobre los fines, aquí los expongo y honestamente confieso: que fray Joaquim de Santa Rosa deje en paz a las princesas de Clèves. Y, de camino, un voto: que venga Almeida Garrett a darse una vuelta por su vieja patria; que, después de haberlo visto muy bien todo, pueda regresar al descanso de la tumba con una sonrisa de esperanza, y que, mientras se acomoda, vaya murmurando: «No está mal que se diga en 1968 lo que escribí en 1830. Voy a esperar un tiempo. Ya veré entonces cómo van las cosas».

¿Conclusiones? El espacio es poco para ellas, y será el lector quien remate esta crónica. Por sí mismo, que me está leyendo. Yo sólo he hablado de Almeida Garrett y de fray Joaquim de Santa Rosa.

Nosotros, portugueses

Nosotros, los portugueses, somos así. Delegamos mucho. Mientras aún hubo esperanzas de regreso de don Sebastián, nos pasamos los días (sobre todo las mañanas de niebla) mirando hacia la barra del Tajo, a la espera del Deseado que vendría a liberarnos del yugo castellano. E incluso cuando los muchos años pasados nos estaban diciendo pacientemente que ya no podíamos contar con don Sebastián, nos orientamos hacia la banda de los milagros: volvería el rey, aunque fuese dentro de cien años, tan jovenzuelo como había partido, y traería los remedios que nuestros males reclamaban, por más que no reclamásemos nada. Nos quedó ese flaco de estar pensando siempre en alguien que nos apadrinase y nos diese una carrera. Dar ejemplos sería repetir los manuales de historia patria. Démoslos por dados.

Cuando se instauró aquí la lotería de la Santa Casa, no hubo portugués que no pasara a esperarlo todo de su misericordia. Allí estaba, a cambio de unos céntimos y de un papel de colorines que se llamaba «cautela» (¡ay, la coincidencia de ciertos nombres!), la solución final, la que permitiría construir la inefable casita allá en la tierra de cada uno, mandar al diablo el trabajo y a quien lo inventó, tener allá dos o tres campos y vivir de renta —todo lo demás son historias.

Pero, recientemente, nos ha caído encima esa invención fabulosa de las quinielas. Ahora, sí. El portugués, siempre refractario, siempre relapso en presencia de las matemáticas, se exprimió las meninges, refrescó sus lóbulos cerebrales y se entregó por entero a la labor gigantesca de llenar dobles, triples y múltiples. Y cuando oyó decir que hasta los pastores del Alentejo, que apenas conocían lo que era una equis, podían hacerse millonarios en calidad de único acertante, se armó. Y con la ayuda desinteresada de la TV, de mil y un folletos que a cambio de pocos escudos daban las cien recetas para acertar la combinación, las veladas familiares se animaron como nunca lo habían estado antes. Se empezó por enseñarle al hijo menor a decir «uno-equis-dos» antes del tradicional «papá-mamá»; al abuelo senil, que ya se había olvidado del vocabulario todo, le dio aquello sosiego y asistencia para que al menos conservase en la memoria aquellas palabras milagrosas. Y de este modo se confió a la infancia y a la vejez, a la decrepitud y a la ignorancia, la llave de la riqueza.

Y no llevamos camino de curarnos. Siempre tendrá que haber quien nos proteja y defienda, quien tome cuenta de nosotros, quien nos coja de la mano para cruzar la calle, aunque la luz roja del semáforo frene la marcha de los coches. Siempre habrá quien nos aconseje lecturas, películas y piezas de teatro. Quien nos explique minuciosamente (o sin ninguna explicación) cómo debemos pensar, y cuándo, y si es hora de hablar o de estar callado. Y si es hora de hablar, forzoso es también que nos enseñen a articular las palabras, que lubrifiquen nuestras mandíbulas aherrojadas, que nos animen y nos inciten, porque somos tímidos y no nos gusta ser objeto de atención y de curiosidad activa por parte de los otros.

Delegamos mucho. Lo delegamos todo. Con tres patatas en el plato, fútbol los domingos y unas cuantas fiestas que cuadren en medio de la semana (con puente, si es posible), tenemos al portugués feliz. Somos sobrios, de gustos sencillos, blandos en nuestras costumbres y amigos de nuestro amigo —que nunca sabemos quién es. Tenemos la vocación de la buena vida, de una vida regalada que con poco se contenta. Somos buenos y confiados. Que Dios nos bendiga, que de nosotros no vendrá mal para el mundo. Ni bien tampoco.

Nosotros, los portugueses, somos así. Y yo, que portugués soy, no sé si reír o llorar.

Manuscrito encontrado en una botella

La semana pasada iba yo rumiando filosofías por la plaza de Rossio (lugar inadecuado por el tráfico, lo que acaba demostrando hasta qué punto las filosofías son entretenimiento arriesgado), cuando, de súbito, clavé los ojos en el estanque, el del lado sur, el de las floristas, y ¿qué veo? Nada menos que una botella flotando. Me pareció un caso extraño, tan extraño que empecé por pensar que se trataba de una alucinación. Pero, empujada por el viento, la botella se aproxima a la orilla del estanque, balanceándose en la ondulación suave. La gente iba y venía, a lo suyo, y nadie reparaba en la botella.

Miré hacia arriba, disimulando, hacia las ventanas, al cielo. Después di la espalda al estanque, y me detuve de nuevo. La botella estaba más cerca, rozando la ribera. Bruscamente, tendí el brazo.

Era realmente una botella, consistente, brillante, chorreando agua. Confusamente, me di cuenta de varias cosas al mismo tiempo: no tenía etiqueta, era poco pesada, el corcho parecía muy viejo. Miré la botella a contraluz: allí dentro había un papel. Me estremecí. La situación iba haciéndose incómoda. Allí, en medio de Rossio, con una botella mensajera en la mano, y toda la gente mirándome, sonriendo, tal vez murmurando. Eso creía yo, pero cuando paseé los ojos a hurtadillas, vi que nadie se interesaba por mí. O lo parecía al menos. Apoyado en un árbol, por ejemplo, estaba un hombre leyendo el periódico con excesiva aplicación. Me pareció extraño: ¿por qué no miraba hacia mí? Lo lógico sería que alguien se acercara, preguntase qué pasaba, que viniera a compartir el hallazgo conmigo. Pero la gente, de manera muy clara, hacía como si no me viera. Y el del periódico me dio la espalda y empezó a hablar con otro que estaba estudiando los objetos de un escaparate como si de ello dependiera su supervivencia.

Me puse nervioso y di dos pasos, con miedo. Pensé que lo mejor sería entregarle la botella al guardia de tráfico. Pero tendría que darle explicaciones, me haría preguntas, en fin... Y el papel. Tomé una gran decisión y, escondiendo la botella bajo el brazo, atravesé hacia la rua Augusta. Confié demasiado en mis fuerzas: en tan corto trayecto, mi corazón empezó a latir desaforadamente. Miré hacia atrás y quedé despavorido: el hombre del periódico había atravesado entre los coches, impávido, sin dejar de leer, y el otro, el del escaparate, cargaba con éste y contemplaba embelesado una corbata a rayas. Y peor fue aún cuando vi que todo el mundo, ahora, me miraba con una mezcla de reprobación, advertencia, ansiedad y asombro. Me precipité calle abajo, definitivamente aterrorizado, doblé la primera esquina, y otra, y otra. Pasé mucho tiempo doblando esquinas, tropezando con gente que encendía pitillos, leía periódicos, contemplaba escaparates, que se paraba o andaba con una extraña e injusta seguridad y que parecía tener el don de la ubicuidad, tanto se parecían entre sí.

En esta semipesadilla me encontré en el muelle. Había allí un remolino enorme de gente que embarcaba, y fui arrastrado hasta el interior del barco. Por poco dejo caer la botella. El barco se estremeció, roncó la sirena, y se alejó del embarcadero. Tuve la seguridad de que me encontraba a salvo cuando vi allá en tierra unos cuantos hombres braceando con despecho, agitando periódicos, escaparates y paquetes de cigarrillos.

Avanzaba el barco, yo sentado en popa, mirando la ciudad que se abría ante mí, cada vez más grande. Entonces, exactamente en medio del estuario, cogí la botella e intenté quitarle el corcho: no lo conseguí. Muy decidido, partí el gollete en la amurada de hierro, metí los dedos con cuidado y saqué el papel. Lo desenrollé, y leí: «¡Socorro!». No había firma. Alcé los ojos. La ciudad se dilataba en colinas, con un bello colorido. ¡Hermosa, incomparable ciudad! Pero ¿quién había escrito aquel papel? ¿Quién pedía socorro? ¿Por qué?

En aquel momento se perdió la botella en el lodo del río. El papel voló en pedazos y fue llevado por las aguas, y las gaviotas jugaban con los trozos del mensaje, y los peces. Yo desembarqué en la otra orilla, di una vuelta enorme en autobús, pasé otra vez el río en Vila Franca, y regresé a Lisboa, ya con noche cerrada. Había aún mucha gente en la calle. Mucha gente. Y yo intentaba adivinar la isla de donde habría llegado aquella botella, qué náufrago la habría lanzado al estanque de Rossio.

Carta de Ben Jonson a los estudiantes de Derecho que representaron *Volpone*

«Vosotros no me veíais, pero también yo estaba allí. Sentado en un peldaño del primer piso, que no había billetes, y aunque los hubiera: no faltaría quien viniese a sentarse en la silla vacía. Porque yo soy menos que una sombra, ni siquiera soy una nube o fantasma. Tengo la inconsistencia de la memoria, pero también su realidad. Y desde que me encuentro en esta situación me siento más real, con una curiosa impresión de eternidad que me conforta.

»Y, además, eso de ir de país en país, de entrar en los teatros, es un placer que no puedo explicar, y también un privilegio. Vosotros no lo sabéis, pero la ocupación de los dramaturgos, después de muertos, es asistir a todas las representaciones de sus piezas. Algunos hay, pobrecillos, que no salen nunca del limbo (gran injusticia se hace, por ejemplo, con vuestro compatriota Gil Vicente). Otros, como mi amigo Shakespeare, andan siempre por ahí, en un constante ir y venir, haciendo milagros con los usos horarios para no perderse un espectáculo. Yo, con todo, no tengo motivos de queja. De vez en cuando me llega la noticia de que voy a ser representado. Y me pongo siempre nervioso como en una noche de estreno. Y, la verdad, es que esto es bueno, podéis creerme.

»Cuando me enteré de que ibais a representar el *Volpone*, me sentí muy lleno de curiosidad. En los tiempos en que estaba vivo, poco sabía de Portugal, de Argentina, de la tierra de Gutkin no sabía realmente nada. Y creo que Argentina ni siquiera existía entonces. Podéis imaginar entonces mi alegría. Además, no sois actores profesionales, estudiantes de Derecho me dijeron que erais, y, la verdad, ante esto me asusté un tanto. Ya sabéis que con la ley tuve mis problemas. Creí que ibais a estropearme el *Volpone*, por picardía y por el placer de estropear las cosas.

»Entré en el teatro con el corazón en un puño. Y, de inmediato, me desorientó el público. Nunca había visto tanta gente joven, chicas y chicos, y todos hablaban y sonreían y gesticulaban. Entonces, el galope de mi corazón se sosegó un tanto. Y me sentí tan cautivado que ni siquiera me daba cuenta de los atropellos que mi invisibilidad me causaba. Después, empezó la pieza. Pero ¡qué estabais haciendo! Sentí unas inmensas ganas de protestar, de interrumpir la representación: la verdadera obra no era aquello que tenía ante los ojos. Menos mal que los fantasmas no tienen voz. Si yo la tuviera, no tardaría en perderla porque, de repente, me sentí sofocado, encogido en aquel escalón del primer piso, transportado hacia fuera de la nada que soy, exaltado y feliz. Aquel *Volpone* era tan vuestro como mío, más vuestro que mío, y, contra lo que es costumbre en esta vida del teatro, aquella apropiación no me causaba ni envidia ni celos.

»Me di cuenta perfectamente de que para todos vosotros, actores y espectadores, Volpone sólo podía ser como era, y me sentí muy humilde, pero también orgulloso. Ben Jonson, servidor vuestro que soy, se encontró entonces rico en centenares de amigos, y me llegaba esta amistad en el calor de la sala, a través de vuestras palabras y vuestros gestos.

»Cuando acabó la pieza, me olvidé de quién yo era. Me levanté, aplaudí con el mismo entusiasmo que todos —cosa imperdonable en un autor que se respete. Aplaudí, pero nadie me oía. Y fue entonces cuando, por primera vez después de muerto, sentí tristeza por ser aún menos que un fantasma. Me gustaría que me hubierais visto, me gustaría recibir mi parte de aquellas aclamaciones. Bajé a la platea entre un clamor de aplausos. Estuve a vuestro lado, al lado de Gutkin. Y, desde el escenario, saludé inclinándome ante el público y ante vosotros. Con una profunda gratitud. Y con una alegría de lágrimas y de sonrisas. Vuestro amigo: Ben Jonson».

«La desnuda verdad»

De vez en cuando no está mal que el cronista se suba a la máquina del tiempo, mueva las palancas adecuadas y se instale en el pasado. Ya sabemos todos que el futuro está ahí, a la vuelta de la esquina, y trae mucho que contar. Y también sabemos que en este país, tan apegado a tradiciones, antiguallas y prejuicios mohosos, hay, paradójicamente, una inclinación irresistible a acusarnos los unos a los otros de añorar el pasado. De ahí que yo me sienta un tanto receloso del grave paso que voy a dar. Habiendo, como hay, tanta cosa moderna pidiendo que de ella hablen, qué idea es ésta de poner el calendario andando hacia atrás, como los cangrejos, hasta...

Hasta la primera mitad del siglo XV, en tiempos del señor rey don Duarte, del regente don Pedro y de don Alfonso VI el Africano. Un gran salto, como se ve. No es que yo esté interesado en venir ahora intentando una reconstrucción histórica cualquiera. Más modestos propósitos me han movido. Propósitos tales como el de buscar, en la pequeña Lisboa de aquel tiempo, al guarda-mayor de la torre do Tombo, un hombre sensato llamado Fernão Lopes. Quiero también, y ya veré si puedo, saber con qué ingredientes se compuso la tinta de la *Crónica de don Juan I*.

Esta crónica es para mí una obsesión, una idea fija. Aquí, en el siglo XX en que vivo, voy pasando estas páginas de bárbara ortografía, esta abundancia de vocales y consonantes dobles, estas palabras que dicen más de lo que parece —y quedo aturdido, como quien está al pie de una altísima columna, o árbol, o precipicio cortado a pico, y alza los ojos en vertiginosa ascensión, e inmediatamente los baja porque el vértigo es real. Por eso voy a saber (¿lo sabré?) quién es este Fernão Lopes y en qué tintero moja la pluma para escribir, exactamente en el prólogo de su crónica, esta grave advertencia: «Nem entemdaaes que certeficamos cousa, salvo por muitos aprovada, e per escprituras vestidas de fe; doutra guisa, ante nos callariamos, que escprever cousas fallssas».*

Veo un hombre de rostro severo, y no porque rechace la alegría sino porque la materia de que trata es carne y sangre de hombres. Porque tiene ante los ojos el latir de un pueblo y nada quiere perder de los arrebatos, de las pasiones, de los gestos egoístas, de las cobardías, y también del valor que es de repente mayor que el ser en que se instaló. Porque si es cierto que va a contar la historia de príncipes y de vasallos, de las intrigas de palacio, de las grandes frases para la posteridad y de las breves interjecciones de la rabia y del dolor, también es verdad que por las estrechas ventanas de la torre llegan las palabras cotidianas y toscas de los «barriga al sol», masa dis-

* «No creáis que damos por ciertas cosas que no estén por muchos confirmadas y por escrituras vestidas de fe; si no fuera así, antes callaríamos que escribir cosas falsas».

persa que en un momento de la historia se convirtió en lanza y ariete, escudo y hora de la mañana.

Veo a este hombre, leo lo que él está escribiendo, y pregunto: «¿Quién te conoce, Fernão Lopes? ¿Quién sabrá que en esta sala, entre códices antiguos, nace en este momento tal vez el mayor libro de la literatura portuguesa?».

Veo a este hombre, ahora que el sol se puso y una lámpara mortecina se sofoca entre las sombras de la noche, frotándose los ojos cansados, y empujando la pluma lentamente para contar los padecimientos de Lisboa: «No logar hu costumavom vemder o triigo, amdavom homees e moços esgaravatamdo a terra; e esse achavom alguus graaos de triigo, metianos na boca sem teemdo outro mantiimento; outros se fartavo dervas, e beviam tamta agua que achavom mortos homees e cachopos jazer imchados nas praças e em outros logares».*

Mi viejo y amado Fernão Lopes, despreciado genio cuyo nombre como gran favor colgaron en la esquina de una calle en Saldanha. Cuando en tu lenguaje sin adjetivos querías hacer y hacías el elogio de un hombre, al nombre de él y a la palabra «hombre» añadías sólo: «y para mucho». Fernão Lopes, cronista de la desnuda verdad, hombre para mucho —digo yo, en este tiempo de tan poco.

* «En el lugar donde solían vender el trigo, andaban hombres y muchachos hurgando en la tierra; y si encontraban algunos granos de trigo, se los metían en la boca al no tener otro mantenimiento; otros se hartaban de hierbas y bebían tanta agua que se encontraban hombres y muchachos que yacían hinchados en las plazas y en otros lugares».

Gracia y desgracia de Maestro Gil

No son muchos los gigantes en la historia de la literatura portuguesa. Y algunos, si de lejos los vemos, sólo abultan porque la estatura de sus contemporáneos no pasa de una tranquila mediocridad. Antes de Gil Vicente, que nace ya en la segunda mitad de siglo XV, sólo la cabeza de Fernão Lopes mira por encima a las generaciones. El resto de la gente literaria (cronistas y poetas, que poco más venía dando la cepa lusitana) hizo lo que pudo. Puestos al final de estos siglos todos, con tanta medida mal llena, o rasa a la fuerza, si el grano excedía la fanega, mal parece, no obstante, ir a buscar ejemplos por ahí fuera para cortar medio palmo de pierna en la grandeza de los más altos de los nuestros. (Y, quien dice pierna dice cabeza).

Cabe a Gil Vicente la didáctica y académica gloria de ser el «fundador del teatro portugués». (Como es sabido, nadie está a salvo de letreros de este calibre). Tenemos un instituto que usa su nombre, una estatua a la que nadie mira —y sus autos, que raramente lee alguien, y algunos sólo por obligación escolar. Hay también algunos recitales, llamados culturales, donde la cultura se prueba declamando enérgicamente ciertas expresiones que serían malsonantes y caso de policía si fueran proferidas en la calle. En el recato de la sala y bajo la protección de la autoridad, el espectador le guiña el ojo al vecino: ambos son cultos y sin inhibiciones, y allí está, ante los ojos, la prueba de que el teatro portugués sigue vivo. Después, se enrolla a Gil Vicente en el telón del escenario, y adiós, hasta la vista. Para ser un fundador, es poco.

Ahora bien, si esto no parece un sueño desmesurado, diríamos que no se le haría ningún favor a Gil Vicente (pero sí, sin duda, se le haría al público) si a lo largo del año los autos de Maestro Gil tuviesen un escenario propio y accesible, y gente que los amase y supiese representar. Claro que sabemos que Gil Vicente no es Shakespeare ni Molière, pero sabemos también (este refrán se ajusta como un guante a nuestra proverbial modestia) que «quien no tiene perro caza con gato».

Por otra parte, comparar a Gil Vicente con el gato no es cosa tan insensata como a primera vista podría pensarse: como el gato, Gil Vicente tiene molicies y blanduras, se acomoda en el regazo de los poderosos de su tiempo, consiente que lo halaguen, y corresponde. Pero, de repente, disparada la ferocidad, parece la uña de un gato, la uña de Maestro Gil. Donde la uña alcanza, aparece un rasguño y sangre. Cuántas sonrisas amarillas no habrán quedado heladas en rostros de cortesanos. Después viene otra vez la lisonja emoliente, el pelo blando, el conformarse con un plato de habichuelas. Con esto se sustentan vidas y se doblegan destinos. «¡Ah! ¿Quién escribirá la historia de lo que podría haber sido?», dirá Fernando Pessoa quinientos años más tarde.

Gil Vicente fue su propio genio más la tierra y el tiempo en que vivió. De esta conjunción se nutrió una obra —la obra posible. La tierra no ha cambiado mucho y no tenemos ahora ningún Gil Vicente a mano, ni reparamos en el seísmo que forzosamente anunciaría a esta remansada población el nacimiento de él. Paciencia. Y... «Y un Gil... un Gil... un Gil... (qué mala memoria, ay), / un Gil... ya lo diré... / uno que no tiene un cetil* / y hace los autos al rey».

Fueron los autos hechos para el rey porque así tenía que ser —y menos mal que el rey los aceptaba. Hoy, estos autos son nuestros. Pero ¿estarán en buenas manos, en manos que lo merezcan? ¿O hablaremos como el avaro, que entierra el cántaro con las libras y muere de hambre envidiando la cena del otro?

* Moneda portuguesa antigua, de valor ínfimo. *(N. del T.)*

Los navegantes solitarios

Este mundo tiene cosas. Confiesa, lector, que vale la pena estar en él. Difícilmente se encontraría, en cualquier rincón del universo, espectáculo más variado, todo a golpes de teatro, embarulladas situaciones, inesperados encuentros, salidas falsas y entradas a destiempo. Y rábulas. Los escritores que se dedican a la ficción científica no han conseguido, hasta ahora, que yo sepa (y me envanezco de algo saber del género), crear un mundo que se parezca al nuestro en lo que a excentricidad se refiere. Hasta el punto de que me dejan, a mí, frío e indiferente hasta cuando cargan en el pedal amplificador de monstruos verdes y monoculares o de algas parlantes. Soy sensible a la imaginación poética, pero eso, sin la menor duda, es prejuicio de clase.

Viene este preámbulo a propósito de los navegantes solitarios. En tiempos idos admiré de manera ciega a estos hombres, admiré su valor, el desprendimiento con que se dejan ir entre mar y cielo, entregados a sí mismos y a la fortuna, que tanto protege a los audaces como fríamente los elimina. Y aún hoy reservo a estos navegantes un rincón de mi alma. Verdad es que admiro a todo aquél que se atreva a lo que yo, por mi parte, soy incapaz de hacer, pero estos navegantes me merecen una estima especial, sea o no sea yo descendiente de un pueblo de marineros.

De vez en cuando se pierde un navegante de estos en la inmensidad de los océanos. Y aquí cae muy bien la frase con la que se abre esta crónica: «Este mundo tiene cosas». Porque, apenas se retrasa el navegante veinticuatro horas en la siguiente escala, es cierto y sabido que cae el mundo entero en una terrible inquietud, pierde el sueño, y pasa a alimentarse de la primera página de los grandes y pequeños periódicos. Todo el mundo quiere ayudar de una manera o de otra, telefonear a los bomberos o a los hospitales, remangarse. En espíritu todo el mundo va al muelle o a la playa para clavar la vista en el océano a ver si apunta vela. Y no se habla de otra cosa. Estas dos palabras («navegante» y «solitario») están colmadas de tal prestigio que decirlas u oírlas es como sentir un viento de heroísmo agitando cabellos y corbatas. De un momento a otro, el mundo queda lleno de héroes sin ocasión ni empleo.

Y esto no queda aquí. Van escuadras al mar, alzan el vuelo helicópteros y aviones, se gastan ríos (mejor diría océanos) de dinero, todo para encontrar al navegante perdido o indiferente. La humanidad se siente regenerada, humanitaria. Dará la sangre, la bolsa, qué sé yo qué, para recobrar la serenidad y recuperar al navegante. Mientras el trance dura, la tierra es un concierto de armonías que llena los espacios infinitos de concordia y paz. Entonces, es bueno vivir.

Casi siempre aparece el navegante. Se había desviado de ruta, lo había atrapado un tifón, había tenido una avería en la radio, quizá sintió el deseo de cortar definitivamente con el mundo —qué sé yo. Hay entonces un grande y general suspiro de alivio, tan sincero que nadie piensa ni en preguntar quién va a pagar los gastos. Ni interesa. Nos habíamos identificado de tal manera con el navegante que es como si el barco fuese nuestro y nuestra la aventura.

Este mundo tiene cosas. Porque, entretanto, y antes, y después, pasan todos los días a nuestro lado otros navegantes solitarios, enfermos unos, desafortunados, sin casa ni trabajo, sin alegría, sin esperanza —y nadie cruza la calle para decirles: «¿Estás perdido, amigo? ¿Estás perdido?».

¡Salta, cobarde!

Muchas veces, estas prosas mías navegan en naves enguirnaldadas, con acompañamiento de violines poéticos, de efectos de luz que voy a buscar a las transparencias cristalinas, a los encajes vegetales, al difuminado de la visión acuática. Es una tendencia de la que nunca me liberaré y de la que (¿por qué no decirlo?) no me avergüenzo. Pero hoy he decidido cortar la vena lírica secamente, poner dique a la efusión, y alzar una barrera ante las imágenes y las comparaciones. Tengo una historia brutal que contar. Y si el lector ha sido agraciado con un corazón sensible, le ruego que me dé licencia para aconsejarle que no siga leyendo. Si lo hace, mirará desdeñoso para el mundo de hoy en adelante, para el mundo y para quienes en él viven, perderá el apetito y puede que hasta sufra insomnios.

La cosa ocurrió en Kassel, ciudad alemana. Alemania es un país civilizado, de moneda fuerte, patria de mucha filosofía, cuna de artistas y de escritores. Técnicamente, es lo que se sabe: una potencia. Pues en Kassel, ciudad alemana alzada en las márgenes del Fulda, con sus doscientos mil habitantes, vivía hasta hace poco un muchacho de diecinueve años llamado Jürgen. Vivía, y ya no vive. Por un disgusto cualquiera que la noticia no menciona, Jürgen decidió suicidarse. No lo hizo discretamente; tal vez con la secreta esperanza de que lo disuadieran (cuesta mucho morir a los diecinueve años, incluso con los disgustos enormes que a los diecinueve años se tienen), subió a un depósito de agua, una construcción de treinta y dos metros de altura, para precipitarse desde allí al encuentro de la solución de sus problemas: la muerte.

Se reunieron cientos de personas. Bomberos y policías intentaron convencerlo para que bajara. Una muchacha conocida suya (¿amiga?, ¿novia?) pasó por allí casualmente y gritó con los que gritaban: «¡No hagas eso, Jürgen! ¡Baja!». El chico vaciló, creyó que iba a salir de su pesadilla, aceptó un pitillo que dos bomberos hicieron llegar a sus manos, se lo fumó tranquilamente. Abajo, la multitud (cientos de personas) esperaba. Hubo, sin duda, suspiros de alivio, se distendieron los rostros que el nerviosismo había crispado. Y Jürgen, lentamente, empezó a bajar. Y, entonces, de la multitud se alzaron gritos de escarnio, abucheos, insultos. La maldad gana voz, se articula en palabras imposibles: «¡Salta, cobarde! ¡Salta!». ¿Quién dice eso? ¿Quién grita? No se sabe. Salen las voces de la multitud y no es posible sofocarlas. «¡Salta, cobarde! ¡Salta, cobarde!».

Jürgen vuelve a subir los peldaños. Está solo allá arriba. Nadie sabe lo que piensa, lo que siente ahora. «¡Salta, cobarde!». Y Jürgen salta. Cae en la red que los bomberos habían tendido. Pero la red no basta para salvarlo. Jürgen es llevado al hospital con gravísimas lesiones internas. Muere.

Ésta es la historia que quería contar. Ahí la tienes, lector. Haz de ella lo que quieras. En este planeta Tierra que los hombres habitan, hay horas de felicidad, sonrisas, amor, alguna belleza, flores para todos los gustos. Y hay monstruos. No se distinguen de nosotros, que no lo somos. Tienen un hogar, familia, amigos, una vida normal. Son civilizados. Pero un día gritan: «¡Salta, cobarde!». No lo mataron con sus manos. Sólo dijeron: «¡Salta, cobarde!». Luego cenaron, se fueron a dormir en paz, protegidos por la ley y por los defensores de la ley. Y besan a sus hijos.

Adiós, Jürgen. No sé qué disgustos serían los tuyos, no lo sé. Pero ¿qué disgusto, qué asco mayor que éste de vivir entre una humanidad así?

El cálculo

A una calcificación anormal que se forma en el cuerpo, especialmente en la vejiga y en la vesícula, se le da el nombre de cálculo. Y el que la padece es un calculoso. Pero «cálculo» significa también «plan», y, en esta acepción, el agente es designado con el apelativo de calculador. Hasta aquí todo transcurre en términos de límpida inocencia, según las reglas del juego de la palabra, que tiene mucho de prestidigitación, pues de una se saca otra y luego otra, y otra más. Pero aquel calculador le da la vuelta al sentido y, de simple persona que hace cálculos, surge transformado en persona que encamina sus actos hacia un fin útil e interesado. (En esta explanación queda patente el buen uso que hice del diccionario).

Tenemos ya caracterizado al calculador. Estamos lejos ya de la medicina, pero seguimos en el terreno de lo patológico. Porque el calculador es un monstruo, una especie de aborto disfrazado, un intoxicado de egoísmo. Echa cuentas a la vida (a la suya), esboza el plan en el papel invisible del cerebro, y, como jugador de ajedrez, avanza y hace retroceder las piezas que le interesan. Por lo general, es hombre sonriente, todo llaneza y corazón abierto. Tiene un modo particular de cogernos del brazo o de ponernos la mano en el hombro, como si hubiera descubierto en nosotros un alma gemela, un hermano. Y eso, en personas sensibles, da resultado. Más tarde nos pasa la factura.

El calculador no ahorra elogios a nuestros talentos, al buen parecer que exhibimos o no, a la agudeza y al ingenio de que estamos dotados. Nos abruma con la relación de lo que ya teníamos, y de lo que nunca creíamos que pudiéramos tener. Lisonjea nuestro entendimiento, nuestra autoridad, nuestra influencia. Para él, el empleo, la situación, el futuro, dependen de nosotros y de nadie más. Hablando, busca siempre la manera de darnos a entender que, fuera de nosotros, los otros no valen un comino. Si hay confidencia, sólo vuestros oídos la merecen. En fin, somos alguien útil para su interés.

Pero esto se paga, repito. El calculador ha preparado ya el plan y ha dado los pasos necesarios, ha removido ya todas las piezas, va a dar el jaque mate. Nos ha cubierto de alabanzas, de adulaciones, ha jugado el pleno de esta irresistible y pueril necesidad de admiración que está en la masa de nuestra sangre. Nos ha colocado en el lugar óptimo del tablero. Entonces, pide. Si estamos desatentos o nos atrapa distraídos, reclama. Después amenaza, luego extorsiona. Pasa del tono melifluo a la impertinencia, de la insumisión a la calumnia. Estamos condenados. Si fuimos elogiados, tenemos que elogiar; si fuimos adulados, tenemos que adular; si nos dejamos comprar, ha llegado el momento de vendernos.

El calculador florece en todos los terrenos. Es, por definición, un subalterno. Rey que debía ser de sí mismo, como hombre que es, de sí mismo ha abdicado para ganar títulos de otra realeza. Quiere enchufe para un ascenso, quiere que vaya a tirarle de la chaqueta a quien tiene que juzgarlo —es siempre el retrato verdadero de la indignidad consciente. Compra, vende, alquila, presta, hace su negocio de banca mercenaria. Y conoce bien a sus clientes. Sabe que, en el fondo, todos estamos comprometidos, que ya hemos hecho negocios de la misma moneda, sabe que nadie le puede tirar la primera piedra.

Acaba la crónica por donde empezó: en la piedra, en el cálculo, en la piedra del cálculo. En esta escondida vergüenza de no ser, realmente, la imagen que de nosotros cultivamos. En este remordimiento clavado en el alma. Como si fuese una piedra.

(Remate irónico. ¿Será el cálculo una calcificación anormal? Sin duda: eso está en el diccionario. ¿Y una descalcificación moral? No es por alabarme, pero creo que he dado con la definición).

El planeta de los horrores

Esta mañana, al salir a la calle, me di cuenta de que el mundo estaba oscuro. En esos casos empiezo siempre por echarles la culpa a las gafas: me las quité, pues, y las limpié concienzudamente. Volví a ponérmelas: no había duda, el mundo se había oscurecido. Me palpé el hígado, porque estas cosas, a veces, son consecuencia de complicaciones hepáticas. Nada anormal. Tampoco me dolían las muelas, ni el alma. Problemas, sólo los de todos los días, y a ésos me he acostumbrado ya. Pero el mundo estaba más que oscuro: estaba negro. Y no era de noche. El sol iba ascendiendo como de costumbre. Lo que era negro era el mundo. Entonces, con este espíritu mío, adecuadamente reflexivo, entendí que el caso merecía estudio y ponderación. Medité, pues, y descubrí al fin que el mundo había decidido mostrar su otra cara, el mister Hyde de nuestro doctor Jekyll.

Dicen los cosmonautas que la Tierra, vista de lejos, es como una fiesta: toda blanca, verde y azul. Una especie de novia con imaginación. Y lo creo. Nunca he estado tan alto, y no me compete a mí, que tengo que estar siempre limpiándome las gafas, poner en duda lo que ojos sanos vieron y cámaras fotografiaron. Pero vista desde aquí abajo, en día de mister Hyde, sé yo que la Tierra es el planeta de los horrores.

No señor, no es tal, me dice el lector confiado y optimista. Pues sí, lo es, replica mi malhumor. Tenemos, por ejemplo, las rosas y los niños, insiste el lector, recurriendo al arsenal lírico. Tenemos, sí, concedo yo —y, de súbito, lanzo la descarga de horrores inmediatos: guerra, hambre, miseria, crueldad, discriminación, intolerancia, odio. De eso, siempre tuvo el mundo, y no ha acabado aún, arguye el pío lector. Así es, concuerdo, pero eso es lo que va a acabar con él, me dice por lo bajo el mister Hyde revelado en una mañana de verano.

Si cree el lector que yo soy masoquista, desengáñese. Me gustan la luz del día, la claridad, el apretón de manos de un amigo, una buena palabra confortadora, me gusta la esperanza, amo el amor, amo la belleza de las cosas y de la gente (que toda es bella), pero todo esto pueden arrebatármelo de un momento a otro. En todo el mundo hay misiles apuntando a todo el mundo; por encima del mundo cruzan aviones con bombas nucleares capaces de derretir el planeta; en ciertos lugares se guardan bacterias suficientes para exterminar la vida en todo el mundo. El planeta de los horrores de mister Hyde es éste, amigo lector, confiado lector, tal vez ingenuo lector.

Pero nada de eso ha ocurrido, y quizá no llegue a ocurrir nunca. Son armas destinadas a intimidar, a imponer respeto, son simples medios disuasores, como se dice ahora, pues ya los romanos decían, en aquel su latín: «Si quieres paz, prepara la guerra». El ejemplo no sirve: díganlo si no los pueblos no romanos que soportaron aquella guerra y aquella paz. Nadie que disponga de fuerza deja de ceder un día a la tentación o a la necesidad o al placer de usarla. Se dice siempre que entre muertos y heridos alguno se salvará —y los que se salven no van a ser, sin duda, los más débiles. Opongo, pues, a tu fuerza mi fuerza mayor. Uno de nosotros está de más —y, aparte de eso, que ya es bastante, tengo de mi parte el derecho, un derecho muy particular que he acomodado a la medida de mis planes e intereses.

Guerra nuclear, guerra bacteriológica, guerra química, guerra biológica. De estos cuatro caballos del Apocalipsis, cabalgue el diablo el que quisiere. El cuerpo del hombre es una excelente cobaya. Y el espíritu, también. Ya ha pasado por todas las torturas antiguas, medievales y modernas, ha aullado ya en campos de concentración, ya se ha volatilizado en el brillo súbito y cegador de una modesta bomba atómica; ya ha dejado algún hombre la piel para pantallas mejores que las de pergamino. Está entrenado y preparado para más altas aventuras.

El planeta de los horrores. Si yo tuviera ambiciones de escritor de ficción científica, iría al Registro de la Propiedad Intelectual y Artística para anotar este excelente título. O bien otro, que para una novela policiaca tampoco está mal: *La muerte paga al contado.* Como se ve, imaginación no es lo que me falta. Como no falta tampoco a aquéllos que quieren que la muerte pague al contado —y al por mayor. ¡Ah, lector, lector, qué distraídos andamos!

Un azul para Marte

Anoche hice un viaje a Marte. Pasé allí diez años (si la noche dura en los polos seis meses, no sé por qué no han de caber diez años en una noche marciana) y tomé muchas notas sobre la vida que allí llevan. Me comprometí a no divulgar los secretos de los marcianos, pero voy a faltar a mi palabra. Soy hombre y deseo contribuir, en la medida de mis escasas fuerzas, al progreso de la humanidad a la que me enorgullece pertenecer. Este punto es muy, muy importante. Y espero, si algún día los marcianos me vienen a pedir cuentas de mis actos, es decir, del perjuicio cometido, que los no sé cuántos miles de millones de hombres y mujeres que hay en la Tierra se apresten, todos, a mi defensa.

En Marte, por ejemplo, cada marciano es responsable de todos los marcianos. No estoy seguro de haber entendido bien qué quiere decir esto, pero mientras estuve allí (y fueron diez años, repito), nunca vi que un marciano se encogiera de hombros. (He de aclarar que los marcianos no tienen hombros, pero seguro que el lector me entiende). Otra cosa que me gustó en Marte es que no hay guerras. Nunca las hubo. No sé cómo se las arreglan y tampoco ellos supieron explicármelo, quizá porque yo no fui capaz de aclararles qué es una guerra, según los patrones de la Tierra. Hasta cuando les mostré dos animales salvajes luchando (también los hay en Marte), con grandes rugidos y dentelladas, siguieron sin entenderlo. A todas mis tentativas de explicación por analogía, respondían que los animales son animales y los marcianos son marcianos. Y desistí. Fue la única vez en que casi dudé de la inteligencia de aquella gente.

Con todo, lo que más me desorientó en Marte fue el no saber qué era campo y qué era ciudad. Para un terrícola eso es una experiencia muy desagradable, os lo aseguro. Acaba uno por habituarse, pero se tarda. Al fin, ya no me causaba extrañeza alguna ver un gran hospital o un gran museo o una gran universidad (los marcianos tienen esto, como nosotros) en lugares para mí inesperados. Al principio, cuando yo pedía explicaciones, la respuesta era siempre la misma: el hospital, la universidad, el museo estaban allí porque allí eran precisos. Tantas veces me dieron esta respuesta que pensé que lo mejor sería aceptar con naturalidad, por ejemplo, la existencia de una escuela, con diez profesores marcianos, en un sitio donde sólo había un niño, también marciano, claro. No pude callar, desde luego, que me parecía un desperdicio que hubiera diez profesores para un alumno, pero ni así los convencí. Me respondieron que cada profesor enseñaba una asignatura diferente, y que la cosa era lógica.

En Marte les impresionó saber que en la Tierra hay siete colores fundamentales de los que se pueden sacar millares de tonos. Allí sólo hay dos: blanco y negro (con todas las gradaciones intermedias), y ellos sospecharon siempre que habría más. Me aseguraron que era lo único que les faltaba para ser completamente felices. Y aunque me hicieron jurar que no hablaría de lo que por allá vi, estoy seguro de que cambiarían todos los secretos de Marte por el proceso de obtener un azul.

Cuando salí de Marte, nadie vino a acompañarme a la puerta. Creo que, en el fondo, no nos hacen caso. Ven de lejos nuestro planeta, pero están muy ocupados con sus propios asuntos. Me dijeron que no pensarán en viajes espaciales hasta que conozcan todos los colores. Es extraño, ¿no? Por mi parte, ahora tengo mis dudas. Podría llevarles un pedazo de azul (un jirón de cielo o un pedazo de mar), pero ¿y después? Seguro que se nos vienen aquí, y tengo la impresión de que esto no les va a gustar.

Corazón y luna

Se ha dicho que el hombre es un animal de costumbres. De malas costumbres, sobre todo. Y tampoco es novedad que el hombre es también un animal de mitos. Los crea, se somete a ellos, y luego se lamenta, y, mientras no se libera de ellos, los convierte en manantial de obras varias y públicas a las que, para simplificar, llama de arte. El provecho que de los mitos va sacando paga con abundancia de réditos los malos tragos que le hacen pasar. Y si la realidad acaba mostrando el fondo irracional del mito, el hombre ejecuta el salto mortal de la trasposición y de la sublimación, como si, paralelo al mundo real, hubiera (o haya) otro mundo más apacible y habitable. Son misterios aún por desvelar.

Cuando los mitos van acabándose, surgen otros. El hombre es incapaz de vivir sin ellos, y no sé si alguna vez podrá prescindir de los mitos o si le convendrá hacerlo. Pero éste no es ya terreno en el que yo esté dispuesto a aventurarme. Hoy sólo quiero hablar de la muerte de la luna y de la muerte del corazón. Teníamos aquí, señoras y señores, dos sólidos mitos en los que la humanidad hunde sus raíces. La luna era aquel prado de sueños, aquel paraíso al alcance de todos los pecados, al que se llegaba con un simple impulso de imaginación. Era un planeta democrático donde se reunían en paz y compaña el gran poeta y el letrista de cancioncillas de arrabal, Onassis y el mendigo, la zarina de todas las Rusias y la Margarita-va-a-la-fuente. Bastaba con que el corazón entrase en extrasístoles sentimentales, y ya teníamos ahí a la luna, blanca y virginal (siempre), dando acogida a las expansiones líricas del género humano.

Casi sin darse cuenta, se me pone al alcance de esta crónica (aunque ya estaba anunciado, claro) el otro mito, el corazón. Aquí, en todo caso, había ya algún contestatario. Para los árabes, por ejemplo, la morada de los sentimientos era, y sigue siendo, el hígado. Sus razones tendrán, digo yo. Y una amiga mía, que no es árabe, ni siquiera por su costilla, afirma, con la gravedad de quien cree en lo que dice, que el hígado es su fuente de alegría o el núcleo amargo de sus melancolías. ¿Quién sabe? No recuerdo qué personaje de Júlio Dinis (¿o será otro novelista?) declara que el hígado es el «director de orquesta».

Sea como fuere, lo cierto es que tenemos que resignarnos a la muerte de estos dos mitos fecundos que tanto contribuyeron a la fecundidad de la especie. La Luna, lo han dicho los cosmonautas, es un planeta muerto que parece de yeso, todo salpicado de agujeros, como playa tras un domingo de verano. En cuanto al corazón, pobrecillo, ¿qué confianza va a merecer en el futuro un simple músculo relleno de canalizaciones y válvulas, y, para colmo —¡Oh, *Amor de perdición*!—, sustituible como si de una batería de automóvil se tratase? Estoy viendo a algún enamorado deteniendo aquel gesto romántico de llevarse las dos manos al pecho. ¿Cómo va a ofrecer un corazón que tal vez no sea ya el de origen?

¿Y si con el corazón nuevo vinieran los sentimientos de su donante? Cuántas confusiones, cuántos cambios de pareja, cuántas contradanzas.

Pero, en cuestión de mitos, el hombre tiene muchos recursos. ¿Que ha perdido la luna? Muy bien. Por ese cielo adelante hay montones de estrellas y planetas donde puede cada uno de nosotros refugiarse con su alma gemela: basta consultar el catálogo astronómico. ¿No es el corazón aquel órgano sagrado que se agitaba, amoroso, en el pecho de Querubín? No tiene importancia. De pies a cabeza, en toda la longitud de los brazos, en este envoltorio de piel que contiene la maravillosa máquina del cuerpo, en algún lugar ha de estar la morada de los afectos.

O quizá no. Porque a veces ocurre que el amor es tan grande que se dice que no cabe en la piel, en la carne, en la sangre, en los huesos, en el alma que dicen que por allí está. Entonces descubrimos, contra lo que los mitos enseñan, que somos nosotros, y sólo nosotros, en cuerpo entero y con el alma acompañante, la morada del amor.

La nieve negra

Ya sé que estamos fuera de la estación: el invierno se fue, y tenemos ahí el calor, la playa, las sombras de los grandes árboles, el sol duro que nos ablanda, las tardes apacibles, las noches tibias que se ondulan como pesados y blandos terciopelos negros. Hablar de nieve en junio supone una lamentable falta de sentido de la oportunidad. Pero, como de debajo de los pies se alzan los trabajos, también el azar de los encuentros puede invertir el orden de las estaciones y traer el invierno a los pinos del verano, y hacer que nos traspase un frío terrible que nada será capaz de vencer. Porque, nunca me cansaré de decirlo, hay que tener mucho cuidado con los niños.

Estos minúsculos hijos de los hombres han aparecido a veces en mis crónicas. Y de niños he hablado como quien los conoce bien, porque también uno ha pasado por eso. Y ahora pregunto: ¿qué son los niños? Diez mil pedagogos se disponen a responderme. Dejo de lado, de antemano, sus respuestas, unas porque ya las conozco, otras porque las adivino, y vuelvo a preguntar: ¿qué son los niños? ¿Qué seres extraños son esos que vuelven hacia nosotros sus rostros lozanos, que nos turban a veces con una mirada súbitamente profunda y sabia, que son irónicos y gentiles, débiles e implacables, y siempre tan ajenos? Tenemos prisa por verlos crecer, por admitirlos en el clan de los adultos sin sorpresas. Nos mostramos impacientes, nerviosos, porque estamos ante una especie desconocida. Cuando ya son nuestros iguales, les hablamos de la infancia que tuvieron (la que recordamos, como observadores desde el lado de afuera) y nos sentimos casi ofendidos porque a ellos no les gusta nada que se les recuerde una situación en la que no se reconocen ya. Ahora son adultos: es decir, otra especie humana.

En esa infancia está, por ejemplo, la historia que voy a contar y que debo a uno de esos encuentros casuales. Y después de reproducida aquí, me dirán si no tengo razones para insistir: hay que tener mucho cuidado con los niños. No el cuidado común, el que tiende a prevenir accidentes, esos que bajo tal rúbrica aparecen en las noticias de los periódicos, sino otro tipo de cuidado, más minucioso y sutil. Me explicaré.

Una maestra mandó un día a sus alumnos que hicieran una composición plástica sobre la Navidad. No lo dijo así, claro. Dijo, más o menos, una frase como ésta: «Haced un dibujo sobre la Navidad. Podéis usar lápices de colores, o acuarelas, o papel satinado, lo que prefiráis. Y me lo traéis el lunes». Que lo dijera así o no es igual, el caso es que los alumnos llevaron el trabajo. Aparecía allí todo cuanto suele aparecer en estos casos: el pesebre, los Reyes Magos, los pastores, san José, la Virgen y el Niño. Mal hechos, bien hechos, toscos o hábiles, los dibujos cayeron el lunes sobre la mesa de la maestra.

Allí mismo, ella los vio y calificó. Iba marcando «bien», «mal», «suficiente», en fin, el trance por el que todos hemos pasado. De repente, ¡ah, hay que tener mucho cuidado con los niños! La maestra coge un dibujo, un dibujo que no es ni mejor ni peor que los demás. Pero ella tiene los ojos clavados en el papel, y está desconcertada: el dibujo muestra el inevitable pesebre, la vaca y el burrito, y toda la demás figuración del caso. Sobre esta escena sin misterio cae la nieve, y esa nieve es negra. ¿Por qué?

«¿Por qué?», pregunta la maestra en voz alta al niño. El chiquillo no responde. Más nerviosa quizá de lo que aparenta, la maestra insiste. Hay en el aula los crueles murmullos y sonrisas de rigor en estas situaciones. El niño está de pie, muy serio, algo tembloroso. Y, al fin, responde: «Puse la nieve negra porque esta Navidad murió mi madre».

Dentro de un mes llegaremos a la Luna. Pero ¿cuándo y cómo llegaremos al espíritu de un niño que pinta la nieve negra porque murió su madre?

La luna que yo conocí

Parecería mal que yo hablase de la luna. ¿Qué figura sería la mía, de aquí a cien años, si un excéntrico cualquiera se acordase de desenterrar mis crónicas y descubriese que había despreciado «el mayor acontecimiento del siglo»? Pues no va a ser así. Escéptico, tal vez, pero no desinteresado. Vamos, pues, a lo de la luna, aunque sea a la luna que conocí yo.

Fue también en verano. Había acordado con unos amigos pasar el fin de semana bajo una tienda, allá por la Lagoa de Albufeira. Hace ya de eso más de veinte años. Si no me falla la memoria, éramos cuatro. «Éramos» quiere decir «debíamos ser»: el día anterior a la partida, los compañeros desistieron todos. Uno de ellos, lo recuerdo bien, nos dejó plantados porque su padre dijo que, fuera de casa, sólo en hotel.

Me vi, pues, con la mochila preparada —y sin tienda, porque el dueño no me la quiso prestar. La gente tiene estas cosas. Para mí, la situación era un desafío: ¿voy?, ¿no voy? Fueron los bríos de juventud los que decidieron. Salí al caer la tarde, crucé el río y me puse en marcha, a pie. Cuando aparecieron las primeras casas de Charneca de Caparica, caía el sol. Me metí por Pinhal d'El-Rei, también llamado Pinhal dos Medos, y andados unos dos kilómetros decidí acampar en un claro del pinar. La noche caía rápidamente. Alrededor, los árboles se fundían en una muralla negra, maciza como las paredes de un pozo. Comí no recuerdo qué, tendí la manta, puse la mochila de almohada y esperé a que llegara el sueño, que tardó. No me sentía bien. En fin, para abreviar, mi leve temblor nada tenía que ver con el frío. Admitamos que era miedo.

Pero la juventud tiene muchos recursos. Tantos, o tan pocos, que acabé por quedarme dormido tranquilamente. A medianoche (¿o sería antes?) desperté: tan cerca del mar, era de esperar que el aire de la noche fuera frío, y la manta doméstica no podía sustituir a la tienda. Me encogí como pude y me volví hacia el otro lado. Y allí se armó. Sobre la capa de los pinos, a mi izquierda, aparecía la mayor luna que mis ojos habían visto nunca. Amarillenta, con franjas de sangre, era enorme, terriblemente próxima —y silenciosa. Esto hay que explicarlo. Había el tamaño, había la proximidad y el color, pero había también el silencio. Renuncio a explicarlo. Había el silencio.

Fue ésa la luna que conocí yo. La historia no es pintoresca ni impresionante —a no ser para quien la vivió. Pero hable cada quien de lo que sabe. Por lo demás, ahora que los hombres van a descender sobre la Luna, a andar por ella, también sé que, no señor, que la luna no va a perder su misterio, ni siquiera para los que allá vayan y de allá vuelvan. No les va a ser robada a los poetas y a los enamorados. Saber que están allí dos hombres, o doscientos, o diez mil, ¿va a quitarle algo a la profundidad de la luz lunar? ¿Será menos evocadora y misteriosa esa claridad de la luna llena que sobre la tierra se derrama? Si veo de lejos una isla, una ciudad, una montaña, ¿el hecho de que estén habitadas disminuirá un solo átomo de su belleza?

Tranquilícense los soñadores, los contemplativos. También la Tierra, vista de lejos, es, por lo que dicen, un espectáculo de belleza indescriptible. Por lo que yo sé, los ojos de los astronautas no perciben las fealdades terrestres. Pues bien, amigos, no perdamos la tierra, que es aún la única manera de no perder la luna.

Un salto en el tiempo

Fue magnífico, sin duda. Una larga noche en blanco, con los ojos clavados en el rectángulo luminoso del televisor, a la espera del momento en que se diera el primer paso sobre la Luna. Horas y horas de lucha contra el sueño para no perder una imagen que no iba a repetirse jamás. Pero si la imaginación no ayudase (la misma imaginación que durante tantos miles de años se alimentó precisamente de la luna), tal vez se hubiera apoderado de nosotros un pesado y amargo sentimiento de decepción: todo aquello parecía un simple episodio de una película de ciencia ficción técnicamente primaria, de montaje deficiente. Los mismos movimientos de los astronautas tenían una flagrante semejanza con los de las marionetas, como si brazos y piernas fuesen movidos por hilos invisibles —unos hilos larguísimos, sujetos a los dedos de los técnicos del Centro de Houston que, a través del espacio, imponían las actitudes convenientes. Todo estaba cronometrado. Hasta el peligro se incluía en un esquema. En la mayor aventura de la historia no hubo lugar para aventuras.

Pero la imaginación, nuestra compañera, ayudó lo suyo. Sobre todo en aquellos rápidos segundos en los que la cámara de televisión barrió el breve horizonte lunar. Allí sentimos una opresión en la garganta, pánico, miedo a lo desconocido —el real prestigio de la gran incógnita del espacio. Después, para desconsuelo de todos nosotros (para mi desconsuelo, al menos), aquel inefable, aquel extravagante círculo en el que aparecieron el teléfono y el perfil del presidente de Estados Unidos. El terrible silencio lunar merecía algo más que un discurso de pompa y circunstancia.

Fue así como vi yo el primer alunizaje. Pero, cuando se acabaron las imágenes, no se acabó la imaginación. Tenía aún ante los ojos el paisaje árido y desierto de la Luna, las piedras que nunca mano alguna desplazó de lugar, la llanura sin duda cubierta de polvo en la que ningún paso había dejado jamás huella. Y fue ahí donde la imaginación me agredió de lleno. Decidió ella que el viaje a la Luna no había sido un salto en el espacio, sino un salto en el tiempo. Argumenté, pero desistí enseguida. Ahora iba a saber a dónde me iba a llevar la imaginación. Y todo fue muy sencillo. Según ella, los astronautas, lanzados al espacio, habían avanzado a lo largo del hilo del tiempo y habían acabado por posarse de nuevo en la Tierra, no en la tierra que conocemos, blanca, verde, parda y azul, sino en la tierra futura, una Tierra que seguirá ocupando la misma órbita, circulando en torno a un sol apagado —muerta ella también, desierta de hombres, de aves, de flores, sin una sonrisa, sin una palabra de amor. Un planeta inútil, con una historia antigua y sin nadie a quien contarla.

No soy una excepción. Mi muerte personal es una certidumbre que me incomoda hoy tras haberme aterrorizado en mi adolescencia. Reviví ese terror cuando los ojos agudos de la imaginación me mostraron la imagen muerta de un planeta en el que nada habrá que haya pertenecido a la humanidad de la que soy parte. La muerte individual parece poco ante esta mano del tiempo que, inevitablemente, acabará barriendo de la Tierra a los hombres y a sus obras. El hombre estará, entonces, definitivamente muerto. Y si estuviese vivo aún en algún lugar, si hubiese transportado su casa a otro planeta, quedará este globo aún como un remordimiento —un bien que no mereció, y que por eso fue perdido.

Morirá la Tierra, y será lo que es la Luna hoy. Esperamos al menos que su historia no sea para siempre ese tapiz de miserias, guerras, hambre y torturas que hasta ahora ha sido. Para que no empecemos a decir, ya hoy, que el hombre, en definitiva, no valió la pena.

Cada vez más solos

Vengo a pedir disculpa a mis tres lectores. Hace tiempo escribí en este mismo lugar una crónica que titulé «Un azul para Marte». Era una pequeña utopía, un breve ejercicio de imaginación —pero era también una amarga ojeada a esos materiales que constituyen lo que hoy llamamos civilización terrestre. En definitiva, el Planeta Rojo, el de los canales misteriosos, el que inspiró a Bradbury esas asombrosas *Crónicas marcianas*, parece estar tan muerto como la Luna. Lo dicen las fotografías: aquellos cráteres se han convertido, para nosotros, en sinónimos de aridez, desolación y abandono. Esperemos que, al menos, haya por allá un viento, para que el planeta no esté tan solo.

Solos estamos nosotros, por lo visto. El sistema solar ya no nos da grandes esperanzas. Júpiter es blando, fluido, no tiene consistencia para soportar la dura huella del hombre; en Saturno, la temperatura anda por los ciento cincuenta grados bajo cero, hay metano y amoniaco, gases nada aconsejables para pulmones humanos; en Mercurio, el plomo estaría siempre derretido en la cara que da al sol; Urano y Neptuno son tan fríos que los gases familiares sólo podrán encontrarse en estado líquido; de Plutón basta decir que su menor distancia respecto al Sol es de cuatro millones y medio de kilómetros; de Venus parece que tampoco hay que esperar mucho, y Marte es nuestra más reciente desilusión.

Estamos, pues, solos. Alrededor del Sol hay una corona de planetas cuya única piedra preciosa —esmeralda, rubí, diamante— es la Tierra. El resto son polvaredas, hornos incandescentes, hielo a montones. Y aquí, donde la vida fue posible (con polvaredas también, algunos hornos y bastante hielo), no pensamos más que en inventar maneras de igualar, en cuanto a aridez, desolación y abandono, a los planetas compañeros. Y tan empeñados parecemos en esto que ya no nos es imposible abrir vastos pozos atómicos obedeciendo al estilo paisajístico de la Luna, y ahora Marte, una especie de lugar común de la orografía: el cráter.

Desde este mi modesto agujero (perdone el lector, pero todo son agujeros, pozos, cráteres), creo que todos nosotros debemos repensar lo que estamos haciendo. Bien está que nos divirtamos, que vayamos a la playa, a la fiesta, al fútbol, que esta vida son dos días, y quien venga detrás que cierre la puerta. Pero si no nos decidimos a mirar al mundo gravemente, con ojos severos y evaluadores, lo más seguro es que nos quede un día solo por vivir, lo más cierto es que dejaremos la puerta abierta a un vacío infinito de muerte, oscuridad y fracaso.

Aceptemos que estamos solos. Aceptémoslo sin desesperación. A este lado de la galaxia, en un insignificante sistema solar, ésta es nuestra patria. La pueblan tres mil millones de personas, otros satélites vivos que tal vez no puedan subsistir fuera de ella. Aceptemos entonces que estamos solos y, a partir de ahí, hagamos el nuevo descubrimiento de que estamos acompañados —acompañados unos por los otros. Cuando pongamos los ojos en el cielo estrellado, con un furioso anhelo de llegar allí, aunque sea para encontrar lo que no es para nosotros, aunque tengamos que resignarnos a la humilde certeza de que, en muchos casos, una vida no bastará para hacer ese viaje —cuando pongamos los ojos en el cielo, repito, no olvidemos que los pies se asientan en la Tierra y que sobre la Tierra el destino del hombre (ese nudo misterioso que queremos desatar) tiene que cumplirse. Por una simple cuestión de humanidad.

Noche de verano

Guardada está la crónica para cuando haya de escribirse. Mi tema, hoy, era otro. Dos o tres ideas estaban ya apuntadas, e incluso el inicio iba cobrando forma: «Grandes y desvariadas son las virtudes del pueblo portugués». Pero el caso es que, después de cenar, salí a dar un paseíto por esas calles tibias, oyendo las voces de aquéllos a quienes el verano hizo salir de casa. Andando, fui a dar a un jardín que encara el río, y este milagroso Tajo, cubierto de luces que se reflejan en el agua y parecen hundirse en ella como trémulos pilares —este cielo de terciopelo negro (la imagen está gastada, pero ¿quién puede evitarla?), esta atmósfera blanca que ninguna brisa perturba—, todo eso me envolvió en paz, en un acuerdo fundamental con el mundo, como si lentamente hubiera ido atravesando el umbral de la felicidad posible. Y dejé de lado entonces ese escepticismo que en cualquier momento penetra o se instala en mis prosas, y abrí, en un gesto de rendición, las puertas de mi desencanto a las armonías de la noche.

Aquel hombre, por ejemplo, tumbado ahí en el césped, no se ha movido desde que llegué. Tiene el rostro hundido en el frescor vegetal, pero no duerme. Respira el olor de la tierra, se alimenta de él, y tal vez lo hace sin saberlo. Y aquella madre, sentada en el suelo, junto al carrito donde su hijo empieza a vivir, está quieta, silenciosa, con los ojos vagos, o no, con una serenidad en sus ojos como un lago bajo la luz de la luna. Los bancos están llenos de gente reposada, y los niños corren y se llaman unos a otros, como es costumbre en ellos, pero los gritos no hieren, vienen como acolchados por esta densidad tibia del aire. Apoyados en la verja del jardín, un chico y una chica (un hombre y una mujer) murmuran interminablemente, en una especie de éxtasis que los envuelve y que se comunica en ondas, como el lento resonar de un gong en el fondo de un valle. Y, de repente, veo a la mujer besando la lanza de hierro de la verja, y comprendo, sin saber lo que se están diciendo, que jamás nunca se haya dado un beso de amor así.

Digo adiós a la crónica amarga, a la decepción que es la vida en este rincón del planeta, irremediablemente mi tierra (y no quiero otra), y contemplo, desde lo alto del jardín, la noche de verano, el río luminoso, esta paz no aprendida. Sé que mañana todo será diferente, que escribiré la crónica aplazada —arma de mi guerra contra las indiferencias y las abdicaciones—, pero no quiero ser ingrato ante este esplendor. Dejo caer los brazos, dejo que entren en mí los efluvios, el aroma, los sonidos, la riqueza de la noche. Y respiro lentamente, despacioso, como si respirase la inmortalidad.

El chico y la muchacha se han tambado en el césped. Ahora están callados, tendidos de espaldas, con los rostros vueltos hacia el cielo. No se tocan y, sin embargo, los veo fundidos el uno en el otro, con un solo pensamiento y una voluntad sola. La tierra es para ellos un lecho donde constantemente se consuman nupcias. Tienen la sabiduría infinita de los enamorados, la serenidad de la razón.

El hombre solitario continúa su diálogo silencioso con las hojas verdes. Se movió, ahora, atento, como quien se prepara para oír un gran secreto. Y es entonces cuando, súbitamente, cae un gran silencio sobre el jardín. La noche y el verano son alegría, calma, esperanza confiada.

El muchacho coge la mano de su compañera. Ella vuelve su rostro hacia él. Y sonríe.

Las vacaciones

Hoy voy a hablar de las vacaciones: es tiempo de ellas, como se dice que es el tiempo de las cerezas. Otro árbol da estos frutos, y el mismo árbol los arranca: los días las traen hasta nosotros, los días las llevan. En este fluir el tiempo se va, pero mientras las vacaciones se aproximan todo es desearlas, hacer proyectos, alimentar ilusiones. Llegado el día, tenemos ante nosotros, y a la espera, un espacio vacío, como una gran sala que es necesario habitar. ¿Qué vamos a poner ahí dentro? Hay quien pasará unos días en su tierra, quien se atreva a salir al extranjero, quien cuente los escudos para el toldo de la playa. Hay también quien no va a salir de casa y se quedará viendo, todas las horas del día, la calle donde vive. Sea como fuere, los días de vacaciones ganan de repente un valor que los otros no tuvieron. Son días totalmente disponibles, a merced de la imaginación y de los posibles de cada uno. El tiempo se ha liberado de la mecánica del reloj. Es una dimensión no delimitada, informe, un pedazo de barro ante las manos que lo van a modelar.

Las vacaciones son también una obra de creación. No sorprende, pues, que en el umbral de ellas nos intimide un súbito temor. Aquel intervalo entre dos representaciones, aquel claro rodeado de selva negra por todas partes —¿qué vamos a hacer con el barro del tiempo? Si vamos a nuestra tierra, bastan dos días para ver de nuevo a la gente conocida, los lugares y la familia; si salimos al extranjero, ¿qué resultado sacaremos de los cuatro mil kilómetros en ocho días? ¿Y si vamos a la playa? ¿Y si nos quedamos en casa? Después, todo son complicaciones: horarios, comidas indigestas, noches mal dormidas, viejas historias de familia, cansancio de viajes de ida y vuelta, la rabia de encontrarlo todo cerrado. ¡Ah, las vacaciones! Cuando se acaban, nos queda de ellas un recuerdo desvaído, como el de un sueño antiguo. Nada ocurrió como lo habíamos imaginado: llovió, tuvo uno un dolor de muelas, los museos eran muchos, los paisajes no eran tan hermosos como las fotografías nos los mostraban, se gastó mucho dinero —o no hubo siquiera dinero que gastar. Y se vuelve al trabajo en riguroso estado de cólera, porque peor que haber tenido y no tener ya es quedarse a medias en lo que uno soñó.

En el fondo, ese sueño, mil veces renovado y otras tantas frustrado, es sólo el deseo inconsciente de repetir las únicas vacaciones maravillosas que ya tuvimos: las de la infancia —esos infinitos meses para los cuales no había proyectos, porque entonces no los hacíamos y porque incluso antes de ser vividos eran ya realización. El mundo estaba todo por descubrir —y el mundo cabía en el círculo que los ojos trazaban. Dos árboles y un charco: Europa. Un camino entre roquedales: América. O Asia. O África. Nadar o navegar en el río era lo mismo que cruzar el océano. Y descubrir un nido abandonado bien valía la caverna de Alí Babá. Por eso, hoy, las vacaciones no pueden ser reposo.

Queremos, a viva fuerza, descubrir el mundo, como si fuésemos nosotros los primeros: eso es lo que significa nuestra satisfacción cuando obligamos a un amigo a reconocer que no vio, en el Louvre, aquella estatua griega que, a nuestro entender, vale el viaje.

Todo esto son ilusiones. El mundo está visto y sabido. Nadie descubrirá Europa, y la estatua griega, en definitiva, es una pobre copia romana. Pero ¿qué importa? Aquí, solemnemente, declaro que, este año, mis vacaciones serán, como revelación y descubierta, iguales a aquéllas en las que, con los ojos recién estrenados de la infancia, ocurrió que encontré una fuente que nadie conocía. Y si no es este año, será el que viene. Porque la fuente allí está.

La sonrisa

«Sonrisa», me dice aquí el diccionario, es el acto de sonreír. Y «sonreír» (verbo intransitivo) es reír sin hacer ruido y ejecutando una contracción muscular de la boca y de los ojos. Como se ve, equivocado todo. Empieza por decir que el verbo es intransitivo, y en la escuela aprendemos que tales verbos expresan una acción que, practicada por el sujeto, se aplica a él mismo y no pasa a otro objeto o a alguien más, y es, en consecuencia, intransmisible. Me niego a aceptar que la sonrisa sea un acto intransmisible. Y, en cuanto a dar por suficiente la contracción muscular, no es de recibo.

La sonrisa, amigos míos, es mucho más que estas pobres definiciones, y me quedo boquiabierto al imaginar al autor del diccionario en el acto de escribir la entrada, así, en frío, como si no hubiera sonreído nunca en su vida. Aquí se ve hasta qué punto puede diferir lo que uno dice de lo que hace. Caigo en un ensueño total y me pongo a pensar en un diccionario que diese con precisión, con exactitud, el sentido de las palabras, y que transformase en hilo de plomada le red en la que, en la práctica cotidiana, las palabras nos envuelven.

No hay dos sonrisas iguales. Y sin hablar ya de la sonrisa de la Gioconda o la del ángel de Reims, que renuncio a descifrar, tenemos la sonrisa de burla, la sonrisa superior, y su contraria, la humilde, la de ternura, la de escepticismo, la amarga y la irónica, la sonrisa de esperanza, la de condescendencia, la sonrisa deslumbrada, la del embarazo, y (¿por qué no?) la de quien muere. Y hay muchas más. Pero ninguna de ellas es la Sonrisa.

La Sonrisa (ésta con mayúscula) viene siempre de lejos. Es la manifestación de una sabiduría profunda, no tiene nada que ver con las contracciones musculares, y no cabe en una definición de diccionario. Se inicia con un leve movimiento del rostro, a veces vacilante, con un temblor interior que nace en las capas más secretas del ser. Si mueve músculos, es porque no tiene otra manera de expresarse. O quizá sí la tenga. ¿No conocemos sonrisas que son como claridades súbitas, como ese destello repentino e inexplicable que lanzan los peces en las aguas profundas? Cuando la luz del sol pasa sobre los campos, al sabor del viento y de la nube, ¿qué fue lo que en la tierra se ha movido? Y, sin embargo, era una sonrisa.

Pero yo hablaba de gente, de nosotros, que hacemos el aprendizaje de la sonrisa y de las sonrisas a lo largo de la vida propia y de las ajenas. Nosotros, que hemos recorrido ya la gama entera de las sonrisas de circunstancias y la encajamos en una sola definición. Y que, como es costumbre en estos casos, hicimos de esa definición la llave que no abre la puerta que nos cierra el camino. Pues la Sonrisa está detrás de esa puerta, como un tesoro del que sólo conocemos breves y agudos centelleos, algo como una historia vertiginosa, una promesa de universos, un esplendor definitivo.

A todo esto es a lo que llamo yo sabiduría. Opongo a la ironía la sonrisa; la sonrisa, que es comprensión y serenidad, arma única contra el absurdo que vive pared por medio con nosotros, coraza contra las agresiones, camino real libre de espejismos y de alienaciones. Y digo que es la herramienta perfecta de transformación, porque con la sonrisa sabemos el valor de lo que tomamos y de lo que abandonamos, porque ya lo sabíamos antes y estamos preparados.

Me dirán que no cabe tanto en la sonrisa. Y yo digo que sí, que cabe. Lo supe anoche, cuando la sonrisa fue la única respuesta para el insomnio y los monstruos de pesadilla nacidos en el sueño hacia el que el cuerpo acabó por deslizarse, cansado y afligido. Sonreír así, aunque sea sin ojos que nos reciban, es el verbo más transitivo de todas las gramáticas. Personal y rigurosamente transmisible. El caso es saber quién lo conjugará.

El verano

Capa de pobres le llaman, señal de que hace frío en el resto del año. En verano huyen de casa los adolescentes, que el deseo de fuga habrá nacido en primavera, pero sólo la promesa de los días vibrantes y de las noches benignas disfraza de confort los peligros de la aventura. El verano es todo él una llamada, un clamor de fiesta que se oye en el zumbido de los grandes calores. Y cuando el sol puebla de márgenes e islas de sombra el océano escaldante de luz, todos somos un poco náufragos, y jadeamos dulcemente mientras el sudor rezuma como fuentes y nos baña de sal.

El verano es exigente, no espera. Se propone como la pulpa carnosa de un fruto que reclama la boca predestinada —y que se pudre, inútil, si el tiempo pasó en vano. En la rama más alta del árbol, el fruto vuelve hacia el sol su piel perfumada y convoca a los pájaros a la alegría de la maduración. Pero la corona que lo merece es la mano del hombre. Y el fruto reposa un instante bajo la mirada que lo desea, mientras dentro de sí, como la sangre que, de súbito, corre más rápida e imperiosa, el zumo se prepara para las migraciones de la sustancia.

Y está el mar, al que el verano inquieta y apacigua. Y el frescor de las olas que de repente se endurecen y cubren de vagos hilillos de agua los vastos arenales ardientes. Y la sombra de un cañizo abandonado que dibuja en el suelo el paso lento de las horas luminosas. Todo esto tiene sentido si bajo el sol, y sobre la arena, y dentro del agua, y proyectado en la transparencia aguda de la distancia, el cuerpo se acompaña de la igual certidumbre que lo refleja y sublima.

El verano promete y cumple. Cantan menos los pájaros, los sembrados perdieron lo que parecía abundancia eterna —pero es el tiempo de los nidos, y el rastrojo, reseco y duro ya, se agarra a los recios terrones donde el trigo, por gracia del sol y de la tierra, firmó con el hombre el más sagrado compromiso: tú me respetas, yo te alimento.

En estos días de fuego hay que ser fuego. El verano es un cuerpo de mujer que avanza como un mascarón de proa, llamarada rompiendo llamaradas. Lleva en las manos las innumerables flores que resisten al tiempo. Transporta consigo un secreto de vida que corre sobre las olas del mar, sobre las copas rumorosas de los árboles, entre el plumaje blando que forra la concavidad de las alas de los pájaros. El verano canta triunfalmente. Es un grito de júbilo lanzado a la cara de los misterios que amenazan. Y se convierte en un murmullo dentro de las noches oscuras y perfumadas, cuando una blanda y tibia brisa que viene de las arcas del horizonte pasa por el rostro como una imponderable caricia de manos amadas.

Canto al verano que me canta. Y ruedo lentamente el cuerpo en este espacio como un hijo del sol, mientras el mar reluce. Asiento los pies en la arena que embriaga, y cojo con manos ávidas los más altos frutos. Es el tiempo de ellos. Me tumbo a lo largo del barco que la corriente lleva, y veo pasar ramas verdes, blancas nubes, cielos de azul y perla, aves prodigiosas. Cae sobre mí una profunda y dolorosa alegría: ya vendrá el invierno, sí, pero hoy es verano.

Las maletas del viajero

Retrato de antepasados

Nunca he sido afecto a esa vanidad necrófila que lleva a tanta gente a inquirir el pasado y a quienes pasaron buscando las ramas y los injertos del árbol que ninguna botánica menciona: el genealógico. Entiendo que cada uno de nosotros es, por encima de todo, hijo de sus obras, de lo que va haciendo durante el tiempo en que por aquí anda. Saber de dónde venimos y quién nos engendró sólo nos da una leve firmeza civil, sólo nos concede una especie de lustre al que en nada contribuimos, pero que evita respuestas embarazosas y miradas más curiosas de lo que permitiría la buena educación. Ser hijo de alguien lo bastante conocido como para que no queden en blanco las líneas del documento de identidad, es como venir al mundo con sello y salvoconducto.

A mí, nada me incomoda saber que más allá de la tercera generación reinan las tinieblas completas. Es como si mis abuelos hubieran nacido por generación espontánea en un mundo ya formado del todo y del que no tenían ninguna responsabilidad: el mal y el bien eran obra ajena que ellos se limitaban a tomar con manos inocentes. Me complace pensar así, principalmente cuando evoco a un bisabuelo materno, a quien no llegué a conocer, oriundo de África del Norte, y respecto al cual me contaron historias fabulosas. Lo describían como un hombre alto, flaquísimo y cetrino, de rostro de piedra, en el que una sonrisa, de tan rara, era una fiesta. Me dijeron que mató a un hombre en dudosas circunstancias, en frío, como quien arranca un zarzal. Y también me dijeron que la víctima tenía razón; pero no tenía escopeta.

Pese a tan densa mancha de sangre en la familia, me agrada recrearme con la imagen de este hombre —pastor quizá, o salteador de caminos—, que vino de lejos, misteriosamente de lejos, de un África de albornoces y arena, de montañas frías y ardientes, donde debió de iniciarse en la vieja ciencia agrícola, de la que luego se alejó para abrazar el oficio de guardarríos; la escopeta bajo el brazo, caminando con paso elástico, acompasado, infatigable... Pronto descubrió los secretos de los días y las noches, y pronto descubrió también la negra fascinación que su misterio de hombre llegado del otro lado del mundo ejercía sobre las mujeres. Esto fue la causa de ese crimen del que he hablado. Nunca lo detuvieron. Vivía lejos de la aldea, en una barraca entre sauces, y tenía dos perros que miraban fijamente a los extraños, sin ladrar, sin dejar de acechar hasta que el visitante se alejaba temblando. Este antepasado mío me fascina como una historia de ladrones moros, hasta el punto de que, si fuera posible viajar en el tiempo, más quisiera yo verle a él que al imperante Carlomagno.

Pero, cerca de mí (tan cerca que tiendo la mano y toco su recuerdo carnal, su cara seca y la barba crecida, los hombros flacos que en mí se repitieron), está aquel abuelo porquerizo de cuyos padres nada se sabía, abandonado en el torno de la Misericordia, hombre toda la vida secreto, de mínimas hablas también, e igualmente delgado y alto como una vara. Ese hombre tuvo contra sí todo el rencor de la aldea, porque había llegado de fuera, porque era hijo bravo, y porque, pese a todo, de él se enamoró mi abuela materna, la muchacha más hermosa de aquel tiempo. Por eso mi abuelo tuvo que pasar su noche de bodas sentado en la puerta de la casa, a la intemperie, con un garrote herrado en las rodillas, a la espera de los rivales resentidos que habían jurado apedrearle el tejado. No apareció nadie al fin, y la luna viajó toda la noche por el cielo mientras mi abuela, con los ojos abiertos, esperaba a su marido. Iba ya clara la madrugada cuando ambos se abrazaron.

Veo ahora a mis padres en esta fotografía de hace más de cincuenta años, hecha cuando mi padre había vuelto ya de la guerra —la que quedó para siempre como la Gran Guerra— y mi madre estaba encinta de mi hermano, muerto niño, del garrotillo. Están de pie los dos, bellos y jóvenes, cara al fotógrafo, con un aire de solemne gravedad que es, quizá, temor ante la máquina que fija la imagen imposible de retener sobre los rostros así preservados. Mi madre asienta el codo derecho en una columna, y sostiene una flor con la mano izquierda, caída a lo largo del cuerpo. Mi padre pasa el brazo tras la espalda de mi madre, y su mano callosa aparece sobre el hombro de ella como si fuese un ala. Ambos pisan tímidos una alfombra de ramaje. Al fondo, una tela muestra vagas arquitecturas neoclásicas.

Tenía que llegar el día en que contara estas cosas. Nada de esto tiene importancia, a no ser para mí. Un abuelo bereber, otro abuelo dejado en el torno de un hospicio (quizá hijo oculto de una duquesa, ¿quién sabe?), una abuela maravillosamente bella, unos padres graves y hermosos, una flor en un retrato... ¿Qué otras genealogías pueden importarme?, ¿a qué mejor árbol me podría arrimar?

Mi subida al Everest

Sea por causa de la presión atmosférica, o efecto de alguna molestia gástrica, el hecho es que hay días en que nos ponemos a mirar el transcurso pasado de nuestra vida y lo vemos vacío, inútil, como un desierto de esterilidades sobre el que brilla un gran sol autoritario que no nos atrevemos a mirar de frente. Cualquier rincón nos serviría entonces para ocultar la vergüenza de no haber alcanzado un altozano desde el que se mostrase otro paisaje más fértil. Nunca como en estas ocasiones se adquiere conciencia cabal de lo difícil que resulta este oficio de vivir, aparentemente inmediato y que ni siquiera parece requerir aprendizaje. Es en estos momentos cuando hacemos proyectos decididos de exaltación personal y nos disponemos a modificar el mundo. El espejo es de mucho auxilio para componer la actitud adecuada al modelo que vamos a seguir.

Pero sube la presión, el bicarbonato equilibra la acidez y la vida sigue su marcha, renqueando, como si llevara un clavo en el talón y una invencible pereza al arrancar. En definitiva, el mundo será realmente transformado, pero no por nosotros.

Pese a todo, ¿no estaré cometiendo una grave injusticia?, ¿no habrá en el desierto una súbita ascensión que de lejos precipite aún el vértigo impar que es el lastre denso que nos justifica? En otras palabras, y más sencillas: ¿no seremos todos nosotros transformadores del mundo?, un determinado y breve minuto de nuestra existencia, ¿no será nuestra prueba, en vez de todos esos sesenta o setenta años que nos han correspondido en suerte?

Malo será que vayamos a encontrar ese minuto en un pasado lejano, o no tendremos ojos, quizá, de momento, para ascensiones más próximas. Pero es posible que haya ahí una elección deliberada, de acuerdo con el lugar desde donde hablamos de nuestro desierto personal o con los oídos que nos escuchan. Hoy, por ejemplo, sea cual sea la razón, estoy viendo, a distancia de treinta y muchos años, un árbol gigantesco, todo él proyectado en altura, que parecía, en la pradera circular y lisa, el puntero de un gran reloj de sol. Era un fresno de coraza rugosa, toda hendida en la base, que iba desarrollando a lo largo del tronco una sucesión de ramificaciones prominentes, como escalones que prometían una subida fácil. Pero eran, al menos, treinta metros de altura.

Veo a un chiquillo descalzo dar la vuelta al árbol por centésima vez. Oigo los latidos de su corazón y noto húmedas las palmas de sus manos, y un vago olor a savia caliente que asciende de la hierba. El muchacho levanta la cabeza y ve allá, en lo alto, la cima del árbol, que se mece lentamente como si estuviera pintando el cielo de azul.

Los dedos del pie descalzo se afirman en la corteza del fresno mientras el otro pie oscila buscando el impulso que hará llegar la mano ansiosa a la primera rama. Todo el cuerpo se ciñe contra el tronco áspero, y el árbol oye sin duda el sordo latir del corazón que se le entrega. Hasta el nivel de los otros árboles ya conquistados, la agilidad y el dominio se alimentan del hábito, pero, a partir de esa altura, el mundo se prolonga súbitamente, y todas las cosas, familiares hasta entonces, se van volviendo extrañas, pequeñas; es como un abandono de todo —y todo abandona al muchacho que trepa.

Diez metros, quince metros. El horizonte gira lentamente, y se bambolea cuando el tronco, cada vez más delgado, se entrega al viento. Hay un vértigo que amenaza y no se decide nunca. Los pies arañados son como garras que se prenden en las ramas y no quieren dejarlas, mientras las manos, estremecidas, buscan la altura, y el cuerpo se retuerce a merced de un tronco movedizo. Resbala el sudor y, de repente, un sollozo seco irrumpe a la altura de los nidos y los cantos de las aves. Es el sollozo del miedo a no tener valor. Veinte metros. La tierra está definitivamente lejos. Las casas, minúsculas, son insignificantes, y la gente parece que hubiera desaparecido toda, y que de toda quedase sólo aquel muchacho que trepa árbol arriba —precisamente porque trepa.

Los brazos pueden ya ceñir el tronco: las manos se unen ya al otro lado. La cima está próxima y oscila como un péndulo invertido. Todo el cielo azul se adensa por encima de la última hoja. El silencio cubre la respiración jadeante y el susurro del viento en las ramas. Es éste el gran día de la victoria.

No recuerdo si el muchacho llegó a la cima del árbol. Una niebla persistente cubre esa memoria. Pero tal vez sea mejor así: no haber alcanzado entonces el pináculo es una buena razón para seguir subiendo. Como un deber que nace de dentro y porque el sol aún va alto.

Molière y la Curruca

Me pongo a pensar en las parejas célebres que llenan la historia y la literatura: Pablo y Virginia, Héctor y Andrómaca, Otelo y Desdémona, Pedro e Inés, y tantos y tantos más, sin olvidar aquellos otros ayuntamientos y connubios que la naturaleza sólo soporta en las mitologías, como el de Leda y el Cisne o el de Europa y el Toro; me pongo a pensar en todo esto y sonrío solo mientras observo por la ventana de mi casa el diálogo de planos que los tejados van alternando por la cuesta. Tengo en el recuerdo otra ventana, estrecha, toda metida entre esconces que apenas me dejaban ver la calle: sexto piso, abuhardillado, cerca del cielo, donde por todo el tiempo que allí viví poco más podía ver que tejados y nubes, y un sol que hacía todos los días el mismo camino y que desplazaba, de un lado a otro, hasta subir la pared y desaparecer, una franja de luz sobre el suelo fregoteado donde yo jugaba.

Cuento esto con periodos largos, respirando profundamente para hundirme en el pasado fugitivo de la infancia, donde las verdades se diluyen y resplandecen como monedas de oro dejadas en el cieno. Se me aparece aquella silla donde dejé el paquetito de las tabletas de chocolate que doña Albertina solía darme cuando iba a verla a la cocina. También andaban por el jardín, que era pequeño y húmedo, con los senderos llenos de musgo y tierra pisada por donde se arrastraban, vagas y cenicientas, con infinitas patitas blancuzcas, las cochinillas, que tantas veces se negaban a enroscarse, con gran escándalo de mi confianza en los instintos naturales, que les exigían convertirse en una bola a la más pequeña caricia en su dorso de anillos acorazados. Avanzada la noche, me levanté de la cama lentamente, para no despertar a mis padres, que dormían en el mismo cuarto, y fui a buscar, palpando en la oscuridad que me cubría de telarañas las manos y el rostro, el paquete de tabletas de chocolate, y en tres pasos furtivos, con el corazón latiendo a toda prisa, volví a la cama estrecha y, entre las sábanas, me puse feliz a comer chocolate hasta que me quedé dormido. Cuando desperté por la mañana, estaba aplastado entre las sábanas lo que quedaba de las tabletas, convertidas en una masa pegajosa y blanda con el calor de la cama. Lloré desconsolado, pero mi madre no me pegó, y aún hoy beso sus manos por no haberlo hecho.

Tenía ocho años y ya sabía leer muy bien. Escribir, no tanto, pero eran pocos los errores que cometía teniendo en cuenta mi edad. Sólo la caligrafía era mala, y así siguió para siempre. Escribía en aquellos grandes cuadernos de hermosas letras dibujadas, y las repetía con milagros de atención, pero al remate de la línea empezaba ya a inventar un alfabeto nuevo que nunca llegué a organizar completamente. Leía muy bien los periódicos, y sabía todo cuanto en el mundo pasaba. Yo creía que era todo.

También tenía libros: había una guía de conversación portugués-francés que había ido a parar allí no sé cómo y cuyas páginas, divididas en tres columnas, eran para mí un enigma que sólo parcialmente descifraba, pues tenía a la izquierda una que podía entender, en portugués, luego otra en francés, que era como chino, y al fin la pronunciación figurada, mucho peor que todos los criptogramas del mundo. Había otro libro, uno sólo, muy grande, encuadernado en azul, que yo posaba sobre las rodillas para poder leerlo, y en el que se narraban profusamente las aventuras románticas de una chiquilla pobre que vivía en un molino y que era tan hermosa que la llamaban la Curruca. Por eso el libro se titulaba *La Curruca del molino.* El autor, si la memoria no me engaña, era un tal Émile de Richebourg, hombre que se pintaba solo para historias de llorar. Y el libro, cuando no estaba en uso, pasaba el tiempo en un cajón de la cómoda, envuelto en papel de seda, y dejaba, al sacarlo de allí, un olor a naftalina que provocaba mareos. Mi madre me lo entregaba con unción y mil recomendaciones. Tal vez venga de ahí el respeto supersticioso que aún tengo por los libros: no soporto que los doblen, los subrayen o los maltraten en mi presencia.

Durante mucho tiempo (¿días?, ¿semanas?, ¿meses?, ¿qué tamaño tiene el tiempo en la infancia?) me tuvo intrigado aquella guía de conversación. Leía en ella cosas que me gustaban, que me divertían: cosas que pasaban en trenes y diligencias, con caballos cansados, maletas perdidas, ruedas que se rompían en un descampado, llegadas a ventas, cuartos que había que calentar echando grandes troncos a la chimenea. Pese a que no hallaba casos semejantes en casa ni en la escuela, pensaba que debía de ser bueno vivir así, con tantos imprevistos de la fortuna.

Pero lo que me más fascinaba eran unos diálogos, a veces acompasados y solemnes, otras veces vivos y rápidos como el reflejo del sol barrido por una ventana que se cierra. Cuando esto acontecía, me ponía a sonreír de una manera que sólo ahora entiendo: sonreía como el adulto que aún estaba lejos. Fue muchos años después cuando descubrí lo que en definitiva ya conocía Molière desde su buhardilla: había hablado conmigo, había sido mi guía de lectura, mientras la Curruca dormía divorciada entre dos sábanas, en el cajón de la cómoda, con olor a naftalina y a tiempo no del todo perdido.

Y también aquellos días

Y hubo también aquellos dos gloriosos días en los que fui zagal de pastor, y la noche de por medio, tan gloriosa como los días. Perdónese a quien nació en el campo y de él fue arrancado pronto esta insistente llamada que viene de lejos y trae en su silencioso clamor un aura, una corona de sonidos, de luces, de aromas que se han conservado milagrosamente intactos. El mito del paraíso perdido es el de la infancia, no hay otro. Lo demás son realidades por conquistar, soñadas en el presente, guardadas en el futuro inalcanzable. Y, sin ellas, no sé qué haríamos hoy. Yo no lo sé.

Mis abuelos habían decidido, visto que había sido flaca la venta de lechones, que el resto de las camadas se vendiera en la feria de Santarém por mejor precio y sin más gasto de dinero. Porque el camino se haría a pie, cuatro leguas de monte, a paso de marranillo, para que los animales llegasen a la feria con suerte de comprador. Me preguntaron si quería ir yo con mi tío más joven, para echarle una mano; dije que sí, que iba aunque fuera a rastras. Ensebé las botas para la caminata y elegí en el alpendre el bastón que mejor iba con mis doce años mal contados. Siempre habían sido calladas mis alegrías, por eso no solté los gritos que me estallaban en el pecho; gritos que hasta hoy no he podido liberar.

Empezamos la jornada mediada la tarde; mi tío atrás, con el cuidado de no perder ningún lechón; yo delante, con la marrana a los calcañares. Me imaginaba como un mascarón de proa avanzando por carreteras y caminos, como lo hacían en los mares los barcos piratas que aparecían en mis libros de aventuras. De tiempo en tiempo, mi tío me relevaba, y yo tenía que ir comiendo el polvo que las patitas menudas de los animales levantaban del camino. En medio de éstos iba la marrana, madre verdadera de algunos y prestada de otros, que los mantenía unidos.

Casi era ya noche cerrada cuando llegamos a la alquería donde íbamos a quedamos hasta el día siguiente. Metimos a los animales en un barracón y comimos de nuestro leve fardel junto a una ventana iluminada, porque no habíamos querido entrar (¿o no nos dejaron?). Mientras comíamos, se acercó un gañán para decirnos que podíamos dormir en la caballeriza. Nos dio dos mantas de borra y se fue. Soltaron los perros, así que nosotros no tuvimos más remedio que irnos a dormir. La puerta de la caballeriza quedaría abierta durante toda la noche; mejor para nosotros, pues teníamos que salir de madrugada, mucho antes del alba, para llegar a Santarem al iniciarse la feria.

Nuestro lecho era un extremo del comedero que corría a lo largo de toda la pared del fondo. Los caballos descansaban y batían sus cascos en el suelo enlosado, salpicado de paja. Me acosté como en una cuna, enrollado en la manta, respirando el olor fuerte de los caballos, toda la noche inquietos, o así me lo parecía en los intervalos del sueño. Me sentía cansado, con los pies molidos. La oscuridad era cálida y espesa; los caballos agitaban con fuerza las cabezas, y mi tío dormía. Los ruidos de la noche pasaban sobre el tejado. Me quedé dormido como un santo —diría mi abuela si allí estuviese.

Me desperté cuando me llamó mi tío, con la noche aún encima. Me senté en el comedero y miré hacia la puerta, con los ojos entornados por el sueño y por una luz inesperada. Salté al suelo y salí al corral: ante mí aparecía una luna enorme, blanca, envolviendo de una claridad lechosa la noche y el paisaje. Donde daba la luna, todo era blanco y refulgente; todo lo demás quedaba envuelto en una espesa oscuridad. Y yo, que sólo tenía doce años, como ya queda dicho, adiviné que jamás volvería a ver una luna así. Por eso hoy me conmueve poco la luz de la luna: llevo dentro de mí una insuperable.

Fuimos a buscar los cerdos y bajamos al valle, cautelosamente, porque había zarzales y roquedos, y como los animales extrañaban la madrugada podían perderse fácilmente. Después todo se volvió más sencillo. Seguimos a lo largo de unas viñas con racimos ya maduros, por un camino cubierto de polvo que el frescor de la mañana mantenía sosegado; yo salté en medio de las cepas y cogí dos magníficos racimos que metí en la blusa mientras miraba alrededor por ver si aparecía el guarda. Volví al camino y le di un racimo a mi tío. Fuimos andando y comiendo las uvas, fresquitas y dulces, que nos sabían a gloria de tan ricas.

Empezamos a subir hacia Santarem cuando el sol nacía. Estuvimos en la feria toda la mañana y parte de la tarde. Como no vendimos todos los marranillos, tuvimos que regresar también a pie. Fue así como ocurrió lo que nunca más volvió a ocurrir. Por encima de nosotros se fue formando un anillo de nubes que se ennegrecieron al atardecer y empezaron a deshacerse en lluvia, y, entonces, durante mucho tiempo, estuvo lloviendo sin que cayese una gota sobre nosotros, mientras alrededor, circularmente, una cortina de agua nos cerraba el horizonte. Al final desaparecieron las nubes. La noche venía lentamente entre los olivos. Los animales hacían esos ruidos que parecen una conversación interminable. Mi tío, delante, silbaba imperceptiblemente.

Por culpa de todo esto sentí unas enormes ganas de llorar. Nadie me veía y yo veía a todo el mundo. Fue entonces cuando me juré a mí mismo no morir nunca.

De cuando me morí vuelto hacia el mar

Dejé la laguna mediada la mañana, cuando ya el sol había limpiado todo el cielo. Sobre el agua, apenas agitada por los rápidos soplos de la brisa, no habían quedado vestigios de la niebla cerrada que, al amanecer, cubrió toda la superficie. Había valido la pena levantarse temprano y ver la niebla dispersándose sobre la laguna en copos sueltos, como si el sol, cuidadosamente, los fuera barriendo hasta que no quedó nada entre el agua y el cielo azul. Ordené mis cosas, me lo eché todo a cuestas y, descalzo, empecé una larguísima caminata playa adelante, entre el batir de las olas y la vaga panorámica de los cantiles rojos.

Se alzaba la marea, pero había extensiones de arena mojada y dura por donde era fácil caminar. Calentaba el sol. Con la cabeza descubierta, el cuerpo un poco inclinado para equilibrar el peso de la mochila, andaba con paso firme, como era habitual en mí, procurando olvidar que las piernas me pertenecían, dejándolas vivir su vida propia, su movimiento mecánico. Siempre me ha gustado caminar así, veinte o treinta kilómetros sin descanso, sólo un rápido trago en el chorro de una fuente, y ¡hala!

Tampoco me detuve para almorzar, el sol que me había caído encima los días anteriores me había quitado el apetito, y me faltaba, sobre todo, paciencia para cocinar en la playa. Me limité a comerme dos naranjas que se deshacían de puro dulces. Mordía la monda con la pulpa y escupía lejos las pepitas, como un chiquillo feliz. Cuando las correas de la mochila empezaron a cortarme la piel quemada, me quité la camisa, hice una almohadilla con ella, la acomodé en el hombro izquierdo y cargué el peso sobre él. De este modo seguí adelante, aliviado de dolores.

El sol ardía con más fuego. Lo sentía en la espalda como la palma de una mano abrasada, al tiempo que me empezaba a nacer una especie de adormecimiento en la nuca. El sudor erizaba allí la piel. Me acerqué hasta el rompiente de las olas y me refresqué la cara, los hombros y la nuca. Me eché, con la mano en cuenco, agua por la espalda. La mochila había aumentado de peso. La pasé hacia el hombro derecho y, en mi torpeza, la camisa cayó sobre la ardiente arena. Me quedé mirándola, como si nunca la hubiera visto, mientras las correas dejaban su marca en el hombro. Llegué incluso a dar algunos pasos, pero me fue preciso un gran esfuerzo para entender que debía volver atrás y levantarla del suelo. Me notaba raro, como flotando en el aire, y esta sensación no me abandonó ni cuando me senté y me dejé caer de espaldas. Había dentro de mí una náusea que parecía mecerme y que me obligó a rodar hacia un lado. Me había estado dando el sol en los párpados cerrados; entre mis ojos y el cielo había una cortina rosada, el color delgado de la sangre que corría confusamente por mi cuerpo.

Rápidamente pasó por mí la idea de que estaba sintiendo los primeros efectos de una insolación. Inquieto, me levanté de golpe, me sacudí como un perro y reanudé la caminata. Entretanto, la marea me había empujado hacia un espacio de arena seca que vibraba bajo el calor. De arriba me llegaba el zumbido de millares de insectos enloquecidos por el sol. En las pausas del oleaje, el zumbido, áspero como un rechinar de sierra circular, me aturdía y acentuaba esa sensación de náusea que no me había abandonado.

Anduve así muchos kilómetros. Me detuve varias veces y decidí por fin no dar un paso más, pero pronto el ardor del sol me obligó a levantarme. Por el lado de los cantiles, ni una sombra. El sol quemaba ahora de frente, pero seguía horadándome la nuca. Perdí la conciencia de lo que me rodeaba. Caminaba como un autómata, ya sin sudor, con la piel sequísima, excepto en las sienes, donde se formaban gruesas gotas que se deslizaban lentamente, viscosas, rostro abajo.

Toda la tarde la pasé así. Empezaba a ponerse el sol cuando llegué al pueblo que tendría que ser mi primera etapa. Allí podía comer algo, matar la sed y descansar a una sombra. Pero nada de esto hice. Me calcé como en un sueño, gimiendo con el dolor de mis pies quemados, y me lancé a la carretera que, en curvas continuadas, subía por los cantiles. Aún me detuve una vez, medio perdido, mirando desde lo alto el mar, que iba tomando un color oscuro. Seguí subiendo y me encontré fuera de la escalera, sin saber cómo, metiéndome entre las rocas hasta el borde mismo del acantilado cortado en picos.

El suelo se inclinaba de manera peligrosa antes de hundirse en la vertical.

Fue allí donde decidí pasar la noche. Me acosté con los pies del lado del mar y del desastre, me enrollé en la manta y, ardiendo de fiebre, cerré los ojos. Me quedé dormido, y soñé. Cuando volví a abrir los ojos, el sol apuntaba en el horizonte. «¿Qué hago yo aquí?», pregunté en voz alta. Y con un movimiento de pavor recogí mis cosas y volví al camino, huyendo.

Mientras andaba, iba pensando en que allí yo no era yo, que mi cuerpo se había quedado muerto contra el mar, en lo alto del acantilado, y que el mundo estaba todo lleno de sombras y confusión. La noche me sorprendió a la orilla del río, con una ciudad delante que no reconocía, como las torres amenazadoras de las pesadillas.

Todavía hoy, pasados tantos años, me pregunto qué parte de mí habrá quedado dispersa en la blancura de las arenas o inmovilizada en piedra en los cantiles cortados por el viento, aun sabiendo que no hay respuesta.

La vieja dama de los canarios

Si no fuera por el ancestral respeto que nos impide familiaridades con los grandes de este mundo, llamaríamos marquesas a aquellos miradores cubiertos y acristalados que suelen construir los arquitectos en la parte de atrás de los edificios, concluyendo así el perímetro aislante de las casas y facilitando tantas veces la resolución de los problemas derivados de dónde ha de dormir la criada, o un pariente que vino del pueblo.

Pero las marquesas, pocas ahora y de escasa influencia fuera de los círculos intangibles de la sociedad, conservan aún el prestigio de los tiempos en que marqués venía inmediatamente después de duque y éste a continuación de rey. Por eso, llamamos a esos miradores *marquises*, que significa lo mismo, pero disfrazado de francés. Realmente, no sería correcto decir «casa de marquesa» o que «la marquesa está hecha un desastre y precisa una pasada de plumero». Así, se pone en vez de «marquesa» *marquise*, y es ya como si se hablara de otra cosa. Las palabras tienen estas habilidades.

Mala cosa sería, sin embargo, y mal uso haría del espacio

de esta hoja, si hoy me diese sólo por hablar de tales cosas. La *marquise* no es más que un mirador protegido del sol y de la lluvia, y las marquesas, si las hay, viven en las habitaciones de delante, sin tener nada que ver con esos canarios que justo ahora, en la *marquise*, empiezan a dar señal de su presencia.

Uno de ellos tiene el ala izquierda algo caída, le pesa, inclina la cabeza a fin de verme mejor. Me veo miniaturizado en el círculo brillante que de vez en cuando se cubre, de abajo arriba, con un rápido párpado ceniciento. Meto un dedo entre los alambres de la jaula y soporto los picotazos débiles con que el ave recibe la invasión. Cuando la mano entera se introduce allá como un dragón, el pájaro vuela de un lado a otro asustado. Entonces su corazón se agita lleno de terror y las alas se golpean contra los alambres. Y si la mano se transforma en nido y envuelve al ave como un capullo, el contacto le da calma, aunque la calma se interrumpa con sobresaltos de escasa convicción.

El otro canario es más joven. Prefiere la alcándara alta, o el balancín, y allí, alzada la cabeza, haciendo oscilar bruscamente las plumas largas de la cola, tiene toda la vida por delante, y lo sabe. Si repito la maniobra de introducir los dedos por los alambres, dispara un picotazo único, violento, y se aleja luego de la barra con el aire de haber ganado la batalla después de la primera escaramuza. Si fuera una persona, se diría de él que no da confianzas. Tan sensible al miedo como su compañero, lo expresa luchando en frío. Y, si lo agarro, se agita sin parar, disconforme. Y, cuando se ve a salvo, suelta un grito de cólera mientras ahueca las plumas desaliñadas.

No va más lejos mi relación con estas aves. Una o dos

veces por semana les doy media docena de mis segundos, distraídamente. Sé que no me estiman, ni respetan, sobre todo desde el día en que vi al ama de los canarios tratarlos con gestos tan firmes y serenos que las aves no revoloteaban: se limitaron a cambiar de sitio, también serenamente, permitiendo que la mano arrugada y sabia retirase el comedero y el pequeño cuenco del agua, para volvérselos a poner luego, frescos y llenos, con los mismos gestos sosegados. Y la puerta de las jaulas se cerró con un pequeño restallido del muelle protector.

Por esto que vi, puedo imaginar ciertas horas en la casa silenciosa. La dueña de los canarios vive sola. Es ya muy vieja, pero sus gestos son firmes; anda sin ruido, tranquila, eficiente. Casi siempre tiene algo que hacer, un pequeño trabajo que la mantiene ocupada, pero con tanta edad tiene también horas de pausa, que serían de reposo si no fueran más bien la contemplación de un pasado que se amplía constantemente, abarcando también, aparte de la propia vida, las múltiples vidas que por mucho o poco tiempo se interfirieron en la suya.

Entonces, la señora de los canarios va a sentarse en una silla en la *marquise*, con las manos abandonadas en el regazo, medio abiertas y vueltas las palmas hacia arriba como cáscaras de almendra, como barcas encalladas. Se queda muy erguida, mientras los recuerdos empiezan a afluir como olas mansas que la sumergen y la inundan, que velan sus ojos blandos hasta caer en las manos, que son como tazas de un jardín cerrado. La casa, en estos momentos, parece cubrirse de musgo.

Uno de los canarios lanza un tímido trino. El otro responde. Y como en la casa nada se mueve y la señora mira fijamente no se sabe qué, rompen los pájaros en un canto interminable, río sonoro que se arrastra en mil brazos por una llanura de silencio. La señora no se mueve. Quizá ni oye a los pájaros, pero ellos cantan, cantan, cantan.

¿Y ahora, José?

Hay versos célebres que se transmiten a través de las edades del hombre, como mapas, banderas, cartas de marear, señales de tráfico, brújulas —o secretos. Éste, que vino al mundo mucho después de haberlo hecho yo, y de manos de Carlos Drummond de Andrade, me acompaña, desde que nací, por uno de esos misteriosos azares que hacen de lo que ya vivió, de lo que vive y de lo que no vive aún, todo un mismo nudo de tiempo sin medida, apretado y vertiginoso. Considero un privilegio mío el disponer de este verso, porque me llamo José, y muchas veces en la vida me he interrogado: «¿Y ahora?». Fue en aquellas horas en que se oscureció el mundo, en que el desánimo se hizo muralla, foso de víboras, cuando las manos se quedaron vacías y atónitas. «¿Y ahora, José?». Grande es, con todo, el poder de la poesía para que ocurra, como juro que ocurre, que esta simple pregunta sea como un tónico, un acicate, y no sea, como podría ser, tentación para el inicio de la interminable letanía que es la piedad hacia nosotros mismos.

En todo caso, hay situaciones tan absurdas (o que lo parecerían veinticuatro horas antes) que no se puede censurar a nadie que sienta un instante de incomodidad total, un segundo en el que todo dentro de nosotros pide socorro, aunque sepamos que, inmediatamente, el muelle pisado, violentado, se va a distender vibrante y a afirmarse verticalmente. En ese veloz momento, se toca el fondo del pozo.

Pero otros Josés andan por el mundo, no lo olvidemos nunca. A ellos también les ocurren cosas, equívocos, accidentes, agresiones, de las que a veces salen vencedores y a veces vencidos. Algunos no tienen nada ni a nadie a su favor, y esos son, en definitiva, los que convierten nuestras penas en algo fútil e insignificante. A esos que han llegado al límite de las fuerzas, acorralados por la turba, sin valor para el último aunque mortal arranque, se les debe hacer la pregunta de Carlos Drummond de Andrade, como una última apelación al orgullo del hombre.

Precisamente, uno de esos casos me muestra que ya he hablado demasiado de mí. Otro José está ante la mesa en la que escribo. No tiene rostro, es sólo una silueta, una superficie que se estremece como bajo un dolor continuo. Sé que se llama José Júnior, sin más riqueza de apellidos y genealogías, y que vive en São Jorge da Beira. Es joven, se emborracha, y lo tratan como si fuese una especie de bobo. Se divierten a su costa algunos adultos, y los niños le hacen trastadas, tal vez lo apedrean de lejos. Y si no llegan a hacer esto, lo empujan con aquella crueldad súbita de los niños, a un tiempo feroz y cobarde, y José Júnior, borracho perdido, cayó y se rompió una pierna, o quizá no, y fue al hospital. Mísero cuerpo, alma pobre, orgullo ausente: «¿Y ahora, José?».

Alejo de mí mis propios pesares y rabias ante este cuadro desolado de una degradación, del gozo infinito que es para los hombres aplastar a otros hombres, ahogarlos deliberadamente, envilecerlos, convertirlos en objeto de burla, de irrisión, de chacota —matando sin matar, bajo el ala de la ley o ante su indiferencia. Todo esto porque el pobre José Júnior es un José Júnior pobre. Si tuviese bienes abundantes en la tierra, fuerte cuenta en el banco, automóvil en la puerta, todos los vicios le serían perdonados. Pero así, pobre, débil y borracho, qué gran fortuna para São Jorge da Beira. No todas las tierras de Portugal pueden enorgullecerse de disponer de un blanco humano para dar libre expansión a ferocidades ocultas.

Escribo estas palabras a muchos kilómetros de distancia, no sé quién es José Júnior, y tendría dificultades para hallar en el mapa São Jorge da Beira. Pero estos nombres sólo designan casos particulares de un fenómeno general: el desprecio por el prójimo, cuando no el odio, tan constantes allí como aquí mismo, en todas partes, una especie de locura epidémica que prefiere las víctimas fáciles. Escribo estas palabras al caer la tarde, con un color de madrugada con espumas en el cielo, tengo ante mis ojos una amplia franja del Tajo, en la que hay barcos lentos que van de orilla a orilla llevando gente y recados. Y todo esto parece pacífico y armonioso, como las dos palomas que se posan en la barandilla y susurran confidencialmente: «¡Ah!, esta vida preciosa que va huyendo, tarde mansa que mañana no serás igual, que no serás sobre todo lo que ahora eres».

Entretanto José Júnior está en el hospital, o salió ya y arrastra la pierna coja por las calles frías de São Jorge da Beira. Hay una taberna, el vino ardiente y exterminador, el olvido de todo, el fondo de la botella, como un diamante, la embriaguez victoriosa mientras dura. La vida va a volver a su inicio. ¿Será posible que la vida vuelva a su inicio? ¿Será posible que los hombres maten a José Júnior? ¿Será posible?

He llegado al fin de la crónica, he cumplido con mi deber. «¿Y ahora, José?».

Los personajes errados

No se me había dado bien el día. Supongo que no hay a quien pedir responsabilidades, pero me gustaría mucho que alguien me dijera por qué negras suertes vienen a veces las cosas tan secas, tan enemigas, tan armadas de navajas, y por qué siguen así hasta la noche, pena de prisión perpetua. Nos metemos en la noche como quien se envuelve en un capullo de seda, y empezamos a alzar las murallas que el día derribó, dejándonos frágiles, quebradizos, más afligidos que una tortuga panza al aire. (Otras comparaciones: como un pez en seco, como culebra con el espinazo partido, como un marrano en trance de castración).

Salí para cenar, aunque el amargor de la bilis en la boca me disminuyera de antemano el placer del apetito. Avancé pegado a las casas, que es mi manera de volverme invisible, pisando las primeras basuras de la noche, mientras, deliberadamente, mataba, apenas nacidas, las ideas que preferían caminos coherentes. De paso, echaba miradas rápidas al interior de las tabernas y cafeterías que ofrecían televisión a los parroquianos: siempre el mismo ambiente de acuario, la misma luz lívida de las lámparas fluorescentes, los mismos cuellos torcidos en ángulos iguales, los mismos rostros borrosos o de expresión fija. La misma aflicción.

En días como éstos no me salvo ni soy buena compañía. Me gusta saber que los amigos están lejos, que los enemigos no me encuentran, y que ni unos ni otros vendrán a reclamarme las pruebas de amistad o de odio que son moneda de nuestro comercio. Y si alguna cosa deseo realmente en estas ocasiones, es hallar las palabras mínimas, brevísimas, las onomatopeyas, si es posible, que me expliquen el mundo desde el comienzo. Porque, en cuanto al futuro, puedo marcar tres fechas para distraerme: una, en la que probablemente estaré vivo; otra, en la que quizá no lo esté ya; la tercera, en la que seguro que no voy a estarlo. Y hasta ese día, trabajar siempre, incluso para cosas que no he de ver.

Escogí por azar uno de esos restaurantes a la vista, de precio medio, pero que fácilmente se convierten en ruinosos si caemos en el cebo del platito de aceitunas o del vinillo de marca. Pedí ya no sé qué, tal vez una de esas comidas que la memoria de la infancia se obstina en insinuarnos, como un tropismo, pero que, invariablemente, resultan una melancólica decepción. Intento desquitarme con el vino helado, que ablanda y reconforta, luz interior que recorre el cuerpo y deja rastros centelleantes en las venas. Llega al fin el café. Es el mejor momento de la comida, aquél en el que se alza la cabeza para mirar lo que nos rodea. Allí era pésimo lo que había para ver: una decoración extravagante cargada de luminarias coloridas, de azulejos y mosaicos con motivos de tapicería rica, techos forrados de láminas de corcho y, en ampulosos maceteros, plantas de plástico, eternas, sin olor y abominables.

Pedí la cuenta, pedí rapidez, y mientras la máquina registradora me preparaba el enigma de abreviaturas, cifras, porcentajes y sumas fuera de lugar, miré a mi izquierda, de donde salía un ostentoso arrastrar de sillas. Se estaban sentando tres mujeres de mediana edad —cincuenta-sesenta—, una de ellas inmensa, desbordante, las otras bajitas y deslucidas. Las odié de inmediato, por instinto. Y adiviné quiénes eran, lo que eran, cómo eran. Eran los personajes errados, los que viven por imitación interpuesta, los alienados por opción.

Habían ido al restaurante sólo para mostrar que fumaban. Haciendo mayúsculas con los gestos, sacaron de los bolsos paquetes y encendedores (todas tenían encendedor) y sacaron los pitillos al mismo tiempo, masculinamente, sin inhibiciones. Los encendieron, lanzaron grandes vaharadas de humo, pidieron cafés, licores, y conversaron. Una dijo que fumaba dos paquetes al día, y la gorda, con el aire de quien ya pasó por eso y ahora se recata, dijo que dos paquetes eran demasiados, a lo que respondió la otra que no podía evitarlo, que no podía, que eran los nervios, sentía que estaba «viciada» —paciencia.

Habían aprendido a fumar dolorosamente, en casa, a escondidas, con violentos ataques de tos, carraspeos mortales, vómitos, náuseas, dolores de cabeza, pero el sacrificio iba a llevarlas a la afirmación definitiva de sí mismas, al podio de los vencedores, a la dignidad de los hombres. Ahora viven los días a la espera del momento de la gran prueba pública, allí en el restaurante, con cafés, copa y pitillos, hablando en voz alta para que no se pierda nada del ejemplo.

El camarero me tiende el platillo con la cuenta hipócritamente doblada. ¿Por qué doblarán la cuenta? ¿Por qué será que lo falsificamos todo? ¿Eh? ¡Ah, las onomatopeyas! Pago, me levanto y dejo unas monedas —también hipócritas. Paso al lado de las mujeres, tres parcas maléficas, tres veces tres veces tres, nueves fuera. ¿Por qué doblan la cuenta? ¿Por qué la doblan? ¿Por qué se doblan las personas? ¿Por qué se doblan? ¿Por qué?

Un brazo en el plato

Este otro restaurante de Lisboa, al que voy una vez que otra, debe de ser uno de los lugares de la ciudad más capaces de proporcionar un suculento análisis sociológico. Nunca había estado allí solo, pero esta vez ocurrió, de modo que la atención enfermizamente aguda que presto a las cosas, sin tener que ocuparse demasiado del cuadrado blanco de la mesa, puede circular como un filtro en torno a la sala, eligiendo los ejemplares más merecedores de ponderación. Pronto, con el primer tirón de la red, se ve quiénes están sentados a las mesas: funcionarios, comerciantes, espíritus subalternos, todos con aquel aire de parentesco en los modos, en las palabras, en el vestir, y sobre todo en las ideas, que define al pequeño burgués. Por eso tienen todos los ojos apagados, el rostro voraz, y al mismo tiempo humilde, la presencia obtusa.

El restaurante es ruidoso y grande. Los pocos niños que hay se ordenan por todas las edades, desde el meoncillo babado y llorón hasta el cataclismo infantil; las arrugas, por su parte, comienzan por ser signo de expresión y acaban en la piel de papel arrugado, bueno para tirar. Son raros los adolescentes, o sólo acompañan silenciosamente a los adultos. No hay duda de que Portugal envejece.

A mi derecha hay un matrimonio de mediana edad. Eligieron los platos con la boca fruncida, el marido pidió el vino, y se quedaron callados, a la espera. Él lleva aguja de corbata, que es como un ramillete de piedras, probablemente auténticas; ella no lleva mucho que la distinga, a no ser quizá la sorbición sibilante con la que va a engullir la sopa. Estos dos no hablarán entre sí durante toda la comida.

A la izquierda tengo dos generaciones: una pareja de viejos, la hija y el yerno. La hija sirve a todos de la fuente, tirando la comida como quien dice: «¡Comed!», y guardándose para ella los peores bocados como quien dice: «¡A ver si os fijáis!». Los viejos son glotones, mastican con labio blando y pringoso y echan rápidas miradas a la fuente, a ver si queda aún algo y si tendrán tiempo de participar en la segunda ronda. Todos beben cerveza.

¿Y qué diré de aquel hombre de rostro duro, en medio de una familia gritona y numerosa, un hombre a quien nunca oiré decir palabra, cuyos ojos a veces se ahogan en odio? ¿Qué podré decir de la larga mesa que está como prolongando la mía, toda cubierta de migas de pan y manchas de vino derramado? ¿Qué diré de lo que estarán diciendo aquéllos que me miran a hurtadillas, si por mirada entendemos el relampagueo rápido que orientan hacia mí, si no es sólo un movimiento tan involuntario e inconsciente como un pestañeo?

Poso ahora la mirada en un matrimonio que acaba de entrar y que resume a toda la gente que allí está masticando, deglutiendo y transpirando. Ambos son altos, corpulentos, clientes sin duda, como se desprende de la familiaridad con que tratan y son tratados por el personal. Van a sentarse en un rincón, él un poco escondido por la dama que está a mi derecha y que, acabada ya la sopa, extrae cuidadosamente de la boca, con los dedos, las espinas del pez espada; pero la mujer, que está en ángulo recto con él, queda fácilmente a mi alcance. Miremos bien, que vale la pena.

Hasta sentada sigue siendo alta. De la corpulencia quedó el seno aventajado que invade la mesa por la parte frontera, con un escote redondo y abierto. Lleva el pelo teñido de un color que se mata con el de los ojos y la piel: un tono caoba con vetas de palo rosa. Los labios son finos y muy pintados por fuera para fingir una boca carnosa. Durante la comida se le va a ir difuminando el color, la pintura irá subiendo capilarmente por las arrugas minúsculas que le surcan la parte superior de la boca. Tiene las manos cubiertas de anillos aparatosos, y lleva grandes pendientes que oscilan como papos de lechón.

El vestido va todo él compuesto a base de amarillos, azules y rojos, y deja libres los brazos, blancos y amplios como muslos. Clavo la mirada en el brazo derecho, que es el que mejor veo. Es, realmente, una magnífica pieza de carne, de gran tamaño, que la mujer exhibe ante los circunstantes con estremecimientos y sacudidas que no son sólo ocasionales. Cree probablemente que éste es su gran triunfo afrodisiaco, y se lo tira a la cara a los hombres que están alrededor; lo lanza sobre mi plato con un aire de mujer pública. Cautelosamente, lo empujo hacia el borde, entre los restos y la salsa ya fría, y llamo al camarero para pedirle el café y que saque todo aquello de allí.

Y si en aquel momento hubiera entrado en el restaurante una minifaldera esbelta y atractiva, mostrando la piel pulida y joven, las burguesas juntarían sus cabezas oleosas y la acusarían de obscenidad. Pero obsceno era aquel brazo enorme que el criado se lleva en mi plato y que va a ser arrojado al cubo de la basura.

Nostalgias de la caverna

No sé qué autor de anteayer decía que el mejor instrumento de medición de las altas y de las bajas presiones económicas eran los pequeños anuncios de los periódicos. Afirmaba dicho autor, y creo que conseguía demostrarlo, que lo que se vende de particular a particular, en bienes de lujo u objetos útiles, define de manera bastante rigurosa una situación económica general. Claro que, con esta manera mía de avanzar tanteando en la materia, se nota ya que me falta sabiduría y capacidad para discutir la tesis —ni creo que tal discusión sirviese de mucho en este tiempo de grandes concentraciones económicas y de imperios comerciales. Creo preferible seguir adelante, no me vayan a caer encima los rayos de la informática.

Quede sólo de esta introducción cuanto baste para entender mejor el sobresalto de espíritu que me sugirió el tema de esta crónica. Ciertos usos y costumbres (ciertas ventas, ciertas compras) no surgen por azar, y para el asunto que hoy me ocupa ni siquiera el apelativo de moda designa nada, una vez que la moda no es más que la difusión que promueve un uso inicialmente limitado.

Y, de este modo, llego ya a mi tema: ¿qué razones profundas, qué mecanismos, qué voces ancestrales, se están definiendo, moviendo, articulando, en esta sociedad, para que se convierta en usual una terminología que evoca tiempos agitados, y esto es lo que me parece más importante, aplicándose a lugares de ayuntamiento y de comilona, es decir, a lugares donde el gregarismo es patrón? ¿Qué añoranzas de caverna laten en la memoria inconsciente de los grupos, para que haya surgido este aluvión de *boîtes* y restaurantes con nombres viejos? ¿Qué psicólogo o psicoanalista me explicará la razón de tantos trastos viejos, de tanta carcoma, de tanto tugurio cubierto de herraduras, de yugos, cencerros, naos y pataches? ¿Y de los hachones, armatostes, lares, carricoches, simones, galeras, alfaguaras, braseros, túneles y huroneras?

Esta atracción por lo primitivo que hasta en la decoración de esos lugares toma apariencia de obsesión casi agresiva, si, por un lado, puede significar la continuidad, en plano diferente, de cierta atracción de contrarios que nos caracterizó como sociedad particular (el infante don Miguel y los arrieros, el marqués de Marialva y el fado, los capotes blancos del Barrio Alto, los hidalgos taurófilos y los toreros), obedece también, sin duda, a razones menos visibles y más generales, a las mismas, quizá, que hicieron surgir bandas dibujadas cuyos héroes son hombres y mujeres de la prehistoria, incapaces aún de inventar la rueda, pero enredados ya en los problemas y en los conflictos de hoy.

¿Estaremos buscando una nueva inocencia, un reinicio? ¿No estará movida la elección de esos nombres por un oscuro y aparentemente contradictorio rencor contra las sociedades de consumo? ¿O será más bien un reflejo de mala conciencia que lleva a dar a las cosas, no el nombre que les corresponde, sino el nombre que las niega, como si con esa operación de magia lingüística se extrajera el veneno de la serpiente? Si tengo un palacio y lo llamo mi barraca, ¿alejo por ello el rayo que es atraído por los lugares altos?

Por mucho me tendría si me creyera capaz de dar respuesta a semejantes preguntas. ¿No será mejor dejarlas intactas? Si el lector las considera ociosas, fácilmente las olvidará, después de protestar contra la pérdida de mi tiempo y del suyo. Pero si murmura: «¡Vaya, hombre! Nunca había pensado en eso», entonces me he ganado bien el día, cosa que no siempre ocurre.

Elogio de la col portuguesa

La noticia recorrió el país entero, provocando el estremecimiento de las grandes ocasiones patrióticas: una col portuguesa, plantada en Australia, alcanzó 2,40 metros de altura (por extenso, y para que no haya dudas, dos metros y cuarenta centímetros), y sigue creciendo. Bajo cielos y climas extraños, rodeada de canguros, amenazada sin duda por las tribus primitivas del interior, al alcance del terrible *boomerang*, la col portuguesa da una lección de constancia y fidelidad a los orígenes, al tiempo que muestra al mundo nuestras raras cualidades de adaptación, nuestro universalismo, nuestra vocación de grandes viajeros. Y sigue creciendo.

En tiempos antiguos, las naos llevaban en sus rechinantes bodegas con aroma de pinar aquellos hitos de piedra, con las armas de Portugal grabadas, que eran señal de posesión y poderío. Era obra pesada, dura de trabajar, difícil de mover y plantar. Hoy, ya con todos los caminos marítimos abiertos, basta al sencillo emigrante echar mano al saquito de paño, sacar unas simientes, tirarlas al suelo, y en menos de un año aparece ante el mundo maravillado un campo de coles que más bien parece una selva. La diferencia es clara.

El lector que haya retenido de estas crónicas un cierto tono agridulce, que es ironía y negación de ella, pensará que estoy jugando con cosas serias o que por serias son tenidas. Pues no estoy jugando, no señor. El emigrante de quien hablo tiene hoy setenta y dos años, emigró a los cincuenta y cuatro y anduvo con las simientes en el saco durante diecisiete años —a la espera de un huerto donde sembrarlas. Si esto no es dramático, no sé dónde será posible hoy dar con un drama. Durante diecisiete años, las semillas esperaron pacientemente su hora, el huerto prometido, la tierra fertilísima. Entretanto, nuestro compatriota, cada vez más cansado, cada vez más viejo, pero cada vez más lleno de esperanza, recorría Australia de punta a punta, cruzaba los desiertos, rondaba los puertos de mar, penetraba en las grandes ciudades, inquiría el precio de los terrenos, en una búsqueda anhelante. A los marineros de Vasco da Gama dio Camões la Isla de los Amores y el Canto Noveno; este viajero portugués del siglo XX se declara feliz, realizado, pleno... cuando, metro en mano, con los pies en el surco fresco, bate el récord de altura en col y comunica el hecho a las agencias de información. Convengamos, amigos, que sólo un corazón empedernido podría dejar de conmoverse y derramar una lágrima de ternura.

Que este viejo, sin duda respetable, me disculpe si en torno a mis palabras puede descubrirse un halo de ironía. No era ésa mi intención. Probablemente la ironía es la única puerta de salida que me queda, la alternativa de la vehemencia con que tendría yo que interpelar a no sé quién, no sé dónde, por esta obstinación miope, por esta falta de capacidad para criar piel nueva que nos lleva a andar con semillas de col de aquí para allá y por todo el mundo en busca de un huerto igualito al de la infancia, para buscar en él las mismas lagartijas y romper melancólicamente los mismos tallos.

Lo que son las cosas, me proponía hacer el elogio de la col portuguesa, y acabó por salir esto: un dolor en el corazón, una sensación de ser hoja pisada, una dura y pesada tristeza.

No sabía que había que hacerlo

A diferencia de lo que afirman los ingenuos (todos lo somos una u otra vez), no basta decir la verdad. De poco servirá en el trato de la gente si no es creíble, y tal vez hasta debería ser ésa su primera cualidad. La verdad es sólo medio camino, la otra mitad se llama credibilidad. Por eso hay mentiras que pasan por verdades, y verdades que son tenidas por mentiras.

Esta introducción, por su tono de sermón de Cuaresma, prometería una grave y aguda definición de verdades relativamente absolutas y de mentiras absolutamente relativas. No es así. Es sólo un modo de sangrarme en salud, de esquivar acusaciones, pues, desde el anuncio, la verdad que hoy traigo no es creíble. Vamos a ver ahora si ésta es historia que se pueda creer.

La cosa ocurre en un sanatorio. Abro un paréntesis: el escritor portugués que eligiera como tema de una novela «la vida en un sanatorio», quizá no llegara a escribir *La montaña mágica* o *Pabellón del cáncer*, pero iba a dejar un documento que nos apartaría del interminable rumiar de dos o tres asuntos: erótico, sentimental, burgués. Adelante pues, que esta crónica no es lugar de torneos o justas literarias. Aquí se habla sólo de simplezas cotidianas, pequeños acontecimientos, leves fantasías —y hoy, para variar, de verdades que parecen mentiras. Verdad, por ejemplo, es el enfermo que entraba en la ducha, abría el agua, y no se duchaba. Durante meses y meses no se duchó. Y otras verdades igualmente sucias, rastreras, monótonas, degradantes... Pero vamos a la historia.

Me decía aquel amigo que, allá en el sanatorio, había un enfermo, hombre de unos cincuenta años, que tenía grandes dificultades para andar. La enfermedad pulmonar que padecía nada tenía que ver con el sufrimiento que se reflejaba en su cara, ni con los suspiros de dolor, ni con las contorsiones del cuerpo. Un día apareció incluso con dos toscos bastones en los que se apoyaba al andar, como un inválido. Pero siempre con ayes, gemidos, quejándose de los pies, que aquello era un martirio, que ya no aguantaba más.

Mi amigo le dio un consejo obvio: que mostrara los pies al médico, que tal vez fuese reuma. El otro movía la cabeza, casi llorando, lleno de una inmensa pena por sí mismo, como si pidiera que lo llevaran a hombros. Entonces, mi amigo, que tenía también sus calladas amarguras, y con ellas iba viviendo, se impacientó y fue áspero con él. La actitud dio resultado. Al cabo de dos días el enfermo de los pies lo llamó y le dijo que iba a mostrárselos al médico. Pero que antes le gustaría enseñárselos a él, su buen consejero.

Y se los mostró. Las uñas, amarillas, se curvaban hacia abajo, contorneaban la punta de los dedos y se prolongaban hacia dentro como punteras o dedales córneos. El espectáculo era repelente, revolvía el estómago. Y cuando le preguntaron a este hombre adulto por qué no se cortaba las uñas, que su mal era sólo éste, respondió: «No sabía que había que hacerlo».

Le cortaron las uñas. Con alicates. Entre ellas y los cascos de los animales no era mucha la diferencia. A fin de cuentas, se precisa mucho trabajo para mantener todas las diferencias, para irlas ampliando poco a poco, a ver si al fin la gente llega a ser humana. (¿No es verdad acaso?).

Pero, de pronto, acontece algo así y nos vemos ante un semejante que no sabe que es preciso defendernos todos los días de la degradación. Y no es en uñas en lo que en estos momentos estoy pensando.

El verano es la capa de los pobres

Almorcé en la frontera del aire libre: ante una ventana abierta. Iba ya entrada la tarde y el restaurante estaba desierto; el sol me había atrapado en la playa, me envolvió en torpor, y entre el baño y la arena fueron pasando las horas. Es una sensación agradable la de tener el cuerpo un poco áspero de sal y sentir anticipado el goce de la ducha que nos espera en casa. Y mientras el *entrecôte* no viene, va uno pegándole sorbitos al vino fresco y extendiendo la mantequilla en rebanadas de pan tostado, para engañar al hambre súbitamente despierta. Buena vida.

El momento es tan perfecto que podemos hablar de cosas importantes sin necesidad de alzar la voz, y ninguno de nosotros piensa en salir vencedor de este diálogo y tener más razón que la que puede tener un ser humano que respete la verdad. Aparte de eso, estamos en verano y, como he dicho ya, en la frontera del aire libre. La brisa estremece unas plantas aromáticas a las que puedo llegar extendiendo las manos y en torno a las cuales zumban los insectos del tiempo.

Quebrada por el follaje, hay una franja de sol que se derrama por las maderas barnizadas de la ventana. Buena vida.

Tenemos la piel dorada y sonreímos mucho. En el interior del restaurante se alza una gran llamarada: es la cocina ofreciendo sus misterios. Luego, el camarero trae el *entrecôte*, que huele a su salsa natural, y nosotros infringimos las más elementales reglas de la gastronomía mandando que traigan más vino blanco. Y ella viene, la botella, con su transpiración helada y el truco mágico de empañar los vasos que reciben el vino. ¡Ah, buena vida, buena vida!

Estamos ahora callados, absortos en la delicada operación de separar la carne del hueso. Bajo el filo del cuchillo, las blandas fibras se separan sin esfuerzo. Las salsa penetra en ellas, aviva su sabor —¡oh!, qué maravilla, comer así, después de un ardiente día de playa, en el restaurante de ventanas abiertas, con perfume de flores y este olor a verano.

Volvemos a charlar, decimos cosas vagas y lentas, inteligentes, en una plenitud de bienaventurados. El sol, que ha descendido un poco más, se desliza en los vasos, enciende hogueras en el cristal y da al vino una transparencia de hontanar. Nos sentimos bien, con el restaurante sólo para nosotros, rodeados de maderas de un color leonado y manteles abigarrados.

Es en este momento cuando sobreviene el eclipse. Una sombra se interpone entre nosotros y el mundo exterior. El sol se aleja violentamente de la mesa, y la mano de un hombre atraviesa el marco de la ventana, avanza, y se queda inmóvil en la mesa con la palma de la mano hacia arriba. El gesto es simple y no trae palabras que lo acompañen. Sólo la mano extendida, a la espera, flotando como un ave muerta sobre los restos del almuerzo.

Nadie habla. La mano se retira apretando la limosna y, sin dar las gracias, el hombre se aleja. Nos miramos uno al otro lentamente, con los labios deliberadamente cerrados. De repente, todo sabe a inútil y a cobardía. Después, con mil cautelas, agarramos el carbón abrasado: ¿habríamos dado la limosna si no estuviéramos comiendo? Y ¿qué habría ocurrido si la hubiéramos negado? ¿Sentiríamos después más remordimientos que de costumbre? ¿O fue simplemente el miedo de que la mano seca y oscura bajara como un milano sobre la mesa y arrancase el mantel, entre un estruendo de cristal y porcelana hecha añicos, en un interminable y definitivo terremoto?

El crimen de la pistola

La pistola, aquella mañana, salió en tal estado de irritación que, al cerrar la puerta, dejó caer el cargador. Las balas saltaron hacia todos los lados en el descansillo de la escalera; y si la pistola iba ya furiosa, imagínense cómo quedó cuando acabó de cargarse otra vez. Para agravar el incidente, el ascensor no funcionaba, cosa que, para un arma de éstas, es el colmo. La anatomía de la pistola dificulta su descenso por la escalera. Se ve obligada a ir resbalando de lado, y, por grande que sea la prudencia, acaba siempre por rayarse el cañón, quedando luego con un aire de dejadez lamentable.

El hombre vivía en la misma casa, quiero creer que en la misma casa. La vecindad notaba en él cierta preocupación, una melancolía especial, un modo distraído de saludar, como de quien va pensando en el otro mundo o dialogando consigo mismo. A nadie se le pasaba por la cabeza, pese a todo, que entre el hombre y la pistola hubiese resquemores, enfrentamientos, y por eso fue una sorpresa que dio que hablar no sólo en la casa, sino también en la calle y en el barrio. La misma ciudad, a pesar de ser mucho mayor y tener más en qué pensar, supo del caso, aunque no le dio demasiada importancia.

Las razones exactas no se conocen. La gente habla, habla, pero nadie sabe ciertamente cómo en un recodo de la escalera, donde los peldaños se abren en abanico, la pistola soltó dos tiros que dieron en el pecho del hombre. Fueron dos estruendos que sacudieron la casa de arriba abajo, con tanta violencia que parecía un terremoto, o el fin del mundo. Cuando las vecinas reunieron valor para ir a ver qué pasaba, vieron al hombre caído de través en el abanico de peldaños, tendido en los escalones como un pelele distorsionado, mientras un arroyuelo de sangre se filtraba por la ropa y avanzaba por las maderas enceradas.

Sé, lector, lo sé muy bien, que esta historia es absurda, que las pistolas no bajan escaleras (ni las suben), y que, por muy malvadas que sean, no disparan a quemarropa a los hombres que suben las escaleras (o las bajan). Pero quede claro, lector, que no he estado burlándome a tu costa. El relato que he hecho es sólo una de las mil versiones posibles de la noticia que leí hace tiempo en un periódico de Lisboa: «Un hombre fue alcanzado, en la escalera de su casa, por dos disparos de su propia pistola». Y de eso murió.

El lector comprende muy bien qué fue lo que realmente ocurrió. Yo también lo comprendo. Podríamos ambos poner punto final a una cuestión que no nos afecta ni de cerca ni de lejos y seguir adelante. Pero repare el lector en que, en la manera de dar la noticia de la última actitud de un hombre, hay cierta petulancia que proviene del hábito de escamotear verdades, incluso vulgares, como ésta del desenlace de una vida. Y aumenta aún más la ironía el hecho de robar el significado de un gesto, de una decisión, ese robar la muerte de un hombre cuya vida ya fue robada (¿cómo?, ¿por quién?) antes de aquel encuentro entre la mano y el arma. ¡Y qué singular es la elección del lugar! La escalera, la súbita renuncia a subir o bajar aunque sólo fuese un peldaño, como si la reserva de vida se hubiera agotado en aquel precioso instante. El pie habría iniciado ya el movimiento que lo llevaría al escalón siguiente, pero no: un repentino cansancio, el esfuerzo que ya no es posible concluir y el pie regresa al punto que había dejado, resignado, luego ajeno, simple apoyo mecánico para el equilibrio del cuerpo; después, derrumbado sobre sí mismo. Dos estruendos, un humo azul, un hedor violento y acre a pólvora que las vecinas, al día siguiente, aún irán a respirar enviciadas a la escalera. El pelele ha sido retirado ya, y han sido cubiertas de serrín las manchas; luego, fregadas con lejía las losas lívidas de los peldaños, como el rostro y las manos del hombre que, en fin, seguro que tenía alguna cuestión pendiente con su pistola.

No sé qué hizo este hombre en su vida. Sólo sé que en su muerte se burlaron de él. E imagino ya, si estas prohibiciones se prolongan y otras interrupciones bruscas de la vida (repárese en el eufemismo), cómo darán la noticia de un atropello: «Cuando don Fulano de Tal atravesaba la calle, siguiendo una línea recta que lo llevaría a la otra acera, sintió molesto que su línea era interseccionada por otra línea a lo largo de la cual se desplazaba un automóvil. Llevado al hospital, don Fulano de Tal llegó allí sin vida».

Desahóguese el lector, y diga lo que piensa de toda esta comedia de engaños que va siendo nuestra vida.

Los cohetes de lágrimas

Por medio de los periódicos, que minuciosamente me van manteniendo informado de lo que acontece en el país y en el mundo (son tales y tantas las informaciones con que me sumergen todos los días que apenas me llega el tiempo para leerlos), he sabido que Portugal conquistó, en lucha enconadísima, el preciado título de campeón del mundo de fuegos de artificio. Sentí en los ojos la conmoción emocionada, el saludable orgullo patriótico. Me di cuenta de que, pese a los desengaños, a las esperanzas frustradas, aún ardían en mí, como flamas votivas en el ara sagrada, insospechadas llamaradas de amor a la cuna natal. Claro que quedé muy contento, por eso pensé de inmediato que tenía que hacer partícipes a todos de mi alegría y que éste sería el estilo adecuado. Cosa que, de entrada, mi lector entendió.

Pues es verdad: somos campeones. Ser campeón significa, como todo el mundo sabe, ser el mejor en una especialidad determinada, en confrontación con el resto de la gente que a ella se dedique. Por ejemplo, no sería grande mi sorpresa si mañana me enterase de que somos campeones del mundo en emigración. Por otra parte, si lo somos ya, como mucho me temo, no comprendo por qué no sacamos de este título las naturales satisfacciones, como son el aplauso y el reconocimiento internacionales por nuestra firme contribución a la prosperidad de los pueblos. Si aún no lo somos, lo único que haré será recomendar que se hagan todos los esfuerzos para conseguirlo, ahora que hemos conquistado el título mundial de coheteros y perdimos por un pelo el de belleza, conforme fui también informado, con igual minucia, por nuestros periódicos.

Pero volvamos al primer punto. Para que no vengan luego a acusarnos de ambición desenfrenada, diré que por ahora debería bastarnos el luminoso título de campeones de cohetería y fuegos de artificio conquistado a costa de mucha pólvora, de bastantes docenas de junquillos y de todos esos ingredientes químicos que arden, estallan, echan chispas, atruenan y humean para deleite de los ojos y regalo de los tímpanos.

Por otra parte, ¿qué más podríamos ambicionar? ¿Ver al mundo entero con la boca abierta, fascinado, con los ojos muy atentos cara al cielo, pasmado ante nuestras artes —no es gloria eso? ¿Tener al mundo rendido al son redondo y colmado de nuestras bombas de palenque, capaces de atronar entre dos sierras como un cañón —no es caso para mostrarse legítimamente vanidoso? ¿Y los correpiernas, esos cohetillos locos, esas polvorillas sin aspiraciones que en vez de subir corren por el suelo con la humildad conveniente? ¿Y las fuentes luminosas que atizadas en su momento justo se despanzurran en brotes ígneos de todos los colores, dejando al fin aquel olorcillo a pólvora quemada y aquel humillo vago? Pues somos, óiganlo bien, los más competentes, los más imaginativos, los creadores, los inventores por excelencia, de todo eso.

Pese a todo, me atormenta una grave sospecha que vengo apresuradamente a desahogar ante el lector. Es la de que, en esta panoplia de fuegos exhibidos ante el jurado, haya faltado, por omisión casual o voluntario escamoteo, nuestra pieza maestra, la gran realización de nuestra pirotecnia: el cohete de lágrimas. Y lo que me hace sospechar esto es precisamente la circunstancia de que hasta ahora, que yo sepa, no nos haya sido concedido el título. Me explicaré: el pueblo que inventa el cohete de lágrimas ha alcanzado tal capacidad de expresar lo que siente que, si ya es campeón del mundo en eso, de nada le servirán los títulos efímeros que apenas duran el tiempo de un suspiro, así que ha de exigir mucho más. Ha de pedir el título de campeón vitalicio, de campeón jefe, de campeón para siempre jamás.

Por eso, encuentro que, una vez más, hemos sido víctimas de una injusticia grave. Dentro de un año, otro será el vencedor, que en esto de los campeonatos la buena táctica exige que se vayan relevando los campeones, mientras nosotros, que inventamos el cohete de lágrimas y no lo exhibimos, quedaremos modestamente en tercer lugar, que es a lo que llegamos en belleza. Avergonzados, nos quedaremos en casa, donde nos conocemos los unos a los otros, lanzando cohete tras cohete, todos de lágrimas, ya que las razones de llanto no acaban nunca, y nosotros somos sensibles como cristales.

Fácil es tomarse todo esto a broma. Lo peor es que, hasta quien tiene la lágrima fácil y el suspiro disponible, puede también estar sufriendo tanto, en la carne y en el espíritu, en la sensibilidad y en la inteligencia, que se le estén formando ahora en los ojos dos lágrimas pesadas y ardientes que condensen un mundo de sufrimiento, de frustración, de humillación, de energía pisoteada.

Fácil es jugar con cohetes cuando las lágrimas son de los otros. De todos nosotros.

El mejor amigo del hombre

Es el perro. Así me lo dijeron en los tiempos de la vieja enseñanza primaria oficial, con clases por la mañana y fiesta los jueves. (Había poco que enseñar en esas prehistóricas eras: el pacífico análisis gramatical, los buenos ejemplos de la Historia Patria y todo aquel lío de quebrados y decimales).

El maestro, Vairinho de nombre, era un hombre alto, calvo, todo lo grave que era preciso para acentuar la respetabilidad de su posición de director, pero aun así, nuestro amigo y no muy severo en esto de la disciplina. Con todo, ponía gran empeño en la formación moral y el perro era su gran tema.

Una vez por semana, al menos, había conferencia sentimental, famosas proezas de la gente canina: perros abandonados que regresaban a casa después de superar centenares de kilómetros, otros que se lanzaban al agua para salvar chiquillos de quienes habían recibido malos tratos —«devolved bien por mal». En fin, cosas de 1930.

No sirvieron de mucho las lecciones del maestro. Los perros que conocí de cerca siempre mostraron una especie de vengativa animadversión hacia mi tímida persona. O bien olfateaban al miedo, o bien les ofendía la osadía con que intentaba disfrazarlo —siempre hubo entre los perros y yo, si no una guerra abierta, un estado de paz sin confianzas.

Recuerdo siempre con encono, por ejemplo, a aquel pastor canelo que venía al trote, arrastrando la cadena rota, por el callejón estrecho y sin resguardo por donde paseaba yo mi distracción y mi confianza. Probablemente hice algún ademán sospechoso —«el perro sólo ataca si se le provoca o si cree que el amo o sus propiedades están en peligro»— o mostré miedo —«nunca se debe huir de un perro: es un animal noble, que no ataca por la espalda». Lo cierto es que, al pasar, sin provocación alguna por mi parte, el pastor me pegó una dentellada en el tobillo y siguió luego su camino, moviendo el rabo alegremente.

Este caso me sirvió de aviso, que no hay mejor maestro que la experiencia.

Años más tarde, andaba yo —siempre confiado y distraído— vagando por el campo, allá en las tierras ribereñas donde nací, cuando, de repente, me di de narices con un perro. Era un lebrel de mala fama que no consentía perro ni gato en su feudo y que les partía el espinazo si podía —quizá no había oído nunca las lecciones del maestro Vairinho.

Quiso el azar que yo llevara una caña larga y fuerte. Cuando el bicho se me plantó delante, tendí la caña con la punta a un palmo de su hocico y allí quedamos, durante media hora quizá, el dragón corcoveando al acecho, fintando y gruñendo, y fingiendo indiferencia para volver a la carga de inmediato, y yo sudando de miedo, con un nudo en la garganta, lejos de cualquier socorro, abandonado al negro destino.

Escapé. A las tantas, el bicho se cansó de aquella lucha sin provecho ni gloria. Después de mirarme de lejos, con atención y minucia, dedujo que tal vez yo no merecía sus cóleras. Dio media vuelta y desapareció con un trotecillo corto y desdeñoso, sin mirar atrás. Yo me fui alejando lentamente, sin volver la cara, temblando aún, hasta que llegué a casa de mi tía Elvira, quien, oyente benévola aunque escéptica, no creyó la historia. (Era tal la fama de aquel condenado que haberlo vencido con una caña le parecía a todo el mundo una trola descarada).

Desde entonces dejé de creer en la bondad de los perros, si es que alguna vez creí tal cosa. Perdono al maestro Vairinho las ilusiones que quiso infundir en nosotros: lo hacía con buena intención. Pero me gustaría saber qué lecciones serían las suyas hoy si viese a sus amados ejemplos tan bien tratados, de pelo reluciente, pata fuerte y diente afilado, con una profunda ciencia de la anatomía humana y de los modos adecuados y más eficientes de dañarla. Mi querido maestro, de tan buen recuerdo para mí, que tanto gustaba de explicar los complementos-circunstanciales-de-lugar-donde sin saber en qué trabajos nos metía.

Historia para niños

«Si no he escrito el libro definitivo que va a convertir al fin la literatura portuguesa en algo serio, sólo ha sido porque no he tenido tiempo». Esto es lo que me dice mi amigo Ricardo, y lo dice con tanta convicción que muy escéptico sería yo si no lo creyera. Ahora bien, en el pequeño círculo de mis lectores es sabido que soy más bien hombre que se deja convencer por la fuerza de las certezas ajenas. ¿Cómo iba a dudar, si esos hombres lo aseguran, tanto y tan frontalmente, con los ojos mirando de hito en hito y la mano firme? Digo «sí, señor», si la intimidad no da para más y, si da, como es el caso de mi amigo Ricardo, me encuentro tan elocuente que construyo una frase de ocho palabras: «Pues mira eso, a ver qué te parece».

Por otra parte, para ser realmente sincero, sé incluso de dónde me viene esa universal comprensión que en particular cree en la obra definitiva de Ricardo. Conocemos siempre mucho más de los otros cuando ya pasaron por la puerta de la calle ilusiones parecidas. Recordamos que estuvimos sentados en el umbral, viendo pasar a la gente, y viendo cómo llegaba una idea a nuestro lado, pero sabíamos, por razones que no engañan, que aquello no era para nosotros; y luego, quién sabe, o vacilamos, o la idea pierde las piernas, y seguimos sentados, escupiendo la saliva de nuestra decepción e inventando la disculpa que nos daremos más tarde a nosotros mismos. Conmigo, el caso no fue tan grave, pero pensé un día que podría escribir la más bella historia para niños, una historia muy sencilla, con la correspondiente moraleja para provecho de generaciones nuevas, que, sin duda, no llegarían a ser realmente adultas si no extrajeran su zumo.

En contra de lo que pudiera pensarse, no voy a escribir hoy esa historia. Me limito a contarla, a decir lo que en ella ocurriría, cosa que, no lo olvidemos, no es lo mismo. Escribir es obra de otra perfección, es hacer aquello que dice mi amigo Ricardo —y de ahí, como ya he dicho, saqué yo el sentido, también por falta de tiempo. Pero vamos al cuento.

En la historia que yo escribiría habría una aldea. No teman, sin embargo, quienes fuera de las ciudades no conciben historias, ni siquiera infantiles: mi héroe niño tiene sus aventuras aplazadas fuera de la tierra sosegada donde viven sus padres, supongo que una hermana, tal vez lo que quede de abuelos, y una confusa parentela de la que ya no hay noticia. Luego, en la primera página, sale el niño por el fondo del huerto y, de árbol en árbol, como un jilguero, baja hasta el río y luego por él abajo, en aquel brincar alegre y vago que el tiempo amplio, largo y profundo, nos permitió a todos en la infancia. En un momento determinado, el niño llega al límite de las tierras hasta donde se aventura solo. Desde allí en adelante empieza el planeta Marte, efecto literario del que no cabe a él responsabilidad, pero que el autor se toma libremente para componer la frase. Desde allí en adelante, para nuestro chiquillo, será sólo una pregunta sin literatura: «¿Voy, o no voy?». Y fue.

El río trazaba un desvío grande, se alejaba, y del río él estaba ya un poco harto porque llevaba viéndolo desde que nació. Resolvió, pues, atajar por los campos, entre extensos olivares, bordeando misteriosos setos cubiertos de campanillas blancas; y, otras veces, metiéndose por el bosque de fresnos altos donde había claros apacibles sin rastro de gente o animales, en los que reinaba un silencio que se oía, un calor vegetal, un olor a tallo recién sangrado como una vena blanca y verde. ¡Oh, qué feliz iba el niño! Anduvo, anduvo... iban los árboles espaciándose cada vez más, y ahora había un erial de matorrales secos y ralos y, en medio, una insólita colina redonda como una olla boca abajo.

Decidió el chiquillo tirar cuesta arriba, y cuando llegó a lo alto, ¿qué vio? Nada especial, ni palacios encantados ni las tablas del destino, sólo una flor. Pero tan caída, tan marchita, que el niño se acercó, muy cansado. Y, como era un niño de cuento, decidió que tenía que salvar la flor. Pero ¿dónde está el agua? Allí, en lo alto, ni gota. Abajo, sólo el río, y éste muy lejos. Es igual. Baja el niño la montaña, atraviesa el mundo entero, llega al gran río Nilo; en el hueco de la mano en cuenco, recoge cuanta agua allí le cabe; vuelve a atravesar el mundo, se arrastra por la pendiente... Tres gotas allá a lo alto llegaron: las bebió la flor sedienta. Veinte veces de aquí para allá, cien mil viajes a la luna, la sangre en los pies descalzos; pero la flor, erguida ya, daba su aroma al aire y, como si fuera un roble, presta su sombra al suelo.

El niño se quedó dormido bajo la flor. Pasaron las horas y los padres, como es costumbre en estos casos, empezaron a afligirse mucho. Salió toda la familia y, con ella, los vecinos en busca del niño perdido. Pero no lo hallaron. Ya en lágrimas tantas, lo recorrieron todo; y cuando caía el sol, alzaron los ojos y vieron a lo lejos una flor enorme cuya presencia nadie recordaba. Hacia allá fueron todos a la carrera, subieron la colina y dieron con el niño dormido. Sobre él, resguardándolo del frescor de la tarde, había un gran pétalo perfumado con todos los colores del arcoíris.

Llevaron el niño a casa, rodeado de respeto y admiración, como si de una obra de milagro se tratara. Cuando, luego, pasaba por las calles, la gente decía que había salido de la aldea para ir a hacer algo grande, mucho mayor que su tamaño y que todos los tamaños. Y ésta es la moraleja de la historia.

Las tierras

Como un ser vivo, las ciudades crecen a costa de lo que las rodea. El gran alimento de las ciudades es la tierra, que, tomada en su inmediato sentido de superficie limitada, adquiere el nombre de terreno, en el que, realizada esta operación lingüística, ya es posible construir. Y cuando nosotros vamos allí a comprar el periódico, el terreno desaparece, surgiendo en su lugar el inmueble.

Hubo un tiempo en el que las ciudades crecían lentamente. Cualquier casa de la periferia tenía tiempo para perder la flor de la novedad antes de que otra viniera a hacerle compañía. Las calles daban directamente al campo abierto, al baldío, a los huertos abandonados, donde pastaban auténticos rebaños de ovejas guardados por auténticos pastores. Ese país diferente, salpicado de olivos enanos, de higueras agachadas, de toscos muros en ruina y, de vez en cuando, con portalones solitarios abiertos al vacío, eran las tierras.

Las tierras no se cultivaban. Hacían, inertes, sus despedidas de la fertilidad, soportaban aquella pausa intermedia entre la muerte y la inhumación. Su gran vegetación, su gran triunfo floral, era el cardo. Si le daban tiempo, el cardo cubría el paisaje de un verde ceniciento. Desde los pisos más altos de las casas, la vista era melancólica, uniforme, como si en todo aquello hubiera una gran injusticia y un remordimiento vago.

Pero las tierras eran también el paraíso de los niños suburbanos, el lugar de la acción por excelencia. Allí se hacían descubrimientos e invenciones y se trazaban planes, allí la humanidad de calzón corto se dividía ya imitando a los adultos. Había chiquillos imaginativos que daban nombres a los accidentes topográficos y otros, más sentimentales, se quedaban tristes cuando, un día, hombres callados, toscos, empezaban a abrir zanjas en el lugar donde había ardido la hoguera ritual del grupo, hoguera a cuyo alrededor se disponían, en grave deliberación, rostros atentos y rodillas desolladas. Los grupos tenían jefes autoritarios, algunos pequeños tiranos que, un día, inexplicablemente, eran destituidos, marginados, e iban a probar suerte a otros grupos donde nunca echaban raíces. Pero la gran desgracia se daba cuando un chiquillo cambiaba de barrio. El grupo se cicatrizaba deprisa; así, el muchacho, con el alma pesada, andaba kilómetros para volver a ver a sus amigos, para volver a los lugares felices, pero cada vez era más difícil reconstituir la antigua comunión, hasta que venían la indiferencia y la hostilidad y el chiquillo desaparecía definitivamente, tal vez ayudado por otras amistades y nuevas tierras.

Hoy, la ciudad crece tan rápidamente que deja atrás, sin remedio, las infancias. Cuando el niño se prepara para descubrir las tierras del arrabal, éstas se encuentran ya lejos y es una ciudad entera la que se interpone, áspera y amenazadora. Los paraísos se van alejando cada vez más. Adiós, fraternidad. Cada uno para sí.

Pero es destino de los hombres, por lo visto, contrariar las fuerzas dispersivas que ellos mismos ponen en movimiento o que dentro de ellos se insurgen. Entonces se descubre que esas tierras están en el interior de la ciudad, que todos los descubrimientos e invenciones son otra vez posibles, que la fraternidad renace y que los hombres, hijos de los niños que han sido, reinician el aprendizaje de los nombres de las personas y de los lugares y otra vez se sientan alrededor de la hoguera, hablando del futuro y de lo que a todos nos importa, para que ninguno de ellos muera en vano.

¿A dónde dan los portalones?

Esta penosa y larga vida de los hombres (setecientos mil años, amigos míos) ha llenado la tierra de ruinas y de promesas de ruinas. La conciencia de lo que la incuria y el desprecio perdieron nos hace andar ahora rondando celosamente los viejos palacios y castillos, atentos al restallido del estuco o a una piedra hendida. Y construimos grandes edificios que llenamos de pinturas para deleite de visitantes, bajo la mirada ausente de los guardianes y la fiscalización de los termorreguladores. Constantemente nos vemos invitados a recordar las vidas de cuantos por aquí pasaron antes de que lo hiciéramos nosotros, no sé si con la esperanza de que la revivamos o para nuestra derrotada confirmación.

Confieso que soy gran consumidor de museos, catedrales, puentes romanos, «conímbrigas» y ruinas en general. Tengo una considerable inclinación a la arqueología comparada, a la historia antigua y a la excavación, y sufro una curiosidad, sin duda enfermiza, por saber cómo decía Sócrates «buenos días» en las plazas de Atenas, o cómo se sonaba Fernão Lopes, o cómo mi décimo abuelo cortejaba a mi décima abuela. Y no se trata de prosapias genealógicas, ¡ay de mí!, ya que a partir de la tercera rama tronco y raíz se suman en una tiniebla de inicios del mundo.

Ni todas las obras del hombre fueron a parar a los museos, ni todas fueron inventariadas, ni todas tienen guardias en la puerta. Algunas están enterradas; otras siguen a la luz del día, pero se les hace tan poco caso que es como si formasen parte de un paisaje ya indiferente y ciego. Pero yo, que para tantas otras cosas tengo fama y provecho de distraído, que no miro las cosas, sino que más bien soy mirado por ellas, caigo a veces en meditaciones que me colocan a un palmo de la magia negra.

Éste es el caso de los portalones. De viaje, cuando atravesamos los campos en automóvil, no es raro ver cómo se alejan unos portalones enigmáticos en tierras medio abandonadas o ya del todo baldías. Allí el camino se oculta tras la hierba, los arbustos locos o los detritos vegetales que el viento arrastra. No sabemos siquiera si los batientes se abren hacia aquí o hacia allá, y muchas veces esas grandes puertas no se prolongan en muros o alambres, cobrando todo esto un aire misterioso de tierra embrujada. Pero es peor aún si los portalones han desaparecido, quedando tras ellos tan sólo dos pilares gemelos, vuelto el uno hacia el otro, como quien pregunta si ya no hay nada más que esperar.

No me acuse el lector de oscurantista. Tengo una fe ciega en el futuro, y hacia él se extienden mis manos. Pero el pasado está lleno de voces que no callan y al otro lado de mi sombra aparece una multitud infinita de sombras que la justifican. Por eso me inquietan esos viejos portalones, por eso me intimidan los pilares abandonados. Cuando voy a atravesar el espacio que ellos guardan, no sé qué fuerza rápida me detiene. Pienso en la gente que por allí pasó viva y es como si resonara en la atmósfera su respiración, como si se arrastraran los suspiros y sus fatigas hasta morir sobre el umbral apagado. Pienso en todo esto y crece en mí un gran sentimiento de humildad. No sé bien por qué, pero se trata de una responsabilidad que me aplasta.

Si el lector no lo cree, haga la experiencia. Tiene ahí dos jambas carcomidas, de goznes roídos por la herrumbre, cubiertas de líquenes. Pase ahora entre ellas. ¿No ha sentido que sus hombros rozaron otros hombros? ¿No ha reparado en que unos dedos invisibles apretaron los suyos? ¿No ha visto ese amplio mar de rostros que llena la tierra de humanidad? ¿Y el silencio? ¿Y el silencio hacia donde se abren los portalones?

Moby Dick en Lisboa

¿Se acuerdan? Moby Dick es aquella gigantesca ballena blanca que el capitán Acab persigue en las páginas de la novela de Herman Melville. Es, dicen los exégetas autorizados de la obra, una encarnación del mal sobre la que se obstina, sordo a consejos y razones, el odio de Acab. A lo largo de centenares de páginas, acabamos por saberlo todo sobre la caza de la ballena en el siglo XIX y sobre cómo se hace una obra maestra literaria. *Moby Dick*, ahora título de libro, es, probablemente, la mayor novela de toda la literatura norteamericana.

Pues Moby Dick ha venido a Lisboa. Llegó del vasto Atlántico, apareció en alta mar, una mañana de niebla, enferma, herida de muerte, tal vez perdida entre corrientes encontradas. Volvió hacia la ciudad sus ojos fríos y redondos, y su pequeño cerebro registró de manera difusa la ondulación de las colinas, que tomó por enormes olas cargadas de corales sueltos. Temió el gran temporal y quiso volver atrás, pero la marea, plena, la empujaba hacia dentro del estuario. Los delfines rodeaban la gran masa medio muerta que iba y venía al azar del balanceo lento de la cola. Empezaba el funeral del gigante.

Por la orilla del río, los coches acompañaban el lento avance de la ballena. Los prismáticos apuntaban hacia ella, muchos de ellos habituados sólo a enfocar a las coristas del parque Mayer o a las prima donnas del teatro de San Carlos. Los pescadores de caña miraban avergonzados aquella especie de isla flotante que jadeaba de vez en cuando. Todo el río era pasmo y asombro. Sólo las gaviotas, que clasifican cuanto flota en dos grandes categorías, lo que se come y lo que no se come, evaluaban, ávidas, en su vuelo incansable, la calidad del manjar, y proclamaban a los cuatro vientos el advenimiento de una era de abundancia.

Moby Dick iba perdiendo fuerzas. Las corrientes la desviaban hacia la orilla, hacia la ignominia de una varada definitiva en las aguas bajas, contaminadas por los detritos de un millón de seres humanos. Si la ballena no fuera un animal ciertamente obtuso y sin memoria, vendría ahora a la red del estilo el recuerdo de los grandes y abiertos mares por donde navegó en los tiempos de su robustez. Pero el cuerpo medio hundido se disgregaba y la piel estallaba y se embebía de agua, al tiempo que sus ojos turbios apenas distinguían los barquichuelos que agitaba la marea y a los curiosos que dentro de ellos disparaban máquinas fotográficas contra la primera ballena de su vida.

Nadie reparó en el minuto exacto en que murió Moby Dick. Su cuerpo inmenso fue extinguiéndose poco a poco: ahora este lado del dorso, luego aquella aleta, después la cola, el cabezón informe, hasta que una célula remota, perdida entre los grandes arcos de las costillas, se disolvió en la masa fétida que lo invadía todo. Los curiosos se alejaron apretándose las narices, los barqueros hicieron balance del negocio inesperado, pero breve, y la ballena se quedó sola, inmóvil, mientras las aguas del río se agitaban a su alrededor, y los peces, por debajo, atacaban su cuerpo liso y vulnerable.

La ciudad, esa noche, tuvo tema de conversación. Los periódicos, al día siguiente, anunciaron que la ballena sería quemada. No fue así. La remolcaron hasta alta mar y la trocearon. Había vivido su tiempo y acabó de triste manera, degradada, como un simple erizo que la resaca arrastra hasta la playa.

Y yo pregunto: «¿Qué extraño caso o presagio trajo aquí, de tan lejos, a este animal? ¿Por qué vino Moby Dick, entre dos náuseas, a morir a Lisboa? ¿Quién me dirá por qué?».

La guerra del 104 y del 65

El primer día no le di importancia. Recibí los papeles, los leí escrupulosamente con esta ingenuidad mía, incomparable y que a todo resiste, y veinte metros más allá, como hombre de civismo consecuente, los deposité en el receptáculo de la basura. Pasada una semana me los sabía de coro y empezaba a sentirme ridículo: al parecer, mi primer trabajo de la mañana consistía en recibir dos papeles de colores diferentes de manos de dos hombres simultáneamente obsequiosos y malcarados, llevarlos (los papeles) durante veinte metros, y tirarlos al contenedor. Para alguien como yo, ocupado siempre en grandes planes y elevados pensamientos, hay que convenir que la situación resultaba vejatoria.

Creí, con todo, que se trataría de una simple escaramuza, un rápido cuerpo a cuerpo de frontera y que, en breve, tornaría la paz a la calle, las horas volverían a ser dulces, con el juego alternante de luz blanca y sombra azul que el sol maneja durante el correr del día. Creí que después de enseñar los dientes y sacar las uñas, el 104 y el 65 se contentarían con un mutuo y silencioso desprecio, guardando las plagas para el recato del hogar. Pero eso era pedir demasiado, visto el efecto regresivo del tiempo en los sentimientos. Al final, los grandes conflictos humanos han mostrado que aguantan mucho más que las pirámides de Egipto.

El caso es que la guerra se agravó. Los dos hombres dejaron de estar a distancia prudente uno del otro y pasaron a operar frente a frente, cada cual en su esquina de una calle perpendicular, y allí, atracando el camino, imitativamente tendían a los transeúntes inocentes los papelitos de color que en lenguaje mercante pregonaban los méritos absolutos del 104 y del 65. El resultado fue que me pusieron al borde de la neurosis. De lejos, apenas doblo la esquina, lanzo los ojos sobre las cabezas de la gente en busca de mis guerreros —uno alto, canoso y con bigote; el otro bajo, canoso y rasurado— para ver cómo escapo de su agresión. En los días en que me siento timorato, que son casi todos, paso a la otra acera (la detesto, y no sé por qué), avanzando humildemente pegado a las paredes. Otros días hay en que me invaden recuerdos de heroicos antepasados, conquistadores y mareantes, y avanzo entonces sobre los ejércitos del 104 y del 65 con los labios prietos, la mirada firme que los ignora (no he podido llegar aún al desafío) y con las manos pareadas tras la espalda para resistir la intrusión del papel tendido. Pero cuando estoy a salvo, me siento temblar con un miedo retrospectivo.

Pronto hará tres meses que esto dura. La tienda del 104 y la del 65, competidoras y rivales, se disputan la clientela y se odian. La calle, no hay quien no lo sienta, huele a pólvora y a sangre. En los últimos días he notado que al entregar los papeles los hombres dicen rápido algunas palabras. No sé aún de qué se trata, porque ando en marea de timidez y paso al otro lado, pero presumo que estarán diciendo calumnias, insinuando denuncias de mal porte, lanzando acusaciones de subversión, qué sé yo.

Todo esto, lo declaro, resulta demasiado complicado para mí. Que el 104 y el 65 sean enemigos es cosa suya, allá ellos, aunque sospecho que acabarán celebrando paces y alianzas (fusionando las dos firmas, por ejemplo) contra los consumidores, ahora lisonjeados con persuasión y blanduras. Pero, si tal cosa llegara a suceder, aún nos queda un 23 como sustituto. Aunque, visto el rumbo que llevan las cosas, aún vamos a ver cómo los hombres de los papeles cargan con dolores que no son realmente suyos y acaban a palos entre gritos de «viva» y «muera», uno arriba, otro abajo (y son hombres ya de avanzada edad, cansados, jubilados), mientras los dueños del 104 y del 65 cuentan allá dentro sus dineros, sonriendo al mostrador.

El lagarto

De hoy no pasa. Hace ya tiempo que ando pensando en contar una historia de hadas, pero esto de las hadas es ya humo pasado, es cosa en que nadie cree, y por más que jure, seguro que se ríen de mí. A fin de cuentas, será mi palabra contra la burla de un millón de habitantes. Vaya, pues, el barco al agua, que ya arreglaremos el timón.

El cuento va de hadas. No es que aparezcan (no lo afirmo), pero ¿qué historia será, si no, la de este lagarto que ha aparecido en el Chiado? Sí, ha aparecido un lagarto en el Chiado. Grande y verde, un saurio imponente, con unos ojos que parecían de cristal negro, el cuerpo sinuoso cubierto de escamas, el rabo largo y ágil y las patas rápidas. Se quedó parado en medio de la calle, con la boca entreabierta disparando la lengua bífida, mientras la piel blanca y fina del pescuezo latía acompasadamente.

Era un animal soberbio. Un poco alzado, como si fuera a lanzarse en una súbita carrera, se enfrentaba a la gente y a los coches. El susto fue general.

Gente y automóviles, todo se detuvo. Los transeúntes se quedaron mirando desde lejos, y algunos, más nerviosos, se desviaron por calles transversales, despistando, diciéndose a sí mismos, para no confesar su cobardía, que la fatiga —como dicen los médicos— causa alucinaciones.

Claro que la situación resultaba insostenible. Un lagarto parado, una multitud pálida en las aceras, coches abandonados en punto muerto, y, de repente, una vieja suelta un grito. No se necesitó nada más. En un abrir y cerrar de ojos la calle quedó desierta, los tenderos bajaron las persianas y una muchachita que vendía violetas —era tiempo de violetas— soltó el cesto, dispersándose las flores por el suelo de tal modo que formaron un círculo perfecto en torno al lagarto, como una guirnalda. El animal no se movió. Agitaba lentamente la cola y alzaba la cabeza triangular, como olfateando.

Alguien debió de dar cuenta del suceso, porque se oyeron silbatos y fueron cortadas las dos salidas de la calle. Por un lado, los bomberos con todo el material; por el otro, las fuerzas armadas. Había quien decía que el lagarto era venenoso y que las escamas aguantaban los balazos. La vieja seguía gritando, aunque ahora nadie sabía dónde. La atmósfera se iba cargando de pánico. Por el cielo pasó una escuadrilla de aviones de combate en observación, y por el lado del Rossio empezó a oírse el rechinar característico del avance de los tanques. El lagarto dio unos pasos, rompiendo la guirnalda de violetas. La vieja fue llevada con urgencia al hospital.

La historia está casi acabándose. Llegamos precisamente al punto en el que intervienen las hadas, aunque por manifestación indirecta. Reunidas todas las fuerzas disponibles, se dio la señal de avance. Charreteras por un lado, bayonetas por el otro, los tanques roncando en la cuesta... Desde los balcones, la gente, a salvo, lanzaba consejos y opiniones. Todos contra el lagarto. Y el lagarto, de repente —por intercesión de las hadas, no se olvide—, se transformó en una rosa carmesí, color de sangre, posada sobre el asfalto negro, como una herida en la ciudad. Desconfiados, los atacantes vacilaron. La rosa crecía, abría sus pétalos, lavaba con su aroma las fachadas desconchadas de las casas. La vieja, en el hospital, preguntaba: «¿Qué pasa?». Entonces la rosa se movió rápidamente, se tornó blanca, los pétalos se convirtieron en plumas y alas y alzó el vuelo hacia el cielo azul.

Y como una historia así solamente se puede acabar en verso:

Callados, muchos recuerdan,
en la prosa de sus casas,
al lagarto que fue rosa.
Aquella rosa con alas.

¿Hay quizá alguien que no lo crea? Si ya lo decía yo: esto de las hadas ya no es lo que era.

En el patio, un jardín de rosas

Al caer la tarde (singular expresión ésta, que hace de la luz o de su desmayo, «al caer la noche», algo pesado y denso que desciende agresivamente sobre la tierra), después del día de trabajo, si el tiempo está tibio y el cansancio no me pide el rápido refugio en casa, donde, en general, otro trabajo me espera, me gusta callejear por la ciudad, distraído para quienes me conocen, agudamente atento para todo lo desconocido, como si buscase decididamente otro mundo. Puedo entonces detenerme ante un escaparate donde no hay nada que me interese, ser un microscopio que apunta a las personas, radiografiar rostros más allá de los propios huesos, penetrar en la ciudad como si me hundiera en un fluido resistente, sintiendo sus asperezas y sus blanduras. Es entonces cuando hago mis grandes descubrimientos: un poco de fatiga, un poco de desencanto, son, contra lo que podría pensarse, los ingredientes óptimos para la captación más viva de lo que me rodea.

Fue en un día de éstos, bajando por una calle estrecha donde fluye el tráfico a chorros, dejando en los intervalos una paz casi rural, cuando descubrí la ruina (ya la había visto antes, pero nunca la había descubierto, es decir, nunca había descubierto lo que encubría). Más allá del murete bajo, de las rejas y del portalón herrumbroso, vi el patio invadido por los hierbajos y la basura. Al fondo, una casa de dos pisos volviendo hacia la calle una fachada desollada, toda ella hendida, con placas de esclerosis, manchones amplios causados por la caída del revoque. Los cristales están casi todos rotos, y de allá dentro sale una oscuridad que desde la calle me parece impenetrable, pero por la que, sin duda, se deslizan animales hambrientos: ratas a las que aquel abandono protege, grandes arañas trémulas sobre sus largas patas, quién sabe si también hediondos dragoncillos, tristes y palpitantes.

Estoy así, con una media sonrisa reprimida, imaginando desde la acera a los desagradables habitantes de la casa, muy a salvo, como si me dispusiera a fantasear habitantes de otros planetas, cuando los ojos se me desvían hacia la izquierda e inmediatamente lo olvido todo. En la medianera de la casa de al lado, a la altura de los ojos, una frase escrita con letras rojas, mayúsculas, planta de pronto un jardín de rosas: LENA AMA A RUI. Tan insólita es la presencia de tal declaración en este lugar que preciso leerla por segunda vez para asegurarme: «Lena ama a Rui». E, incluso así, me costó aceptar la evidencia. Normalmente, estas paredes abandonadas se llenan de pintadas insolentes, muchas veces obscenas, pero allí había sólo una declaración de amor lanzada contra la alienación de la ciudad. Y no se trataba de garabatos escritos a toda prisa, ante el temor de una interrupción, de la burla, del ridículo que siempre amenaza a quien en público se expone. Muy al contrario, las letras, grandes, habían sido cuidadosamente dibujadas y, desde donde yo podía verlas, se advertía claramente que habían usado pintura espesa, como quien pintara otra capilla Sixtina para la eternidad.

Un torrente de tráfico avanzó calle abajo. Me dejé llevar con este paso mío de sonámbulo, firme y largo, y mientras bajaba por la calle se me ocurrió la inevitable pregunta: ¿quién había escrito aquellas palabras? La cuestión resultará insignificante para mucha gente, pero no para mí, que tengo por oficio y vocación negar precisamente la insignificancia.

Lo más seguro, creo yo, es que haya sido un muchacho. Acababa de declararse, ella le respondió que sí, y entonces, exaltado y nervioso, sintió la necesidad irreprimible de comunicárselo a toda la ciudad. Eso debió de ser lo que ocurrió; además, estas cosas suelen hacerlas los hombres.

Pero vamos a suponer que fue una muchacha. En este caso todo cambia de sentido: ya no es el orgullo teñido de fatuidad que caracteriza casi siempre las explosiones sentimentales de los hombres, sino algo más grave, un compromiso mayor. La muchacha no se limitará a registrar en la pared que alguien la ama: es, como saben serlo las mujeres, desafiadora, y entonces, consciente de lo que dice ante el mundo entero, consciente de cuánto arriesga, de cuánto podrá costarle su valor, pregona, en mayúsculas rojas, su proclama.

Voy andando y pensando, y no encuentro respuesta para mi pregunta. ¿Fue Rui? ¿Fue Lena? Prefiero creer que fue ella. Me gusta esta chica que no conozco, deseo que sea feliz, que sepa siempre lo que quiere, incluso cuando a lo largo de la vida vaya pidiendo cosas diferentes. Y pienso que la chica es ésa que va por la otra acera, una chica común, ágil y lozana, que avanza decidida por este mundo que es la calle estrecha por donde irrumpe ciego el tráfico. Allá va, en un mañana próximo, la mujer que plantó, con un bote de pintura, rosas en un patio abandonado.

El habla-solo

Hoy, pese al cielo abierto y el sol cálido, no estoy para fiestas. Hay días así. Y un hombre no tiene ninguna obligación de mostrar aquí sonrisas de bienvenida cuando sabe que nadie va a llegar. Es mejor aceptar (o asumir, como es inteligente decir ahora) las buenas y malas horas del espíritu, porque tras unas vienen otras, nada es seguro, etc. De esta fatalidad podría incluso sacar materia para un artículo si, precisamente ahora, no hubiera pasado por mi memoria un hombre andrajoso que conocí, algo corto de entendimiento, que se pasaba los días paseando por la calle Mayor del pueblo, arriba y abajo. Le llamaban, evidentemente, el Bobo. Era una especie de loco fácil para los adultos y de bestia sufridora para los chiquillos. Las cosas son así y, en el fondo, no hay que llevarlas a mal, porque si Tonho muriese, todos se llevarían un disgusto enorme, claro.

De las malicias del tonto no hablo: eran muchas, y no todas para ponerlas por escrito. Pero honestísimas amas de casa rompían a gritar desaforadamente y echaban a empujones al tal Tonho de los patios y huertos en donde entraba, silencioso y ágil como una gineta. Adelante. Lo que me impresionaba entonces, recuerdo hoy, era aquella manía de Tonho que lo llevaba a pasarse el día hablando, unas veces en voz alta, contra las puertas, parecía que conversaba con los prudentes habitantes que tras de ellas se ocultaban; otras, en extraños murmullos con el rostro apoyado en un árbol, y otras, suspirando mientras el agua de los caños se le iba escurriendo por las manos en concha. Aparte de otros nombres, apellidos y apodos, Tonho era El-que-habla-solo.

Pasaron los años pródigamente y yo crecí. Tonho envejeció y murió, y yo no morí, pero me fui haciendo viejo. Estas cosas son así, y en el fondo nadie se las toma a mal, la culpa es del tiempo que pasa... Cuando me muera, también la gente va a ponerse muy triste, naturalmente.

Cuando hube crecido, supe que también al poeta se le llama El-que-habla-solo, porque se creía que la poesía es una forma de locura no siempre mansa y porque algunos abusaban del privilegio de hablar alto con la luna o de lanzarse a soliloquios hasta cuando estaban en compañía. Bien sé que todo esto venía de una noción incurablemente romántica de lo que es el poeta y la poesía. Pero a la gente, si bien se mira, le gustan los locos, y cuando no los tienen, los inventan.

En un mundo organizado de este modo, todos tenían su lugar: locos, poetas y sanos de espíritu, y todos se mostraban muy celosos de sus derechos y obligaciones. Nadie se mezclaba. Pero, sin duda, tampoco era así exactamente, porque había sanos de espíritu que se pasaban a locos o a poetas y que empezaban a hablar solos, perdidos ya para la sociedad de la gente normal. Un hilo muy fino es la frontera, y se desgasta, se rompe... y ya es otro mundo.

Me refiero a que también estas crónicas son «decires» de un habla-solo. Que esta continuada comunicación tiene algo de insensato porque es una voz ciega lanzada a un espacio y a un tiempo inmensos donde otras voces monologan y todo queda sofocado por el silencio espeso y blando que nos rodea y que hace de cada uno de nosotros una isla de angustia. Y esto es tan cierto que el lector va a interrumpir aquí mismo la lectura, deja caer el libro, levanta vagamente la mirada y pronuncia las palabras de su dolor y de su alegría; las dice en voz alta, a ver si las oye el mundo y si, por la magia del conjuro involuntario, empieza por fin a comprenderlo. A ti, lector, a quien nadie comprende y a quien nadie ayuda.

De modo que habla-solos somos todos: los locos, que fueron los que empezaron; los poetas, por gusto e imitación, y los otros, todos los otros, a causa de esta común soledad que ninguna palabra puede remediar y que tantas veces las palabras agravan.

Juegan blancas y ganan

En una novela que, probablemente, ya no lee nadie, *El Diablo Cojuelo*, de Vélez de Guevara, imagina el autor un diablo paticojo con artes de levantar tejados para poner al descubierto el comportamiento de los habitantes de la ciudad donde la historia pasa. Asistimos a algunas escenas edificantes y a otras que lo son mucho menos, pero todas sirven de pretexto para aquellas moralejas literarias de las que era pródigo el siglo XVII español. Los exigentes paladares de nuestra época encontrarían insípida la lectura, sin ninguno de esos platos fuertes que tiene derecho a esperar quien se disponga a levantar tejados o a abrir puertas de sopetón. En esta materia, el bueno de Vélez de Guevara es de una discreción absoluta.

Reminiscencia trae reminiscencia. Me veo ahora en el tiempo en que frecuentaba con constancia el gallinero del teatro de San Carlos, aquella increíble altura esquinada y retorcida donde se amontonaban los espectadores de escasos recursos. Por no sé qué diabólico castigo, ninguno de nosotros, fuera de los de la primera fila, podía ver el escenario entero. Si los actores se desplazaban hacia el lado oculto era como si hubieran pasado a la otra cara de la Luna. Oíamos sus voces, pero teníamos que esperar pacientemente a que los azares de la acción los llevaran de nuevo al mínimo espacio que resultaba visible.

Responsable de un juego de pescuezo que trituraba nuestros músculos era también la corona real de talla dorada que remataba el cascarón presidencial. Con todo, y a decir verdad, lo que veíamos no era exactamente la corona, que reservaba sus esplendores para el público privilegiado de la platea y los palcos. Nosotros, pobres, nos contentábamos con el reverso de ella, y éste no era precisamente muy agradable: algunos tablones mal lijados, sujetos con clavos torcidos, mucho polvo y telarañas. En fin, cuanto bastaba para citar a Salomón: «Vanidad de vanidades y todo vanidad», a Camões: «La gloria de mandar, ¡oh, vano anhelo!», o el *Cancionero popular:* «Por encima todo encajes; / debajo, ni faldas lleva».

El lector atento habrá comprendido ya a dónde quiero llegar con esta prosa: por debajo o por detrás de lo que se ve, siempre hay cosas que conviene no ignorar y que, una vez conocidas, proporcionan el único saber verdadero. Un tejido es una máscara, y el punto de vista del gallinero ayuda a ver mejor la corona.

Y ahora, ¿por qué eso de «juegan blancas y ganan»? Parecerá otra historia pero es la misma, que continúa. Estaba yo el otro día cenando en un *snack* tan deprimente que sólo podría inventarlo un dispéptico. Tenía, como acostumbro cuando estoy solo, el diario ante los ojos. Fui leyendo las noticias, todas pésimas para la digestión, y cuando ya el periódico no tenía más que dar, me instalé en la sección de pasatiempos, en un juego de damas, todo diagramas y cifras que los iniciados conocen pero que yo, aunque no completamente ignorante del juego, ya he renunciado a entender. Había varios problemas a disposición del lector y, debajo de cada uno de ellos, la cabalística frase que da título a esta crónica.

Me quedé mirando hipnotizado, sintiendo la comezón cerebral que anuncia los grandes descubrimientos. Allí parecía estar un tejado por levantar, una corona para verla por detrás. ¿Por qué unos simples e inocentes problemas de juego de damas me causaban tales impaciencias de inventor? De repente, descubrí lo que pasaba: blancas juegan y ganan. ¿Se da cuenta el lector? Alguien me responderá que la frase es corriente, sin ningún mal, una especie de código, de orientación, y nada más. De acuerdo. Pero ¿qué es lo que llevó al creador de la frase, al damista, al problemista, a la sociedad de damistas o a la compañía de problemistas a construirla así? ¿Por qué no llegaron al acuerdo de construir «juegan negras y ganan» o «juegan blancas y pierden»?

Que venga el Diablo Cojuelo y responda: ¿por qué? Porque —dice el diablo sarcástico— ningún blanco sería capaz de ignorar su inconsciente para negar, aunque sólo fuese en una sencilla fórmula de juego, la superioridad de su color; porque ninguno estaría lo bastante atento para evitar que se desbordara al terreno de la lengua la denuncia del complejo particular de las relaciones entre lo blanco y lo negro. De esta manera, bajo la piel del lenguaje, aparentemente imparcial y libre, quedó la materia turbia del comportamiento que se disfraza con desviaciones, ahora sin piel, sin tejado, detrás de la corona.

En definitiva, nada es sencillo. Una simple página de periódico, media docena de palabras insignificantes, impersonales, y, compruébenlo, hay en ellas motivo sobrado de reflexión. No me queda más que recomendar al lector que aplique el método en su vida cotidiana: coja las palabras, péselas, mídalas, vea de qué modo se enlazan, qué expresan, descifre el truquillo bellaco de decir una cosa por otra, y venga luego a decirme si no se siente mejor después de haberlas desollado.

Para entrenarse, como ejemplo, le dejo el título de un libro que hace muchos años se veía por ahí y, naturalmente, aún se ve: *El negro que tenía el alma blanca.* ¿Qué le parece? Nosotros creyendo que el alma no existía, o que, si existía, no tenía color, y resulta que es blanca y los negros la tienen negra, porque el negro del libro es una excepción, y sólo por eso su alma es blanca, etc. Quédese el lector con la charada y, si le duele la cabeza, es buena señal: también, por lo que dicen, nacer es un sufrimiento.

Historia del rey que hacía desiertos

Érase una vez un rey que había nacido con un defecto en el corazón y que vivía en un gran palacio —como suelen ser siempre los palacios de los reyes—, cercado por desiertos por todos los lados menos por uno. Siguiendo el gusto que le imponía el defecto con que había venido al mundo, mandó arrasar todos los campos de alrededor, de tal modo que, asomado por la mañana a la ventana de su cuarto, sólo podía ver desolación y ruinas hasta el fin y el fondo del horizonte.

Y quien esto lea y no lo cuente,
en ceniza muerta se convertirá.

Arrimado al palacio, por la parte de atrás, había un pequeño espacio cercado por un muro. Este espacio parecía una isla y se había librado por estar a salvo de las miradas del rey, a quien complacían más las vistas de la fachada noble.

Sin embargo, un día el rey se levantó con hambre de más desiertos y se acordó del huerto que un poeta de la corte, adulador como un perrillo faldero, había comparado con un espino que picara la rosa que, a su entender, era el palacio del monarca. Dio, pues, el soberano la vuelta a la real morada, llevando tras él a los cortesanos y a los ejecutores de sus justicias, y fue a mirar el torvo muro blanco del vergel y las ramas de los árboles que allí habían crecido. Se pasmó el rey ante su propia indolencia al consentir semejante escándalo y dio unas cuantas órdenes a sus criados. Saltaron éstos el muro con gran alarido de voces y serruchos y cortaron las copas que sobresalían.

Y quien esto lea y no lo cuente,
en ceniza muerta se convertirá.

Vio el rey el resultado, miró a ver si sería bastante, consultó con su corazón defectuoso y decidió que había que derribar los muros. De inmediato avanzaron unas pesadas máquinas que llevaban colgadas grandes mazas de hierro que, balanceándose, dieron con los muros en tierra entre un enorme estruendo y nubes de polvo. Fue entonces cuando aparecieron a la vista los troncos degollados de los árboles, los pequeños bancales y, en un extremo, una casa toda cubierta de campánulas azules.

Y quien esto lea y no lo cuente,
en ceniza muerta se convertirá.

Por los espacios que los árboles dejaban, pudo ver el rey el final del horizonte, pero temió que, de repente, crecieran las ramas y acabaran arrancándole los ojos, así que dio más órdenes y una multitud de hombres se lanzó al vergel para arrancar de raíz todos aquellos árboles y quemarlos allí mismo. El fuego acabó con los planteles y se dice que, por este motivo, la corte decidió organizar un baile, que el rey abrió solo, sin pareja, porque, como queda dicho, el rey tenía un defecto en el corazón.

Y quien esto lea y no lo cuente,
en ceniza muerta se convertirá.

Acabó la danza cuando se apagaban las últimas llamaradas y el viento arrastraba el humo hacia el fondo del horizonte. El rey, cansado, fue a sentarse en el trono de recorrer las calles y concedió besamanos, mientras miraba con el ceño fruncido la casa y las campánulas azules. Dio una nueva orden a gritos y, de inmediato, ya no hubo ni casa, ni campánulas azules, ni nada, a no ser el desierto.

Y quien esto lea y no lo cuente,
en ceniza muerta se convertirá.

Para el malvado corazón del rey, el mundo había llegado, al fin, a la perfección. El soberano se disponía ya a volver, feliz, a su palacio, cuando de los escombros de la casa salió una figura que empezó a andar sobre las cenizas de los árboles. Era quizá el dueño de la casa, el que cultivaba aquella tierra, el que levantaba las espigas. Y cuando este hombre andaba, le tapaba la vista al rey, acercándole el horizonte hasta el palacio, como si lo fuera a sofocar.

Y quien esto lea y no lo cuente,
en ceniza muerta se convertirá.

Entonces el rey sacó la espada y, al frente de los cortesanos, avanzó hacia el hombre. Cayeron sobre él y, sujetándolo de brazos y piernas, en medio de la confusión sólo se veía la espada del rey subir y bajar hasta que el hombre desapareció, quedando en su lugar un gran charco de sangre. Éste fue el último desierto que hizo el rey: durante la noche, la sangre fue avanzando y rodeó el palacio como un anillo; a la noche siguiente, el anillo se hizo más ancho, y cada vez más, hasta el fin y el fondo del horizonte. Sobre este mar hay quien dice que vendrán navegando un día barcos cargados de hombres y semillas, pero también hay quien dice que, cuando la tierra acabe de beber la sangre, ya no será posible rehacer ningún desierto sobre ella.

Y quien esto lea y no lo cuente,
en ceniza muerta se convertirá.

El ratón contrabandista

Según los diccionarios, «fábula» es una «pequeña composición de forma poética o prosaica en la que se narra un hecho alegórico cuya verdad moral se esconde bajo velo de ficción y en la que se hace intervenir a personas, animales e incluso seres inanimados». Si es correcta esta laboriosa explicación, esta crónica es una fábula, aunque, y lo declaro desde el principio, no sea mi intención esconder aquí lección moral de ningún tipo. Muy al contrario, a mi flaco entender, las verdades, morales o inmorales, y sobre todo estas últimas, deberían andar bien a la vista de todo el mundo, como el color de los ojos.

Decido, pues, que esto no es una fábula. El hecho narrado no es alegórico y, en cuanto a la verdad moral, queda dicho todo. Por otra parte, no veo cómo un pobre ratón iba a poder aguantar tanta literatura y tan gravosa responsabilidad.

Este ratón —si aún no lo han matado— vive en la frontera. «¿En qué frontera?», pregunta el lector abriendo el mapa del mundo. «En una frontera», respondo yo evasivo, y continúo. Es un pequeño ratón campesino que, por azar de generaciones, matrimonios y ciertas migraciones antiguas, acabó naciendo en la frontera, no se sabe de qué lado. Allí vivió pacíficamente su vida, sin amenaza de gatos o trigo rojo, atento sólo al vuelo silencioso y traicionero del milano. Gracias a los amables impulsos de la naturaleza, tuvo prole abundante, la cual, sin mayores dificultades, prosperó.

Habría sido un ratón feliz si a los dos países contiguos no se les hubiera ocurrido al mismo tiempo la idea de aprovechar a fondo la riqueza nacional. Veinte años atrás no habría habido complicaciones: se contaban las personas, el dinero, las tierras, cultivables o no, las minas, las vacas, los puertos de mar... Pero ambos países poseen enormes computadoras, que son aparatos dotados de un apetito prodigioso, que cuanto más tienen, más quieren. De ahí que el inventario resultase superriguroso, hasta el punto de que, habiendo introducido en el ordenador el término «múrido», el aparato no tardó en exigir, bajo amenaza de error en los coeficientes finales, la «riqueza nacional en ratones».

Fue entonces cuando la desgracia cayó sobre el hocico puntiagudo del animalillo. Grupos de inspectores peinaron los dos países contando ratón tras ratón, haciéndoles un nudo en el rabo para no perder la cuenta, hasta que llegaron a la frontera. Mientras hubo abundancia de ratones de un lado y otro de la línea, los inspectores encargados del censo realizaban su tarea sin el más mínimo asomo de hostilidad, pero llegó un momento en que sólo los separaba la línea de la frontera; sin embargo, esta línea, como se sabe, es invisible, y los ratones que faltaban eran sólo éste del que vengo hablando y su prole.

Inmediatamente comenzaron a surgir los llamados incidentes fronterizos. Hubo intercambio de disparos, los encargados del censo se disputaron los ratones a bofetadas, se movilizaron tropas en grandes concentraciones, se pronunciaron discursos inflamados y amenazas terribles. Y así está la situación en el momento en que esto escribo.

Uno de los países beligerantes consiguió apresar al ratón y va a juzgarlo por contrabando. Las cancillerías de las grandes potencias se muestran preocupadas. Se han presentado ya varias propuestas de conciliación, una de las cuales tiene muchas posibilidades de ser aceptada: consiste en entregar los ratones en litigio a los gatos de los dos países para que éstos, naturalmente, se los coman. Así se evita el conflicto, y no merma la riqueza, porque lo que se pierde en ratones se gana en gatos. Una simple transferencia.

Navideñamente crónica

Va el año corriendo manso entre noches y días, entre nubes y sol, y cuando nos damos cuenta ya hemos llegado al final y es Navidad. Para incrédulos empedernidos, como yo, el caso no tiene tanta importancia: es una más de las trescientas mil fechas destacadas de que se sirven inteligentemente las religiones para consolidar unas creencias que con el paso del tiempo podrían perder vigor y acabar en aguachirle. Pero la Navidad, como las primeras golondrinas, el carnaval, el inicio de las clases y otras efemérides por el estilo, es algo que siempre está al alcance de la atención o de la penuria del cronista, para repetir, por billonésima vez en la historia de la imprenta, las trivialidades del caso: paz en la tierra, los hombres de buena voluntad, la familia, el turrón, el mensaje evangélico, la ramita de muérdago, el Niño Jesús en el pesebre, etc. Y el cronista, que en el fondo es un pobre diablo que a veces no encuentra el tema, no resiste la conspiración sentimental del establo y suelta la crónica de circunstancias.

Ocurre, no obstante, que tengo considerables razones para no estar de buen humor, lo que me permite evitar esta vez, si es que he caído alguna otra en tan ingenua debilidad, el juego cómplice de amplitud universal. De sobra sé que en un abrazo hay siempre quien abraza y quien se deja abrazar. De sobra sé que la confianza, en muchos casos, es una trampa que nos tendemos a nosotros mismos, y que hacia ella nos empujan, sonriendo, los demás. Por eso, esta crónica de Navidad no va a pasar de una charla al desgaire, que es lo único que puedo hacer cuando habría tema para largo. Pero también el lector tiene su vida, quizá dura y difícil, y no va a aceptar que yo venga a agravar sus amarguras. Disculpe el desahogo.

Si me prohíbo a mí mismo hablar de los tópicos de la época navideña, y si igualmente me prohíbo el plantear a todos mis furias personales, ¿qué me queda para hacer esta crónica? Un mundo de cosas; si fuera yo capaz de encontrar tan sólo una, dar con el modo de abordarla, sorprenderla mirando hacia otro lado y cazar su perfil secreto... (pues, en definitiva, a esto se resume el arte de escribir). Pero hoy no. Todo cuanto dijera tendría un regusto amargo y no creo que se me escapara una flor entre tanta secura. ¿Qué voy a decir, pues?

Hablaré de ti, lector. Me entrego al placer de imaginar que ya te has habituado más o menos a detener la vista en esta página, que algunas veces la has aplaudido y has hablado de ella a los amigos, que otras veces no has estado de acuerdo y has dicho que, en definitiva, estas columnas apenas han ocupado un espacio mínimo en tu vida. Eso es lo máximo que puedo desear. Pero ahora quisiera que bajaras un poco más al fondo y que hicieras conmigo el descubrimiento de lo que representa, para quien escribe, la pública exhibición de lo que siente y de lo que piensa, de lo que proyecta y de lo que ha realizado ya, o de aquello en lo que ya ha fracasado. Sobre todo el cronista, que hace de la materia de la vida, de la suya y de la ajena, de este mundo y del otro, puente de comunicación y comunicación en sí, creo yo que a mucho se atreve y mucho arriesga. No puede ser un reflejo indiferente, un componedor de noticias que, hasta cuando relatan catástrofes, tienen siempre algo de impersonal y distante. Tiene que afirmarse en cada palabra que escriba, de tal modo que a la tercera línea se han acabado los secretos y el lector no tiene más remedio que adoptar una de estas dos actitudes: o sienta al cronista a su mesa, como hace con los amigos, o le da con la puerta en las narices, como se hace con los importunos, dejándolo rasguear desolado la bandurria.

Estamos ahora en Navidad, no me deje aquí fuera el lector porque aprieta el frío y la maldad de la gente es aún peor que el frío, la lluvia helada o el barro. La maldad de la gente, tome buena nota el lector en su cuaderno, es peor que el barro. Me quedo pues sentado aquí, en el extremo de la mesa, y soy testigo sonriente de sus alegrías, si las tiene, o intento comprender sus tristezas, si es que las cosas le van mal. Y podemos recordar los casos que le he ido contando estos días, le diré todo lo que entonces no pude decirle y, sobre todo, me quedaré callado oyéndolo hablar de su propia vida, que, como la nao del romance, también tiene mucho que contar. Sabré qué mallas y qué nudos tejen una existencia que no es la mía, la que ando contando aquí, y una vez más descubriré, siempre con el mismo asombro, que todas las vidas son extraordinarias, que todas son una hermosa y terrible historia. Nos quedaremos callados y pensativos, oyendo el reloj que va matando los segundos apenas nacen para que podamos decir nosotros el tiempo que vivimos.

Tal vez dentro de un año volvamos a encontrarnos en este mismo sitio. Volveré a decir: «Va el año corriendo manso entre noches y días, entre nubes y sol, y cuando nos damos cuenta ya hemos llegado al final y es Navidad», para que tenga justificación mi título de hoy, para que la crónica de Navidad sea «Navideñamente crónica». Pero no de esta manera.

A la gloria de Acacio*

Dirán unos que este país es pobre en monumentos; otros, que ya hay excesivos monumentos y que por nada se levantan estatuas en plazas y avenidas, aunque el ciudadano pasado a mármol o a bronce no haya hecho en la vida más que dejar tras la muerte un legado para sopas de convento. Aun así, no sería grande el mal si el busto o la estatua de cuerpo entero no fuesen, por lo general, de una banalidad sin remedio, que comienza en la fisonomía empedernida del modelo y termina en el convencionalismo flácido de la escultura. Del matrimonio entre estas partes no suelen nacer obras maestras.

Ahora bien, si yo pudiera dar consejos, y me los aceptasen, diría a los mal empleados escultores de nuestro país

* El consejero Acacio, personaje de *El primo Basilio*, de Eça de Queiroz, uno de los tipos mejor caracterizados de la literatura portuguesa, símbolo de la vaciedad pedante, de la imbecilidad solemne, minuciosa y respetable. Como ocurre con don Quijote, Fausto o don Juán, Acacio es una figura tan relevante que, en portugués, se ha acuñado el adjetivo *acaciano. (N. del T.)*

que se volvieran hacia otras figuras, aunque la escasez de familias presuntuosas y bienestantes hiciera dudosa la liquidación de la factura. Si eligiéramos bien a los héroes, santos, genios y mártires, tal vez se lograse, suscitando hábilmente un movimiento espontáneo de entusiasmo nacional, amontonar fondos considerables en los que los tesoreros de las respectivas y necesarias comisiones forrajearan a voluntad.

¿Qué figuras serían ésas de las que hablo? Las familiares y conocidas por todos, aquéllas que la literatura inventó, las que pasan de generación en generación, y que, menos mortales que nosotros, están convenientemente protegidas en las páginas de los libros. Esto fue lo que hicieron los españoles cuando decidieron levantar en Madrid un monumento a don Quijote y Sancho Panza tan al nivel de los ojos que parece que vamos también con ellos por los amplios campos de La Mancha deshaciendo agravios y restaurando libertades. Claro es que, mostradas de este modo, las imaginadas virtudes que irradian los modelos literarios se proyectan hacia fuera y enriquecen a los vivos que, distraídos, andan en sus negocios. Entonces, y volviendo al ejemplo de Madrid, todos los españoles han sido, en los distintos tiempos por los que pasaron, un poco Quijotes, un poco Sanchos, montando unas veces el Rocinante ideal y otras el burro sin nombre, el burro callado y pragmático.

¿Y nosotros? ¿Qué figura o figuras impalpables de la invención novelesca nacional tenemos por ahí merecedoras sin discusión de pasar a materia dura en forma de estatua? ¿Qué figura o figuras condensan realmente la quintaesencia de nuestras virtudes, figuras en las que podamos y debamos complacernos como quien se estima y contempla en un espejo? Podría alinear diez o veinte nombres y dar a continuación las razones por las que los eliminaría. Es éste un artificio de estilo que se emplea para valorizar una propuesta final, pero aquí no vamos a usarlo. Prefiero, honradamente, lanzar ya mi candidato: el consejero, el consejero Acacio, ex director general en un ministerio del reino, autor de *Elementos de la ciencia de la riqueza y de su distribución*, y de *Relación de todos los ministros de Estado del Reino, desde el gran marqués de Pombal hasta nuestros días, con las fechas, cuidadosamente investigadas, de su nacimiento y óbito.*

Éste sí es mi hombre, el que tendrá mi voto. Orador pródigo, inagotable expositor de tópicos, compilador eximio de números sin prueba real, pilar del orden, respetuoso siempre con los poderes establecidos y con los reglamentos, servidor de usted, el consejero Acacio reclama la estatua que le debemos, y ante la cual estaríamos obligados a desfilar en romería sentimental y cívica una vez al mes.

¿Y dónde se alzará el monumento? Cualquier ciudad de Portugal lo merecería, pero Lisboa tiene la primacía, puesto que allí nació el insigne consejero y varón eminente. Con todo, la «sabia Coímbra, la Atenas lusitana», que él tanto celebró, «blandamente reclinada en su colina de verdor, como odalisca en sus aposentos», presenta credenciales que permiten prever una encendida polémica en la que la vivacidad de tono, como diría el mismo Acacio, no afectará al rigor del pensamiento ni a la elegancia de la expresión.

Si fuera adelante la idea, grandes y consoladoras son las alegrías que nos esperan. Acacio en Lisboa o en Coímbra, es igual, a condición de que su imagen en tamaño reducido sea colocada en todos lares y lugares, en las ciudades y en las aldeas, en las villas de esta proa orgullosa de una Europa que se hunde. Para consuelo y lección de un país que seguirá pariendo Acacios hasta la consumación de los siglos, porque los hados lo determinan y los habitantes de esta tierra tristemente lo consienten.

Teatro todos los días

El escenario está desierto. Hay una derecha bastante alta y una izquierda bastante baja. El telón de fondo muestra señales de uso, algunos remiendos del mismo color; pero de tono diferente. Se distingue, pese a todo, un rostro severo de perfil, rodeado por otras figuras históricas, bastante severas. El primer actor entra por la derecha alta; lleva un clavel en la solapa y en los hombros se le ven papelitos de colores. Da una vuelta por el escenario, se detiene unos momentos contemplándolo y luego se aproxima a las candilejas a contar los espectadores. Se equivoca y vuelve al principio. Le habían dicho que se habían agotado las entradas, pero, por lo visto, no lo cree. Mientras está contando, entra el segundo actor por la izquierda baja. Viene muy cansado. Lleva pegada en la boca una tira ancha de esparadrapo. El primer actor termina de contar, sonríe, hace una pirueta y, al volverse, da con el segundo actor. Retrocede, pero luego se acerca, aunque con cautela. De los bastidores sale un golpe de gong. La obra va a empezar.

PRIMER ACTOR: ¡Tiene gracia! Había oído que te habías muerto...

SEGUNDO ACTOR *(intentando quitarse el esparadrapo).*

PRIMER ACTOR: Menos mal que has venido. Me ayudarás en la representación. Estaba un poco preocupado cuando entré. Me han dicho que hay gran expectación en la sala. Realmente, esto está muy diferente. Todos tan atentos... No era costumbre antes. ¿Has dicho algo?

SEGUNDO ACTOR *(tirando del esparadrapo).*

PRIMER ACTOR: Desde luego, estoy sorprendido. Esta pieza había sido representada ya muchas veces. Últimamente hasta con poco público. Siempre los mismos.

Se enciende bruscamente un proyector. El perfil del primer actor se sobrepone al perfil histórico del fondo.

SEGUNDO ACTOR *(indicando).*

PRIMER ACTOR *(después de mirar)*: ¡Enciendan otro!

En la platea, alguien enciende una linterna. La sombra poco nítida del primer actor se desplaza y va a coincidir con la figura del rey don Sebastián acometiendo a los moros espada en mano.

PRIMER ACTOR: Del mal, el menos. *(Hacia el segundo actor).* Tienes que ayudarme, ¿oyes? ¡Tienes que ayudarme!

SEGUNDO ACTOR *(intentando, nerviosamente, arrancarse el esparadrapo).*

PRIMER ACTOR *(sonriendo a la platea):* ¿Alguno de ustedes quiere venir a ayudar a mi colega?

Se levantan de la primera fila tres hombres vestidos de gris ceniciento. Suben al escenario, se aproximan al segundo actor, de modo que lo esconden de la vista del público. Hay cierta agitación en el grupo. Cuando los hombres se retiran, el segundo actor aparece con una tira de esparadrapo aún más ancha.

PRIMER ACTOR *(sonriendo indignado):* ¡Pedí que le ayudaran!

SEGUNDO ACTOR *(encogiéndose de hombros).*

PRIMER ACTOR *(sonriendo afligido)*: ¿Nadie le ayuda? *(Tono de desesperación sonriente).* ¿Y qué se puede hacer en un caso como éste?

En la platea, los espectadores discuten. Se forman grupos. Dos muchachos suben al escenario, pero son arrastrados violentamente fuera del teatro. El segundo actor ha conseguido despegar una punta del esparadrapo y tira de ella con todas sus fuerzas. Poco a poco se va haciendo el silencio en la sala. El primer actor se acerca, indeciso, al segundo actor. Tiende la mano en un gesto indefinido, pero la retira inmediatamente. El segundo actor resbala, cae al suelo, y allí, retorciéndose, lucha con el adhesivo. El público se levanta. Algunos espectadores, más sensibles, se cubren los ojos o se retiran. El telón de fondo se oscurece lentamente. Todos los proyectores de la sala enfocan ahora al segundo actor. El silencio es total. En un último esfuerzo, el segundo actor arranca el esparadrapo. El primer actor retrocede, ahora asustado. Mientras el segundo actor se levanta, lentamente, el fondo vuelve a iluminarse. Es una tela blanca, radiante. El segundo actor está de pie, sacudido por un prolongado vértigo.

SEGUNDO ACTOR *(abriendo y cerrando la boca como si hablase)*: ...

PRIMER ACTOR *(dirigiéndose al apuntador)*: ¿Puede hablar?

APUNTADOR: Debe hacerlo.

PRIMER ACTOR *(tímidamente)*: Habla.

VOCES EN LA PLATEA: ¡Cállate!

VOCES EN LA PLATEA: ¡Habla!

PRIMER ACTOR: ¡Cállate!

SEGUNDO ACTOR *(con un grito estrangulado)*: ¡Patria!

Entre bastidores, de nuevo, suena el gong. ¿Se ha acabado la pieza?

La plaza

Todos los domingos se reunían en la plaza, lloviera o hiciera sol. Se ponían una camisa limpia, los calzones de dril menos remendados, las botas recién ensebadas, cuando no los zapatones de punta roma a los que ningún betún conseguía sacar brillo. El chaleco era indispensable, o la chaqueta, si hasta allí llegaban los recursos. En la cabeza, el sombrero negro, blando, o gorra de igual color. Verde sólo para los ganaderos, el personal de la plaza era gente de a pie. Y, en las manos de todos, un palo, símbolo de virilidad y poder, instrumento de ataque o defensa, atravesado en el camino de los hombros como la rama horizontal de una cruz donde descansaban los brazos sobrepuestos.

Se reunían en grupos mientras llegaban los capataces. Daban rápidos cogotazos a los chiquillos que jugaban al corre-y-toma, cortando así los diálogos espaciados, las medias frases que conducían los temas principales de la charla: el trabajo, el patrón a quien esperaban, el último desvirgamiento, el probable jornal... Los más viejos se apoyaban en la garrota, haciendo con la mano izquierda un nido que les protegía el sobaco, y así se quedaban horas en una charla lenta, interrumpida por intervalos en la taberna. Los más jóvenes bebían menos, hacían floreos cortesanos con el palo, a modo de saludo, cuando las mozas, siempre en grupo cogiditas del brazo, atravesaban la plaza en una provocación sonriente apenas disfrazada. En estas ocasiones había grandes juegos de miradas enzarzadas que firmaban noviazgos incipientes o ponían ideas de casamiento en los muchachos.

En unas épocas determinadas, a lo largo del año, algunos mozos dejaban la aldea. Eran los quintos. Casi todos volvían. Pasado el tiempo de servicio, cogían de nuevo el azadón, la guadaña, la pala... y seguían reuniéndose en la plaza los domingos, más viejos, pegando pescozones a sus propios hijos mientras esperaban que vinieran a proponerles jornal, según la fórmula tradicional: tantos reales y un litro de vino. Se iban volviendo correosos sus rostros, encanecían y se iban volviendo calvos allí en la plaza, bajo los plátanos y junto a la bomba del agua. Rodeados por las mismas casas bajas. No siempre había trabajo. Otras veces lo había, pero los hombres no lo querían. Los capataces subían los jornales hasta donde estaban autorizados: era una guerra, unas veces ganaban, otras perdían. Hasta hoy.

Se juntan en la plaza el domingo por la mañana y allí se quedan unas horas. Hablan en voz baja, como quien no quiere molestar ni a las piedras. Tienen un lenguaje incomprensible en el que de vez en cuando parece aflorar una palabra conocida que pronto se pierde en una cascada dispersa de sonidos raros. Alrededor de la plaza las tiendas muestran las puertas cerradas, y la estatua que hay en medio, la que representa al poeta, parece una ruina muerta, ajena a los hombres que la rodean. Éstos visten, casi todos, de oscuro. Algunos son hermosos. Altos, delgados, con facciones finas y melancólicas. Otros parecen contrahechos, torcidos como plantas del desierto que no han hecho más que buscar agua.

La parte central de la plaza les pertenece. Los habitantes de la ciudad pasan de lejos, fingiendo que no reparan en ellos, mirando hacia otro lado, como quien no puede ser natural o no se ha habituado aún a serlo. Miran golosos y de ladillo a las mujeres de los hombres de la plaza. El olor del trópico, el secreto de las islas, perturba un poco el torpe cinismo del blanco. Y ellas, las mujeres, casi todas muchachas jovencísimas, son bellas sin excepción: de ojos aterciopelados y húmedos, cuando hablan con los hombres de su raza sonríen mucho. Tal vez no sean alegres, pero saben lo que es la alegría. Los compañeros son graves: andan lentamente de un modo ondulante, como quien nota aún en los riñones el esfuerzo de la roza y de las plantaciones.

Durante horas, la plaza queda cuajada de hombres extraños. Hasta allí se trasladó, a lo largo de una tierra pisada por los pies de generaciones y generaciones, una especie de puerto de salvamento donde se reciben noticias de las islas y de los compañeros. De allí irán al trabajo, la semana siguiente, con el contento de saberse juntos.

Una plaza de provincias, una plaza de Lisboa: la misma necesidad de espacio libre y abierto donde los hombres puedan hablar y reconocerse unos a otros. Donde puedan contarse, saber cuántos son y cuánto valen, donde los nombres no sean palabras muertas sino que se peguen a rostros vivos. Donde las manos, fraternalmente, se posen en los hombros de los amigos o acaricien lentamente el rostro de la mujer elegida y que nos eligió, sean ellos del otro lado del río o del otro lado del mar.

El odio al intelectual

Con la humildad que conviene a los grandes actos de contrición pública, tengo que confesar una anormalidad: no me gustan las revistas. El espectáculo portugués por excelencia —¿no sería preferible decir lisboeta?—, nuestra más importante contribución en el dominio de las formas teatrales, me aburre infinitamente, como si asistiera —y es verdad— a algo profundamente deprimente. La banalidad de los textos, el sabor al guiso mil veces recalentado de los chistes, que eran viejos ya en tiempos de los reyes don Pedro y don Miguel, el pretendido ingenio de la alusión política, todo ello compone un zumbido adormecedor que rápidamente se convierte en tedio. Y cuando río —¡qué remedio!—, me río siempre un poco de mí, por mi debilidad.

Muy de tarde en tarde me dejo arrastrar hasta un espectáculo de ésos. Voy como si me llevaran al cepo, dispuesto a aguantar la tortura de dos horas de un espectáculo que se presenta como irreverente y que no va más allá de la facecia, que se dice contestatario y siempre fue una de las piezas del engranaje conformista. Si a la entrada llevo ilusiones de posible novedad, salgo sin traer ninguna: el proceso de fabricación es idéntico, los ingredientes no varían, las osadías son cautelosas, y la frustración, ésa sí, no tiene límites.

Yo sé, y lo sabemos todos, que un espectáculo visto y oído no es el espectáculo pensado y escrito; que los artistas tienen que conformarse con malos textos —no hay otros—, con música mala —no se escribe música nueva, se rumia la antigua—, con el propio gusto del público, que, invariablemente, prefiere encontrar en el escenario el sistema de referencias que le resulta familiar y no obligarse a excesivos esfuerzos mentales. Sabemos todo esto. Sabemos también que el arte —incluso en sus manifestaciones menos ambiciosas— refleja siempre el rostro de la comunidad que lo produce. No es pues extraño que la comunidad lisboeta —digo lisboeta, no portuguesa— desfile así y hable de esta manera en el escenario del teatro. Todo encaja. Hasta el prejuicio urbano de hacer del provinciano un palurdo, aunque, en este caso, parezca promoverlo a la dignidad de bufón, quien, por el hecho de serlo, se permite la libertad de proclamar todas las verdades posibles.

Esto son cosas dichas y repetidas que nunca lograrán cortar la carrera de uno solo de esos espectáculos. Tampoco es éste mi propósito. La vida es dura para todos, criticar es fácil y yo soy, lo he dicho ya, un hombre pacífico al que no le gusta meterse en desafíos ni en polémicas. Hay, con todo, en la revista portuguesa —y ahora sí que estoy dispuesto a meterme en éstas— una constante que, quién sabe por qué bulas, ha pasado a salvo las mallas más o menos ceñidas de la crítica: es el rencor, el desprecio, el odio al intelectual.

¿No se han dado cuenta? Los autores del libro —así se llama, en el dialecto teatral, el texto que tenemos la paciencia de oír— no pierden nunca la oportunidad —o la inventan— de soltar su baba sobre esa indefinida figura que lleva por nombre el intelectual. La estocada resulta siempre: el público reacciona con la risa propia de quien ha sido lisonjeado, y queda, decididamente, a la espera de más. Es igual: aunque la alusión no se renueve, los asistentes han sido confirmados ya en la preciosa y muy enraizada idea en la que viven: «El intelectual, bueno, ya se sabe, el intelectual...». Y así quedan todos satisfechos. El intelectual y el provinciano son dos óptimos temas de chirigota, dos extremos que en la burla se aproximan.

Ahora bien, si me lo permiten, me gustaría expresar aquí un deseo: que llegue a este país el día en el que todos sus habitantes sean intelectuales, el día en el que el ejercicio continuado de la inteligencia sea no privilegio de unos pocos sino realización natural de todos. No veo por qué ha de ser siempre incompatible el desempeño de un oficio manual con el estudio continuo, el esfuerzo de inteligibilidad, que caracteriza —o debería caracterizar— al intelectual. No veo por qué no ha de ser precisamente intelectual el actor que contra el intelectual hace reír al público.

Nada más lejos de mí, por supuesto, la idea de considerar intocables a los «profesionales de la inteligencia». Merecen, como cualquier otra gente de este mundo, verse expuestos en el escenario de revista —que debería ser la picota moral que no es—, pero por motivos que nada tienen que ver con el hecho de ser intelectuales: el oportunismo, el compromiso, la falta de carácter —cuando de estas lacras sufran. Entonces, sí, implacablemente, porque son males del espíritu y no sólo contra el espíritu.

No habrá grandes posibilidades de que nos salvemos si no salvamos la inteligencia. Hasta el día en que ya no hagan falta los intelectuales, porque todos lo serán.

El decimotercer apóstol

Tome nota el lector, sea cual fuera su condición, clase, casta o función, de que no voy a bromear con asuntos tan serios como el cristianismo. Porque éste es un país de gente susceptible, que valora mucho las convicciones de sus abuelos y tiene aún en la memoria los buenos tiempos en los que se celebraban festivos autos de fe o aquellas ejecuciones solemnes que eran día de regocijo para una ciudad entera, como la ejecución en la horca del estudiante Matos Lobo en 1842. (Al lector curioso y, como suele decirse, ávido de emociones fuertes, le recomiendo el relato de António Feliciano de Castilho, publicado en la *Revista Universal Lisbonense* y transcrito por Sampaio Bruno en *Os modernos publicistas portugueses.* Es una fina pieza y suficientemente demostrativa de la benignidad de nuestras costumbres).

Me he desviado del tema, pero ahora mismo vuelvo a él. Repito: no estoy bromeando con una religión que tiene dos mil años de existencia y que está haciendo un serio esfuerzo para comprender el terrenal mundo en el que vivimos. Añádase que Portugal es un país mayoritariamente cristiano y la libertad religiosa autorizada por ley no me da a mí la libertad de desencadenar nuevas guerras santas. Ni querría hacerlo, la verdad. Me siento bien en este ateísmo pacífico, nada belicoso, que es el mío.

Pues, en los tiempos en que Cristo andaba por el mundo, andaban también los apóstoles, cuyos nombres dejo aquí por si alguien los olvidó o nunca los supo: Simón Pedro, Yago, hijo de Zebedeo, Juan, Felipe, Bartolomé, Tomás, Mateo, Yago, hijo de Alfeo, Tadeo, Simón Cananeo y Judas Iscariote. Eran doce y, aparte del último, que salió un malvado, anduvieron luego todos por el mundo predicando la Buena Nueva, bautizando, convirtiendo gentiles; en suma, propagando la fe. Les fue dado el poder de hablar todas las lenguas, y de tan milagrosa manera que «las gentes les oían cada uno en la suya propia». Si el recuerdo de los textos no me falla, todos los apóstoles acabaron en prisiones y martirios, y todos fueron santos, menos Judas Iscariote, que se ahorcó. La Iglesia empezó su historia, y desde entonces escribió páginas hermosas y otras que lo son menos, entre divisiones, cismas y pequeñas sectas desviadas del tronco principal, hasta esta búsqueda de la unidad diversificada o, quizá mejor, de una diversificación unitaria. Veremos.

Mientras tanto, hablemos aquí del decimotercer apóstol. Como los antiguos, recorre todo el mundo y habla todas las lenguas. Junto con métodos que la tradición legó, aplica los nuevos procesos del marketing, utiliza ampliamente los audiovisuales, incita a los continuadores de Miguel Ángel a dibujar carteles y a los imitadores de Dante a versicular eslóganes. El decimotercer apóstol es alto, elegante, deportivo, huele a colonia, tiene las sienes adecuadamente canosas, la pronunciación sajona, un poco ceceada, y se llama Publicidad.

Y ¿por qué hemos de escandalizarnos? Cada época emplea los medios de que dispone, cuando no los fuerza, como fue el ya referido caso del milagro que convirtió a los apóstoles en políglotas por razones de eficiencia. No nos asombre, pues, que las iglesias de nuestro tiempo hayan decidido usar los métodos promocionales que dieron pruebas de eficacia en la creación de necesidades y en su satisfacción *ad maiorem sociedad de consumo gloriam.*

En todo caso —y esto confirma el viejo dicho de que los escépticos son escrupulosos en materia de religión—, me irrita ver una cruz alzada entre grandes anuncios de detergentes y camisas inarrugables. Como decía aquella tía vieja que no tuve, pero que todos tuvieron: «No lo encuentro bien». Pobrecilla, ya está allí. El benévolo destino le ahorró este disgusto.

Una carta con tinta de lejos

Quien escribe, creo yo que lo hace como en el interior de un cubo inmenso donde no existe nada más que una hoja de papel y la palpitación de dos manos rápidas, vacilantes, alas violentas que de súbito caen hacia un lado, cortadas y separadas del cuerpo. Quien escribe tiene a su alrededor un desierto que parece infinito, reino cuidadosamente despoblado para que sólo quede la imagen surreal de un campo abierto, de una mesa de escribano a la sombra de un árbol inventado y de un perfil esquinado que hace lo posible para parecerse a un hombre. Quien escribe, creo yo que intenta ocultar a sus propios ojos un defecto, un vicio, una tara indecente. Quien escribe está traicionando a alguien.

Escribo esta crónica desde lejos de la grande y desgraciada ciudad que creció a orilla del Tajo; la escribo desde más lejos todavía, desde un país muy amado donde los campos están plantados de cipreses y los lugares se llaman Siena o Ferrara, tierra italiana que es la que más amo después de la mía. Escribo desde una calle que lleva el nombre de Esperanza, donde se reunieron por última vez los conjurados del 5 de octubre, por donde pasan hoy mis vecinos blancos o negros, donde, a veces, frente a mi puerta, viene a parar gente que no es del barrio, gente a quien no conoce nadie y que se queda mirando al aire como si midiera la contaminación o descifrara místicamente los misterios de la creación del mundo. Escribo con tinta de muy lejos y angustia de muy cerca.

No tengo ninguna historia que contar. Me siento cansado de historias, como si súbitamente hubiera descubierto que todas fueron contadas ya el día en que el hombre fue capaz de decir la primera palabra, si es que realmente hubo una primera palabra, si es que las palabras no son todas, cada una y en cada momento, la primera palabra. Entonces volverán a necesitarse las historias, entonces tendremos que reconocer que ninguna ha sido contada aún.

Gran placer es éste de estar sentado a la sombra de un árbol inventado, en este cubo inmenso, en este infinito desierto, escribiendo con tinta de lejos (¿a quién?). Más allá de la línea que separa las arenas y el cielo, tan lejos que sentado no las veo, andan las personas que van a leer estas palabras que escribo, que las van a despreciar o a entender, que las guardarán en la memoria durante el tiempo en que la memoria lo consienta y que irán olvidándolas después, como si fueran sólo boqueadas de ahogo de un pez fuera del agua. Sentado en medio del campo despoblado, el escribiente sostiene su esquinado perfil para que en él no se pierdan los signos de una humanidad que a cada instante se vuelve más imprecisa. Va poniendo signos en el papel, deseoso de hacerlo abierto y cóncavo como el cielo nocturno, para que no venga a perderse el incoherente discurso, resguardado ahora en pequeñas luces que tardarán más tiempo en morir.

¿Quién va a leer el recado, intraducible al lenguaje del comer y el beber? ¿Quién lo acostará consigo en su cama, junto a la mujer o al hombre con quien duerma? ¿Quién dejará en suspenso el arco del azadón, el movimiento del martillo, para oír lo que no es una historia contada de la grande y desgraciada ciudad? ¿Quién detendrá el camión en el arcén de la carretera, en la recta libre con sombras derramadas, para saber, respirando el aceite y los calores del motor, las noticias de Júpiter gigante en el cielo negro? ¿Quién dirá que es suyo lo que fue escrito en el interior del cubo, en el lugar donde se ajusta el compás, en la intersección entre escritor y tiempo? ¿Quién justificará al fin las palabras escritas?

También es bueno hacer preguntas cuando se sabe que no van a tener respuesta. Porque tras ellas pueden añadirse otras, tan ociosas como las primeras, tan impertinentes, tan capaces de consuelo en el retorno del silencio que las va a recibir. Sentado en el desierto, el escribiente se sentirá dulcemente incomprendido, llamará en su auxilio a los dioses que más quiere, a ellos se confiará, y todos juntos, punto por punto, sabrán hallar las buenas razones, las adormideras de la conciencia, hasta que el benévolo sueño los reúna y retire de este bajo mundo.

Pese a todo, no será así esta vez. Doble el escribiente su mesa, haga de ella su fardel y mochila, si por obra de otra herramienta no logró tener ciencia, convierta el papel en bandera y vaya en travesía del desierto, en las tres dimensiones del cubo, hasta donde están las personas y las preguntas que ellas hacen. Entonces el recado se traducirá, será su mantel de pan y con él nos agasajaremos del frío. Entonces se volverán a contar las historias que hoy decimos imposibles. Y todo —quizá sí, quizá sí— empezará a ser explicado y entendido. Como la primera palabra.

Apólogo de la vaca luchadora

No invento nada. Hago esta declaración inmediata porque adivino ya las sonrisillas solapadas o desconfiadas de aquella gente para quien lo extraordinario es siempre sinónimo de mentira. Esa pobre gente no sabe que el mundo está lleno de cosas y de momentos extraordinarios. No los ven, porque para ellos el mundo aparece como cubierto de cenizas, comido de verdín deslucido, poblado de figuras que utilizan ropas iguales y hablan de la misma manera, repitiendo los gestos ya hechos por otros seres desaparecidos. Es gente para la que tal vez no haya remedio, pero a quien debemos continuar diciendo que el mundo y lo que en él hay no son tan poco como creen.

Esto me recuerda un pequeño incidente ocurrido aquí hace días, que fue también extraordinario, por lo menos tanto como éste o tal vez más, que nunca se sabe. Iba yo a subir por mi calle, sosegada calle donde acontecen de vez en cuando discusiones, querellas de gente triste. Era ya casi medianoche cuando veo a poca distancia, plantado en medio de la acera, a un hombre que gesticulaba y hablaba en voz alta. Hacía gestos amplios, violentos, como si estuviera transmitiendo hacia muy lejos un mensaje cuyo sentido nadie podía descifrar. Como cualquier persona que del alcohol haga sólo consumo normal, o inferior a la media, siento cierto recelo instintivo ante los borrachos. Para mí, salieron de la humanidad del mundo y criaron fuera de él unas leyes que no conozco. La irresponsabilidad de un borracho me corta la palabra. Curiosamente, es lo mismo que me ocurre con los niños: nunca he sabido cómo hay que hablarles.

Vuelvo al asunto. Vacilé, pero me obligué a seguir mi camino pasara lo que pasara. Hice bien, porque allí me ocurrió esa cosa tan extraordinaria que habría perdido si hubiera cambiado de acera, como estuve a punto de hacer. Al pasar al lado del hombre, que continuaba haciendo gestos y seguía hablando violentamente, lo veo tender el brazo hacia mí con vehemencia. No llegué a asustarme. Tenía ante mí la mano abierta, extendida con un aire de fraternidad imperiosa, a la que no podía escapar. Le di mi mano y quedamos mirándonos de hito en hito, silenciosos ambos, el borracho y el lúcido. He de declarar que raras veces en mi vida he estrechado mano tan firme y tan cálida, tan densa y tan franca. La aspereza de la piel vibraba en la mía como una comunicación viva. ¿Cuánto tiempo duró esto? Ni un segundo, pero estas cosas no se miden por el tiempo.

La historia que yo había decidido contar, y que el título resume, llevó mucho más tiempo. Fueron doce días y doce noches en unos montes de Galicia, con frío, y lluvia, y hielo, y barro, y piedras como navajas, y matorrales como uñas, breves intervalos de descanso, y más combates, y embestidas, y aullidos, y mugidos. Es la historia de una vaca que se perdió en los campos con su cría de leche. Estuvo rodeada de lobos durante doce días y doce noches y se vio obligada a defenderse y a defender a su hijo. ¿Podremos imaginar esa larguísima batalla, esa agonía de vivir en el umbral de la muerte, de tener que luchar por sí misma y por un animalillo débil que aún no sabe valerse por sí mismo? Un círculo de dientes, de fauces abiertas, las arremetidas bruscas, las cornadas que no pueden fallar. Y también los momentos en que el ternero buscaba las tetas de la madre, y mamaba lentamente, mientras los lobos se aproximaban con el espinazo erizado y las orejas enhiestas.

No imaginemos más; no podemos. Digamos ahora que al final de los doce días la vaca fue encontrada y puesta a salvo, y con ella el ternerillo, y llevados ambos en gloria a la aldea, como héroes de aquellas antiguas historias que se contaban a los niños para que aprendieran lecciones de valor y sacrificio. Pero este cuento es tan ejemplar que no acaba aquí, va a continuar durante dos días más, al cabo de los cuales, como se había vuelto brava, como había aprendido a defenderse, como ya nadie podía dominarla y ni siquiera aproximarse a ella, la vaca fue condenada a muerte. La mataron, no los lobos, a quienes había vencido a lo largo de doce días, sino los mismos que la habían salvado, tal vez su propio dueño, incapaz de entender que, habiendo aprendido a luchar, aquel manso y pacienzudo animal ya no podría parar nunca.

Quería contar yo esta historia, sin más, sin extraer de ella ninguna moraleja, tanto más cuanto que no estoy aquí para dar lecciones. Pero se interpuso la historia del borracho a quien di la mano, y ahora, no sé por qué, en mi espíritu se aproximaron las dos historias, cuando todos nosotros —los lectores y yo— estamos viendo claramente que nada tiene que ver la una con la otra. Así que decido dejar aquí estos dos casos, sin comentarios. Quedemos pensando en ellos como quien lentamente trastea con dos objetos de uso desconocido, a la espera de una llave que los abra o de encontrar el lado que les es común.

Las memorias ajenas

Hará unos veinte años que me dio por interesarme de manera repentina por casos y gentes de principios de siglo. Creía yo que en aquel tiempo estaría la explicación de cosas que no conseguía entender y que todavía hoy me confunden. Aunque es verdad que no saqué conclusiones demasiado claras, sí al menos pude conocer a una serie de personajes de quienes la enseñanza oficial apenas me había proporcionado el nombre. Pasé infinidad de horas en el ambiente hediondo de las librerías de viejo, registrando los estantes en busca de libros que me dieran el santo y seña deseado, el «ábrete, sésamo», una simple llave capaz de ayudarme a descifrar el crucigrama de aquellos hombres que en la ciudad de Lisboa (¿ésta, u otra?) anduvieron por salas cerradas, por corredores sombríos, por anchas avenidas barridas a tiros, conspirando, tramando y, al fin, proclamando a gritos la República.

Reuní decenas de libros, tomé notas, organicé un grueso fichero que luego dejé dispersarse. Se me había metido en la cabeza hacer obra de historiador, excavar en textos y memorias de otros hasta encontrar el venero de agua libre, la verdad purísima. Al cabo de un año, desistí. Estaba ahogado en una ola irreprimible, me sentía obsesionado, dominado por una idea fija, murmurando nombres, fechas, lugares, encadenando hechos, rectificando una y otra vez, oponiendo declaraciones diferentes, verificando sospechas e insinuaciones —un infierno. No tuve la resistencia suficiente, y hoy, de tan buenas intenciones me quedan unos pocos libros, unas raras notas que a nadie sirven. Fallé, y me odio por haber fallado.

Hoy, cuando acaba de pasar el 5 de octubre,* me vienen estas cosas al recuerdo. Por causa de ellas vuelvo a hojear viejos opúsculos y folletos con las cubiertas manchadas de humedad, algunos anotados por manos que no conocí —quién sabe si de gente que, como yo, tuvo la veleidad de descubridor de filones—, y siento un renuevo de curiosidad antigua, esa fiebre del cazador de hechos que convierte a los historiadores en enfermos crónicos. No noto en mí peligros de recaída, pero sé lo que significa este temblor de manos al pasar las páginas: el secreto está en cualquier parte, bajo los dedos, en un espacio que se esconde entre líneas.

Cojo el informe de Machado Santos, escrito en 1911 y ya lleno de amargura y de quejas; hojeo el opúsculo de José María Nunes, inventor de bombas, especie de Nobel sincero que destina el producto de la venta de la obrita colectiva *A bomba explosiva* a las humanitarias instituciones que eran el Asilo de San Juan, la Obra Maternal, la Moneda Preventiva, el Centro Republicano João Chagas, el Centro Escolar Republicano Doctor Castelo Branco Saraiva y la Asociación

* 5 de octubre de 1910, fecha de la proclamación de la República y la abolición de la realeza en Portugal. *(N. del T.)*

Escolar de la Enseñanza; para el autor, ni un céntimo. Y recorro también las páginas irritadas de otro folleto, escrito por Celestino Steffanina, adepto fervoroso de Brito Camacho. Voy leyendo, leyendo, y al fin doy una vez más con lo que estos veinte años me habían hecho olvidar: la *Relación de los muertos y heridos durante la Revolución, según las notas proporcionadas por las administraciones de los hospitales militares y civiles, Misericordia, Morgue y Cementerios*. Sin embargo, me admira que fueran tantos y que nadie los conozca.

Al lector que anda lejos de estas cosas antiguas le pregunto: «¿Cuántos cree que fueron?, ¿veinte?, ¿treinta?, ¿cincuenta?, ¿cien?». No acierta, sin duda; porque, según la mucha gente que vino después, la Revolución del 5 de octubre de 1910 fue una escaramuza entre un régimen podrido y media docena de revoltosos poco seguros. Y digo yo: entre muertos y heridos, si la relación de Steffanina no miente, fueron 440, y si, para reconocimiento de la gravedad del caso, bastan 76 muertos, ahí los tiene el lector. Hay en esta lista pocas figuras conocidas de quienes haya quedado el nombre: el almirante Cândido dos Reis es la más familiar, y además tiene apellido en esquina de avenida, pero de modo que nadie sepa de quién se trata, como poca gente sabrá también por qué lleva la avenida 24 de Julio esta fecha. Buena razón tenía aquel policía aficionado de Edgar Allan Poe cuando decía que no hay mejor manera de esconder algo que ponerlo bien a la vista.

Voy recorriendo los nombres y veo las profesiones: soldados, marineros, carpinteros, tipógrafos, sastres, comerciantes, toneleros, descargadores, panaderos, hojalateros, tejedores, cerrajeros, estudiantes, mozos de cuerda... Un rosario interminable de oficios populares. Y, en este leer y pensar, encuentro de pronto el número 399 de la lista con la siguiente mención: «Desconocido». Nada más, aparte de morir de un disparo y acabar en el depósito de cadáveres. Me pongo a reflexionar, a mirar la palabra irremediable, y me digo a mí mismo que, en definitiva, si no he escrito la verdadera historia de la Revolución del 5 de octubre, fue sólo porque nunca conseguiría saber quién fue aquel hombre: el 399, un muerto de un disparo que fue llevado al depósito de cadáveres. Anónimo portugués.

Caballos y agua corriente

Un hombre va a la guerra, deja a su mujer en su tierra como dejó el caballo en casa, con el sentido del propietario que tanto quiere lo que posee como tranquilamente lo olvida, porque es el señor y no admite que el mundo sea otra cosa que el siervo de su conveniencia. Da a esa mujer lo poco que puede; más no, pues el tener es muchas veces desapego y algo de indiferencia y sospecha. La mujer fue tomada de paso, como una espiga que nació en la orilla del camino y es arrancada aún con el cereal en leche, tan lejos de la madurez como del primer verdear de la simiente abierta. Estas cosas se repitieron en todos los tiempos y nadie aceptará que puedan ser de otro modo sólo porque el tiempo es de guerra y la mujer se llama Djamília.

Con todo, ésa es la razón por la que la novela de Aitmátov, y la película que con la materia de ella se hizo, no sea una historia banal de adulterio y abandono del hogar que se *bovariza* entre los cortinajes burgueses con un tono picante. Esta mujer se llama Djamília, trabaja la tierra, lejos, en el Asia Central, entre montañas a las que se agarran las nubes como barcos que lanzaran cansinamente el ancla. Y en el regazo de esas montañas, en valles ondulantes como palmas de la mano, surcados de regatos imitando las líneas de la vida y de la muerte, crecen tierras de sembradura como océanos en movimiento constante, porque hay un viento desahogado que se expande y que se exalta hasta dejar de ser viento para convertirse en la respiración del aire y de todas las cosas. Por eso los cabellos de Djamília le cubren el rostro y se alzan como la cola suelta de una yegua en un desfile.

Un día, un soldado herido en esta misma guerra viene a ayudar en los trabajos del campo con la fuerza que aún le queda. Carga sacos de trigo, conduce el carro que tiene hechuras de cuna larga, y calla discretamente mientras mira a Djamília, que alza los brazos para sujetar el cabello, desplazándolos con el movimiento circular de la guadaña, que se abre camino entre las ondas de las mieses como un mascarón de proa que ofreciese sus senos morenos a las aguas.

Otro día, que no fue día sino noche sofocante de verano, Djamília entró vestida en las aguas del río y de ellas salió ardiendo como la primera mujer, y fue a tumbarse en la hierba donde el soldado herido esperaba el inicio del mundo.

Y todo fue como debía ser.

Es sólo esto la historia de Djamília y Da-niiar, y todo lo que hay en ella, fuera de esto, nadie lo puede contar. Mientras los dos huyen del odio y se pierden (o se encuentran) más allá del horizonte y de las montañas, lejos de todo y llevándose todo consigo, es tiempo de reunir lo que a nosotros nos correspondió en la partija: el quiñón, el puñado de tierra, el invisible olor del viento, esa ondulación interminable de las mieses. Y también, por lo lucido y húmedo de los caballos, la suavidad de sus narices trémulas, la concavidad tibia de la grupa, y este movimiento agitado que hace volar las crines. Reparemos, antes de que huyan, en el rápido galope en el que se confunden las patas y los dorsos, el batir de los cascos, como una tormenta, la fuerza y el vértigo. Pero ahora, contrapunto sujeto de todo esto que es libre y veloz, miremos aquel caballo de manos trabadas que avanza difícilmente, a sacudidas, mientras pasta bajo un cielo negro enteramente rodeado de montañas. Tanta es la belleza que resulta insoportable, y nos cubrimos los ojos con la mano.

Pero están los ríos, las corrientes de agua que se deslizan sobre guijarros y cantos rodados, pulidos, redondos como senos o rostros de niños, y que murmuran sin fin en los lugares poco profundos, para luego, más allá, deslizarse serenamente, con un suspiro que no se oye porque es sólo un súbito silencio. Por esos ríos avanzan caballos levantando espuma; en estas aguas frías atizó Djamília su ardor y su libertad, y la imagen de la corriente vivísima queda en los ojos como la vía láctea que el sol siembra de espejos y la luna cubre de flores blancas. En verdad os diré que en el principio era el agua.

La película va a acabar. Se ha despedido la última imagen. Tengo un segundo, antes de que las luces aparezcan, para descubrir lo que me falta aún. Y es en este segundo cuando la memoria me restituye un sueño antiguo. Uno de aquellos sueños raros en los que se han juntado todos los colores del mundo: por una corriente de aguas bajas, de poco más de un palmo de profundidad, voy avanzando desnudo hacia la fuente, también sobre un fondo de cantos rodados que crujen bajo mis pies mientras el agua suena con un rumor suelto de seda desgarrada. Camino río arriba, desnudo, bajo el sol claro; a los lados hay césped verde, rasado, y árboles enormes y quietos. No sé qué significa esto, qué cosas me están siendo murmuradas en este sueño, pero sin duda el futuro me lo dirá. Desnudo, remontando la corriente. (Caso pocas veces visto, pero tan simple como una ley que todo lo explicase).

El general Della Rovere

En 1959, hace catorce largos años, Roberto Rossellini realizó una película a la que tituló *El general Della Rovere.* Durante todo este tiempo, la película anduvo viajando por el mundo, interesó a millares de personas, habrá modificado sutilmente algunas ideas y algunos comportamientos, cumplió su deber de obra de arte: ser y actuar. Sabíamos de su existencia como se sabe el nombre de un país distante que nunca visitamos y que, en el fondo, nunca tuvimos esperanzas de llegar a conocer. Hasta que un día el milagro acontece y nos hallamos en el umbral de la frontera.

Quieren, sin embargo, las conveniencias de la distribución que la provincia sea aquella prima pobre para quien quedan los vestidos usados o a quien se ofrecen, con risueño desdén, trapos nuevos de mala calidad. De modo que el general Della Rovere nunca entrará (casi apostamos la cabeza) en los circuitos de distribución de las pequeñas ciudades y villas. Éstas son las víctimas preferidas de los melodramas cursis, de los *westerns* de caballos al galope y chiquillas que ya lo saben todo, de los policías inteligentísimos de gatillo fácil, en fin, toda la chatarra mixtificadora y rentable que llena las albardas de los productores.

¿De qué sirve, pues, hablar de una película que la mayoría de los lectores no van a ver jamás? ¿Será esta película una obra maestra que justifique un trato semejante por parte del cronista, cronista que, por otra parte, no se va a convertir en narrador de argumentos cinematográficos? Diré que el general Della Rovere no es esa obra maestra y, en lo que me toca, diré también que hablar de la película representa el cumplimiento de un deber formulado inmediatamente después de salir del cine, aún bajo la emoción de las últimas imágenes.

La historia que en este filme se cuenta está basada, o eso dicen, en hechos reales. Podrían no ser así, y el efecto vendría a ser el mismo, pero el que los hechos hayan ocurrido me ahorra el trabajo de insinuar que estas cosas pueden suceder. En este caso, acontece que hay allí un hombre sin carácter, un estafador vulgar, un hombre que embauca y roba dinero del luto, de la aflicción, de la miseria, sin que la conciencia le remuerda lo más mínimo. Cuando se ve enfrentado a sus víctimas, las engaña y se engaña a sí mismo con la argumentación especiosa de que lo había hecho por piedad. Y si este sentimiento rendía beneficios pecuniarios, tanto mejor.

Brandone, el protagonista, va estafando dinero a base de auxilio a presos políticos, resistentes y guerrilleros en poder de los alemanes. Es un hombre melifluo por naturaleza y necesidad del oficio, un chalán de cortas perspectivas, que seguirá siéndolo hasta el final de su vida o hasta que un gran golpe de suerte lo enriquezca y le permita adoptar el papel de persona honrada, cosa que, como sabemos, también ocurre. Pero este hombre está marcado para otro destino, para otra conquista: la de la dignidad.

Descubiertas sus mañas, le es ofrecida por la Gestapo la oportunidad de salvarse y, encima, con un sustancioso premio en dinero. Acepta. Irá a ocupar en prisión el lugar del general Della Rovere, muerto cuando desembarcaba clandestinamente en Italia para encontrarse con Fabrizio, un jefe de los resistentes. Deberá actuar de modo que se denuncie el propio Fabrizio, también preso, pero a quien la Gestapo no logra identificar. Brandone va a completar así su carrera, transformándose en el gran soplón, en el gran traidor, él que nunca había pasado de un vulgar bellaco. La última página de la historia será la riqueza y, quién sabe, un título de comendador cuando acabe la guerra.

Pero las oportunidades y las situaciones hacen y deshacen a los hombres. Metido en la piel del general, encerrado en una celda cuyas paredes conservan aún las palabras de despedida de los resistentes fusilados, forzado por los acontecimientos a mostrarse firme y valiente, poco a poco va despertando en él otro hombre. Se ve ante la tortura, ante el verdadero valor, ante un respeto que nunca nadie le había merecido, y todo esto lo lleva a ser primero el general Della Rovere, tomando las actitudes y diciendo las palabras que del general se esperan. Al final, cuando todo está perdido y él mismo ha sido torturado, aunque aún le es posible salvar la vida a cambio de la denuncia ahora a su alcance, avanza con otros rehenes hacia el lugar de la ejecución. Son suyas las palabras valerosas que honran a la patria y reclaman la derrota de los enemigos. A los ojos de todos, es el general Della Rovere quien muere. Pero nosotros sabemos que quien va a morir es un pobre hombre débil, un estafador, un jugador sin suerte, llamado Brandone, que ha aprendido a ser valiente, honrado y digno. Esta muerte es una victoria.

Ésta es la historia de la película. Otras palabras mías son inútiles. Pero añadiré aún que quizá la debilidad de cada uno de nosotros no sea irremediable. La vida está ahí, a nuestra espera, quién sabe si para obtener la prueba real de lo que valemos. ¿Sabremos alguna vez quiénes somos?

Los gritos de Giordano Bruno

En definitiva, no es muy grande la diferencia que hay entre un diccionario de biografías y un vulgar cementerio. Las tres líneas secas e indiferentes con que, en la mayor parte de los diccionarios, se resume una vida, son el equivalente de la sepultura rasa que recibe los restos de aquéllos que —perdóneseme el chiste fácil— no dejan restos. La página completa, con autógrafo y fotografía, es el mausoleo de buena piedra, puertas de hierro y corona de bronce, más la romería anual. Pero el visitante hará bien en no dejarse confundir por los alzados de arquitecto, por las esculturas y las cruces, por las plañideras de mármol, por todo el escenario que la muerte pomposa aprecia desde siempre. De la misma forma, si está en campo abierto y sin referencias, deberá prestar atención al sitio donde pone los pies, no vaya a acontecer que debajo de sus zapatos se encuentre el mayor hombre del mundo.

No estará pisando, pese a todo, la sepultura de Giordano Bruno, porque éste fue quemado en Roma, ardió de manera atroz, como arde el cuerpo humano; y de él, que yo sepa, ni las cenizas se conservan. Pero al mismo Giordano, para que las cosas queden todas en el lugar que les corresponde, y para que por fin se haga justicia, le fueron reservadas cuatro líneas en este diccionario biográfico. Allí, en tan poco espacio, con tan pocas letras, entre la fecha de nacimiento, 1548, y la fecha de su muerte, 1600, balizas de un universo personal que vivió en el mundo, poco se dice: italiano, filósofo, panteísta, dominico, colgó los hábitos, se negó a renunciar a sus ideas, fue quemado vivo. Nada más. Nace, vive, lucha y muere un hombre, así, para esto. Cuatro líneas, descanse en paz, paz a tu alma, si en ella creías. Y nosotros hacemos excelente figura entre amigos, en sociedad, en una reunión, en la mesa de un restaurante, en la discusión profunda, si dejamos caer adecuadamente, de modo familiar y entendido, la media docena de palabras que hemos convertido en una especie de ganzúa o llave falsa con la que creemos poder abrir una vida y una conciencia.

Pero, para aflicción nuestra, si estamos en hora y témporas de lucidez, los gritos de Giordano Bruno rompen como una explosión que nos arranca de las manos el vaso de whisky y apaga en nuestros labios la sonrisa intelectual que elegimos para hablar de estos casos. Sí, ésa es la verdad, la incómoda verdad que viene a triturar el suave entendimiento del diálogo: Giordano Bruno gritó cuando fue quemado. El diccionario sólo dice que fue quemado, no dice que gritó. Pero ¿qué diccionario es éste que no informa? ¿Para qué quiero yo una biografía de Giordano Bruno que no habla de los gritos que él dio, allí, en Roma, en una plaza o en un patio, con gente alrededor, unos que atizaban el fuego, otros que asistían al espectáculo y otros que, serenamente, escribían el acta de ejecución?

Demasiado olvidamos que los hombres son de carne fácilmente sufridora. Desde la infancia, los educadores nos hablan de mártires, nos dan ejemplos de civismo y moral a costa de ellos, pero no dicen qué doloroso fue el martirio, la tortura. Todo queda en una abstracción, filtrado, como si viéramos la escena, en Roma, a través de gruesas paredes de vidrio que sofocaran los sonidos, y las imágenes perdieran la violencia del gesto por obra, gracia y virtud de la refracción. Así, podemos decirnos tranquilamente unos a otros que Giordano Bruno fue quemado. Si gritó, no lo oímos. Y, si no lo oímos, ¿dónde está el dolor?

Pero gritó, amigos míos, gritó. Y sigue gritando.

La máquina

Conocí a este hombre hace más de veinte años. El mismo tiempo que hizo de mí un hombre maduro lo transformó a él en un viejo —no me regocija eso, también a mí me llegará. Era entonces un hombre poderoso, corpulento, malcarado. Disponía de una autoridad que lo turbaba hasta cuando quería parecer cordial. Hacía, en ciertas ocasiones, pequeños discursos a sus subordinados —yo era uno de ellos—, y tenía un modo muy peculiar de articular las palabras, era como una muela de esmeril. Las frases salían con filo, cortantes y frías. Mientras duraba el periodo preelectoral, no había quien se atreviera a moverse o a arrastrar los pies. Él empezaba siempre con un llamamiento a la razón —así decía él— y acababa con una amenaza velada o abierta, conforme al grado de resistencia que hallaba en la atmósfera. Las palabras más agresivas las decía siempre con los ojos taladrándome a mí, como si mi silenciosa respiración la sintiera como una afrenta. Nunca nos entendimos. Y sé que él, por su parte, me detestaba.

Era un hombre poderoso, repito. Poderoso, y también subalterno, una especie de ejecutor de justicias inicuas.

Representaba entre nosotros un poder más alto que el que ciegamente interpretaba. Cuando nos llamaba a su despacho, nos recibía de pie, agresivo. Todos lo odiábamos. Bueno, no todos. Había quien hizo voto ante él de obediencia absoluta. Eran sus soplones, las sombras con quienes se encerraba a cal y canto para oír informaciones de charlas, palabras sueltas, suposiciones, mentiras. De todo esto se hacía una red de veneno, una corrosión gusanera.

Desde que me alejé de él no volví a verlo. Durante un tiempo hice grandes proyectos de venganzas futuras, luego lo olvidé. Y ahora, hace pocos días, he tenido noticias de él. Supe que ha envejecido mucho, que está muy enfermo, que tiene vida para poco. Sus jefes han desaparecido casi todos y los que sobreviven apenas lo toleran. Intentan olvidar cómo y cuándo les fue útil, en aquel pasado de complicidad feroz, a la que mejor cabría el nombre de crimen.

Padece una enfermedad que le obliga a estar durante largas horas dentro de una máquina. No he querido saber detalles, no recuerdo el nombre de la enfermedad ni sé para qué sirve esa máquina. Cuando me lo dijeron, dejé de escuchar después de haber oído lo esencial, sintiéndome atraído hacia aquel pasado incómodo. Cuando volví al presente, se me quedó grabada la imagen de una máquina brillante y ácida con una ancha boca por donde resbalaba un cuerpo blando, jadeante, ansioso de una vida inmerecida. He ahí el verdugo, el perseguidor, el hombre que profería amenazas. He ahí la masa de carne que fue todo eso.

Me complazco en estas imaginaciones. No quiero verlo, pero no le haría ningún mal aunque pudiera. Cuando revuelvo en los desvanes de la memoria, encuentro vivo el desprecio, que fue, en definitiva, el sentimiento más fuerte que me vinculó a él. Está lejos del mundo, de la vida, del trabajo, aunque innoble, viendo pasar los días que ya no le pertenecen, preso a la vida por el funcionamiento de una máquina que llena su cuarto de un zumbido suave que sus oídos duros ya no distinguen. Sus ojos, forzados a clavarse en un solo punto, se apagan lentamente cuando los gruesos párpados descienden. Cada vez, es como si muriese.

Este hombre tiene quien lo sirva. Hay unos parientes, unas criadas, unas enfermeras, unos médicos, unos amigos que lo visitan, algunas personas importantes que se interesan por él. Pero no lo estiman. Lo sirven por deber, lo tratan por dinero, lo visitan por una aborrecida obligación. Y él se da cuenta de todo eso. Sabe que es un tropiezo, un estorbo y, para algunos, un testigo peligroso. Teme a todo el mundo. Le horroriza, sobre todo, que le puedan averiar la preciosa máquina, que es su vida y su única justificación para estar aún en el mundo.

Y es en esto en lo que pienso ahora. Veo a alguien avanzar en una media oscuridad por el cuarto silencioso, y lo veo despierto de su pesada somnolencia con el rechinar de las tablas del piso. Veo dos manos que se alargan hacia un interruptor, hacia una clavija, hacia cualquier mecanismo vital. Veo los ojos redondos del enfermo desorbitados por el miedo, veo sus labios retorcidos en busca de un grito que no sale y, de repente, hay un silencio enorme: el zumbido se ha parado, el cuarto queda petrificado, el hombre a quien conocí hace veinte años se muere lentamente.

No fui yo quien desenchufó la máquina. Dejé correr así la imaginación porque necesitaba matar a ese hombre en mi memoria. Se acabó. Sólo la máquina está viva. Él no.

El tiempo de las historias

Hay ocasiones en que cae sobre mí una sincera pena de mí mismo por no ser capaz ya de creer en ciertas maravillosas historias que leía en la infancia, cuando saber leer —lo descubrí más tarde— equivalía a abrir puertas al espíritu, pero también, en ciertos casos, a cerrar algunas. Porque en esas historias me enseñaban cosas que no habían ocurrido, proporcionándome así verdades y fantasías al mismo tiempo. Pero tan arraigado está en nosotros el gusto por lo maravilloso que me ocurre lo que ya he dicho antes, es decir, sentir lástima de mí por no creer ahora y, quién sabe, por no haber creído nunca.

Una de esas historias, la más breve que conozco, se cuenta en dos líneas. Sólo es esto: «Y Dios dijo: "Hágase la luz". Y la luz se hizo». No sé qué genio escribió estas palabras, pero digo que gracias a ellas uno puede llegar a creer en el poder demiúrgico del verbo. Sin imágenes, sólo con una simple declaración circunstancial, vemos la oscuridad total, oímos la gran voz imposible y asistimos al nacimiento primero de la luz. Como oscuro escritor que soy de esta tierra, me inclino ante tal prodigio del arte literario.

Pero, tras inclinarme reverente, levanto de nuevo la cabeza y miro fríamente el diseño de las palabras, la mancha particular y única que cada una hace en el papel, las veo formarse en las múltiples bocas de mis contemporáneos, analizo el encadenamiento de los sonidos y el sentido subyacente, y me siento perdido en un bosque poblado de fantasmas de conceptos, de sombras de raciocinio, de fuegos fatuos de ideas. Es entonces cuando más recuerdo el tiempo de las palabras de un solo sentido —porque era la primera vez que las oía.

Este país de gente callada, que difícilmente junta dos ideas de forma inteligible, sin los bordones onomatopéyicos en los que la frase se va apoyando laboriosamente, es, al mismo tiempo, uno de los países en que más se habla. Se entiende el porqué. Aquéllos a quienes les es dada la autoridad, y a veces también la orden de hablar, sabiendo que hablan para una población de alienados, usan y abusan del verbo en una especie de jovial impunidad. De sobra saben que no van a tener contradictores, que nadie apuntará sus incoherencias, sus ilogicismos, sus contradicciones, los atentados contra la verdad, los errores gramaticales. Entre cada dos charlas, tantas veces repetidas con poca diferencia en el vocabulario y ninguna en el estilo, hay una cápsula de silencio protector que, al parecer, nada podrá quebrar ni hender siquiera. De ahí que, a lo largo del año, podamos verificar hasta qué punto se mantienen los oradores fieles a sí mismos, imperturbablemente serenos o, si agitados, sólo porque la ocasión lo exige. Pero las palabras son las mismas: si no expresan las ideas de quien habla, expresan las ideas de que conviene hablar.

Sobre la realidad del país se asienta pues un tejido de palabras de las que podría extraerse una trama que sería supuesta expresión en lenguaje de esta misma realidad. Pero la verdad es otra y muy distinta. Los grandes problemas nacionales: la educación, la emigración, la libertad de expresión, la representación política, el nivel de vida, la información, el equipamiento industrial, la inversión extranjera, etc., si bien son discutidos en los gabinetes con objetividad y pertinencia —o lo serán en obediencia a soluciones que el país no aprobó o de las que ni siquiera se ha enterado—, pasan desde allí al exterior envueltas en un *cantabile* de sonidos nebulosos que nos dejan a todos en la misma y anterior ignorancia.

A agravar viejas taras lingüísticas y cuadragenarias dificultades de comunicación ha contribuido la aparición reciente de un lenguaje de tipo tecnocrático con artes para transformar los problemas del estómago, del dolor físico y moral, de la reivindicación cívica, de la vida y de la muerte personal o colectiva en abstracciones esterilizadas que pueden ser manejadas sin incomodidad y con manos limpias. Únanse a esto, repito, los viejos tropos sentimentales y demagógicos aún en plena aplicación y tendremos un panorama francamente deplorable de lo que en definitiva no es, pero debería ser, al menos en una sociedad saludable, la corriente de ida y vuelta —inevitable, incluso en discordancia— entre los gobernantes y aquéllos en los que han delegado la función de gobernar.

El país, hasta cuando sale a la calle para aplaudir, hasta cuando saca colgaduras a las ventanas, hasta cuando manda a sus niños vestidos de blanco a cubrir carrera en las avenidas —el país, hasta cuando hace todo esto y, sobre todo, porque hace todo esto—, está peligrosamente alienado de sus problemas y de los riesgos que corre. No es novedad el hecho de que todo el mundo se encuentre en crisis. Que las alianzas de intereses se hacen y deshacen en una semana, que los regímenes se sustituyen en veinticuatro horas, que las represiones inundan de sangre el mundo, son cosas que todos vamos sabiendo, mejor o peor, y a veces con gran lujo de detalles, a través de la prensa. Pero la misma prensa se limita a dar una imagen oficial, u oficiosa, u oficializante, de las realidades y de los acontecimientos internos en ese lenguaje inocuo en el que se redactan los comunicados finales de las conferencias entre gobernantes de diferentes países. No es raro que leamos que han sido tomadas providencias para resolver un problema cuya discusión pública se ha impedido; no es raro que nos enteremos de que Portugal va a estar representado aquí o allá por medio de periódicos extranjeros o por periódicos portugueses en noticias procedentes de agencias extranjeras. Sirva esto de ejemplo. Alguien que conserve aún un mínimo de dignidad cívica, de responsabilidad, tendrá forzosamente que sentirse humillado ante una situación que lo mantiene en estado de minoridad intelectual, de adolescencia vigilada, de infancia bajo tutela.

Las viejas historias pesan. Dicen que se hizo la luz y proceden hipnóticamente por repetición. Entretanto, el espíritu cercado levanta la cabeza y pregunta: «¿Qué luz? ¿Dónde? ¿Para quién?».

Las coincidencias

No me tengo por hombre de fuerte espíritu, pero tampoco soy de esos inquietos que se sienten atraídos por presagios, adivinaciones, brisas secretas, gentes que viven a todas horas ocupados en descifrar mensajes de este mundo y del otro, complicando así su propia vida y acabando con la paciencia ajena. Con todo, se dan a veces casos que hacen pensar que la vida no es algo sencillo, que sus caminos se encuentran tan sembrados de desvíos y de trampas que muy raro es que no nos perdamos a cada momento. Una cosa que me ha hecho reflexionar mucho, como si de una maravilla se tratara, resulta ser lo más corriente y moliente que pueda imaginarse: los accidentes de tráfico.

Me explico. Un hombre sale de casa temprano, se despide de la familia, va a trabajar, pasa la mañana ocupado, sale a comer, vuelve a la oficina, pasa la tarde en sus quehaceres, sale a la hora, o más tarde, y si es amigo de tertulias va a charlar un rato con los amigos, pasa por el café, compra un periódico, toma el autobús o el tranvía, baja en la parada, va calle adelante, está ya casi a la puerta de su casa cuando, de repente, viene un automóvil y lo arroja al suelo, malherido, si no peor.

¿Y qué hizo durante el día el conductor de este automóvil? Salió de casa, quizá también muy temprano, entró en el coche, puso en marcha el motor, arrancó, circuló por la ciudad, fue a trabajar, entró y salió del despacho, vio a gente, conversó y, en un momento determinado, al caer la noche, tuvo que pasar por una calle que ni siquiera estaba en su camino; pero había obras, cambios de sentido, y de pronto sale un peatón por su derecha, siente un golpe y ve un hombre por el aire. Un accidente.

Observe el lector cuántas vueltas dieron estos dos hombres durante el día, lejos el uno del otro, a horas desencontradas. Todo parecía alejarlos y, en el segundo preciso, empezaron a aproximarse, movidos, sin que lo advirtieran, por el azar, por una fatalidad irónica, hasta el instante en que ocurrió lo que no debía ocurrir. Piensa uno en esto y se le quitan las ganas de salir de casa.

O está en casa —fue esto lo que me ocurrió a mí, y de ello voy a hablar— leyendo el periódico, las informaciones, la política internacional, los casos del mundo, cuando, de repente, da con una noticia insólita: «El profesor Paul L. Cabell Junior, del estado de Michigan, se ha suicidado por la armonía racial, por la paz». Estoy leyendo estas líneas perturbado y, en el mismo momento, oigo la voz del locutor en la radio: «Vamos a transmitir la *Oda a la paz*, de Haendel».

Mientras acabo de leer la noticia se alzan las voces de dos solistas y las del coro, alabando la misma paz por la que un hombre, lejos, muy lejos, allá en Michigan, decidió pegarse un tiro en la sien. Un hombre que había escrito una carta a sus alumnos en la que decía: «Muero para recordaros, a vosotros y a todos los jóvenes que sueñan con ser libres, que la paz sólo puede conseguirse si trabajamos todos juntos por ella».

Uno está tranquilo en la ciudad de Lisboa, leyendo su periódico, escuchando su música, y, sabe Dios por qué, se juntan la noticia de lejos y los sonidos de hace doscientos años; es el mismo voto en todos, la misma sed de paz y de armonía. Un hombre se desangra tras hacer algo que parece una locura; otro hombre ha reunido compases que podrían contar otra historia, y otro hombre más, yo, el lector, sabe todo esto y queda confuso, sin saber qué pensar de un mundo que creíamos tan pequeño y que, en definitiva, tiene su tamaño multiplicado por el número infinito de instantes que forman, juntos, el tiempo del mundo.

¿Cómo he de cerrar esta crónica? Parece que deberían bastar los hechos, que podría dejarlos entregados a la inteligencia del lector, para que de ellos extrajera las lecciones posibles y, sobre todo, las necesarias. Pero algo me dice que no sería suficiente. Sobre todo, creo yo, porque esta música me parece un poco mercenaria, es música de encargo por una paz que quizá encubriera una futura guerra; sobre todo, porque la muerte del profesor Cabell, por hermoso que sea su testimonio, me deja el resabio de la inutilidad: la bala que lo mató no cortará la trayectoria de ninguna de las que se están disparando en este mismo momento.

Todo para concluir que la *Oda a la paz* —quizá, en definitiva, sincerísima— no servirá de mucho si es oída distraídamente en la radio, fuera del corazón de los hombres; que la defensa de la paz puede ser hecha por los vivos muriendo, pero no la harán los vivos matándose. Todo para concluir que las coincidencias, así dispuestas en el mundo y en el azar, si bien me han dado tema para esta crónica, merecen un mejor destino: el de llevar al lector a meditar en estas cosas de paz y de guerra, a pensar en estos hilos que no deberían parecer misteriosos pero que constantemente se nos escapan de las manos.

Sujetémoslos bien, ya que de las manos de Haendel ni el polvo queda, y las manos de Cabell alzaron un arma contra sí mismas y se van enfriando.

La recuperación de los cadáveres

¿Se acuerdan? De las profundidades de la noche, caminando por las cumbres de los cerros, surgían dos siluetas terroríficas que avanzaban luego entre las tumbas, mientras una niebla de circunstancias cumplía su deber en la composición de la escena y hervía con los miedos del espectador. Eran el doctor Frankenstein y su criado, que venían de desenterrar el cadáver fresco del día. Después se lo llevaban por atajos y colinas propicias a los trazos artísticos del contraluz, mientras la tempestad se acumulaba en el horizonte, evidentemente. Nosotros, encogidos en las butacas como ratas, batíamos de horror las dentaduras, medio arrepentidos ya, sin saber lo que nos esperaba.

Luego venía el horroroso molino en el que ocurrían cosas deliciosamente pavorosas: las buenísimas intenciones del médico, la malignidad del criado, la fabricación del nuevo ser por yuxtaposición, sutura y grapado, aquel insuflar vida a base de descargas eléctricas de una tormenta considerable... Luego, todo lo demás: el monstruo suelto por el mundo, los crímenes que cometía... En fin, lo imaginable. Y cuando acababa la película, volvíamos a casa con el corazón oprimido, con miedo a las sombras, a las esquinas, al sereno, a la escalera sin luz. Toda la noche soñábamos y sudábamos afligidos. ¡Qué tiempos aquéllos! Ahora, los dráculas y vampiros no consiguen más que hacernos reír.

Por mi parte, siempre creí que eso de desenterrar cadáveres con fines lucrativos sólo ocurría en el cine, que, en la vida real, el antiguo respeto a los muertos —y más en un país como el nuestro, tan respetuoso con las tradiciones necrófilas— detendría siempre cualquier gesto de profanación. Pero parece que no es así. Cambian los tiempos, cambian las voluntades,* y lo que parecía mal pasa a estar bien. Ahora está muy de moda ir a los cementerios, recorrer alamedas de mala fama, tumbas que creíamos humildes, la fosa común, desenterrar los huesos, el polvo, los vestigios y salir a la calle gritando: «Es nuestro. Fue un gran hombre, un gran patriota. Es nuestro. No crean lo que de él dijimos en otras épocas. Queda hecha justicia. Es nuestro».

De sobra saben mis lectores que soy ciudadano pacífico, dispuesto a ser benévolo con todo el mundo, siempre en busca del lado bueno de las cosas, el lado del sol. Pero reconozcan también que hay cosas que sacarían de quicio al mismo san Francisco de Asís, santo de tanta virtud y paciencia que no distinguía entre lobos y corderos y a todos llamaba hermanos. No soy tan mezquino como para creer que quien ha criado odio, al odio tenga que vivir aferrado hasta el fin de su vida, sólo por no desdecirse y confesar su error. Buena cosa es que la gente evolucione en el buen sentido,

* Verso inicial de un soneto de Camões: «Mudam-se os tempos, mudan-se as vontades». *(N. del T.)*

que abandone rencores y gane aquella rectitud moral que impone el respeto al adversario; es excelente que se pierda la obstinación de cortar cabezas, vidas, carreras, ideas, convicciones... Hasta aquí, todo claro. Pero lo que ya no me parece bien —porque el gesto no es desinteresado, ¡qué va!— es ese afán de recuperar cadáveres de gente que en vida —en su única vida, señores— fue odiada, calumniada, despojada de su ciudadanía, gente cuyo único crimen fue tener opiniones diferentes acerca del modo de gobernar la ciudad. Mejor sería que dejaran a esos muertos en paz si, en vida, ésta les fue negada.

Y no vengan a decirme que la muerte lo nivela todo, que en ella acaban despechos, envidias y malquerencias, que ahí empieza la fraternidad universal —y nacional. Porque, si esto es así, entonces lo que está pasando recuerda irresistiblemente los rituales de la antropofagia, que, según los entendidos, se explicaría por la voluntad de adquirir las virtudes, la fuerza y el valor de los enemigos muertos. Lo que no impide —¡oh ironía!— que continúen persiguiendo a los enemigos vivos para volver a comérselos en un ciclo repetitivo; y siempre, pasado el tiempo conveniente que permitirá una digestión fácil, con los gritos atronadores de la justicia tardía, y por eso precisamente inútil: «Es nuestro porque sirvió a la Patria. Es nuestro porque fue un buen ciudadano. Es nuestro porque fue honrado. Es nuestro».

No sé si en los demás países las cosas suceden del mismo modo. Quizá sí, y todas estas inhumaciones y exhumaciones serán sólo otra modalidad de la alternancia del sí y del no, como esos carteles de la calle, pegados unos sobre otros, contando con la flaca memoria de quien pasa y echa un vistazo a lo largo de las paredes, decoradas con palabras que parecen nuevas, con dibujos que parecen otros, con rostros que parecen diferentes.

Manejados así, los muertos oponen mucha resistencia. Saben muy bien, en el silencio en que se instalaron, cuál es una verdadera familia. Que ésta no los olvide, porque entonces sí sería el fin.

Meditación sobre el robo

Aquéllos de entre nosotros que leyeron *Los miserables* en tiempos de antaño —¿quién tiene hoy paciencia para aguantar a Victor Hugo?— recuerdan que, simplemente por robar un pan, Jean Valjean estuvo diecinueve años preso. Pequeñas causas, grandes efectos. Un espíritu objetivo, de esos que todo lo pesan y miden, escrupulosos hasta la saciedad, dirá que si Jean Valjean hubiera cumplido resignadamente la pena que la sociedad le impuso, no hubiera estado preso más de cinco años. Lo peor fue su rebeldía, aquella absurda ansia de libertad que le llevó a intentar huir cuatro veces. En fin, casos tristes.

Se me ocurren estas reflexiones en el momento en que reconstruyo en la memoria mi desamparado deambular por la gran sala del Museo Británico, que contiene las esculturas arrancadas del Partenón. Digo «desamparado deambular» porque no creo en la medida suficiente que dé al visitante ni un barniz mínimo de serenidad. A no ser que el visitante sea estúpido. Hasta un ciego, con sus ojos digitales, se estremecería conmovido si pasara los dedos por las figuras antiquísimas de los frisos y las metopas. Imagínense, pues, el privilegio que unos ojos intactos, aunque miopes, pueden proporcionar.

Pero estaba hablando yo de Jean Valjean, del pan que no era suyo y él robó, y estoy ante las esculturas del Partenón rodeado del cálido confort inglés. Pero tengo frío.

El error, por lo visto, está en robar sólo un poco. Diecinueve años pasó Jean Valjean preso, y ya ven las que pasó aún, después de salir, con aquel canalla de Javert persiguiéndolo, conforme nos va contando, punto por punto, Victor Hugo. Thomas Bruce, diplomático, hombre sin duda finísimo pero nacido para mal de Grecia, con mañas de salteador va y saquea la Acrópolis de Atenas, arranca piedras de dos mil quinientos años, se lo lleva todo a Londres y nadie lo persigue, nadie le hace mal alguno, más bien todo lo contrario, hoy está en la historia como un gran hombre, mientras que Jean Valjean, sólo por una hogaza, pasó las que pasó; y, por no ir más lejos, ahí está nuestro José de Telhado, que incluso robaba a los ricos para dar a los pobres. Díganme ahora cómo se puede entender este mundo.

Deambulo perplejo por la sala enorme. En los primeros minutos nada consigo ver. Pienso continuamente: «¿Fue esto lo que robaron? ¿Está todo el mundo de acuerdo? ¿Nadie dice nada? ¿No se constituye un Tribunal Supremo para juicio y castigo de los grandes latrocinios? ¿No se devuelve lo suyo al dueño?». Después (¡qué remedio!), me fui serenando, me entregué a la contemplación de las panateneas y de los caballeros, de las degolladas figuras de los dioses, de las luchas entre centauros y lapitas. Di lentamente dos vueltas a la sala, sabiéndome cómplice a partir de ese momento y consciente también de mis flacas fuerzas, que me impedirían actuar en cualquier sentido.

¿Qué podía hacer yo? ¿Protestar en Hyde Park? ¿Organizar una manifestación en Trafalgar Square? ¿Marchar sobre Buckingham Palace? ¿Alistarme en el ejército secreto del IRA? Yo, un pobre portugués allí perdido, que ni siquiera va a reconquistar Olivenza, me encogí de hombros, salí de la gran sala y fui a ver las otras colecciones con ese hambre insaciable de conocimientos que ya me ha causado algunas indigestiones intelectuales. Vi todo lo que allí había: las esculturas egipcias, las momias, la piedra de Rosetta, los leones asirios con cabeza humana, objetos, armas, utensilios, todo el mundo antiguo ordenado y etiquetado, una ejemplar lección de arte y de historia que me infundió el respeto por las cabezas inglesas responsables.

Fue allí donde se hizo la luz sobre mi turbado espíritu. Me había dado cuenta de que en los museos ingleses no hay nadie en la puerta, con el papelito en ristre, en plan de cobrador de entradas. Hay, eso sí, dispersas por las salas, unas cajas de tapa de cristal, con su correspondiente ranura, donde el visitante es invitado a dejar su contribución monetaria, y donde un aviso nos informa de que ese dinero se destina a la compra de obras de arte para el museo. Todo esto lo había visto, sí, y me había parecido curioso y civilizado, sin más.

Pero, repito, el Museo Británico fue mi camino de Damasco. Allí comprendí que los ingleses, avergonzados de tanto robo estimulado o consentido, intentaban hacer olvidar sus fechorías tendiendo ahora la mano a la caridad pública. Comprendí que, pobrecillos, vivían ahora atormentados por los remordimientos, y sentí pena. Sentimental, con los ojos húmedos de lágrimas lusitanas, abrí la cartera, extraje media libra generosa y la metí por la ranura.

Ahora, después de esto, os puedo asegurar a todos que Inglaterra jamás volverá a caer en la tentación. Está reuniendo dinero para comprar el Museo del Louvre con todo su relleno, en buena y debida forma, por su justo valor.

Perdone el lector la broma: la culpa es de este mundo loco en el que nos vemos obligados a vivir.

Ir y volver

Este gusto mío por los museos y las piedras viejas, que en opinión de algunos puede ocultar una sospechosa tendencia a la evasión, es, muy al contrario, la señal más cierta de una radicación en el mundo en que estoy. De hecho, no creo que nadie pueda, en verdad, decirse de su tiempo si no se siente envuelto en un todo general que abarca el mundo tal como es y como fue. Aquel cuerpo reseco dentro de su caja de vidrio, en el Museo Británico, fue un cuerpo vivo hace tres mil años, y desencadena en mí, inmediatamente, un proceso mental que me muestra que la historia de los hombres es como una inmensa red de brazos, una iluminación de ojos, un rumor de pasos en un hormiguero. Cuando una noche en París, di con Notre Dame entre la niebla, bajo la luz mortecina de los proyectores, toda ella como si fuera una construcción extrañísima de piedra violácea, no pude evitar una serie de reflexiones caseras que pronto me apartaron de las pacíficas banalidades estéticas.

Aquí, en Portugal, si no exagero, tenemos la manía de hablar demasiado de la historia que hicimos y vivimos, cuando, en definitiva, no somos los únicos que medimos la historia patria en siglos, y si es verdad que fuimos descubridores y marineros, parecemos haber olvidado que todos los pueblos vueltos al mar o a los océanos algo acaban también por navegar y descubrir: tanto los griegos como los fenicios, los escandinavos como los holandeses, los españoles como los italianos.

Bien sabemos que evidencias de este tipo alimentan la vanidad de los pueblos y la xenofobia que casi todos cultivan. Por esta vía, cada uno acaba sintiéndose el mejor, el más osado, el más culto, el más adelantado, una especie de elegido, de parcialísima divinidad que divide la historia en gajos, como una naranja, y la distribuye a gusto de sus inclinaciones. Creo que no hay país que se libre del pecado de la soberbia, y eso nos disculparía si tal comportamiento no se agravara en nosotros con un claro divorcio entre lo que vamos diciendo y lo que somos capaces de sentir. Hablamos de las glorias pasadas, de las conquistas, de los descubrimientos, como de fantasmas inmateriales a los que los textos escolares no dan vida ni las piedras muertas, sustancia. Me gustaría mucho saber, por ejemplo, si el pueblo portugués se siente realmente heredero de Bartolomeu Dias y de Gil Vicente, de Alfonso Henriques y de Luís de Camões, del rey don Dinis y del cronista Fernão Lopes. Sería un test que podríamos realizar entre nosotros, y menos gratuito de lo que podría parecer a la gente apresurada que hace todos los días su revolución cultural.

Claro que no estoy pensando en cultivar un tipo de devoción historicista vuelta hacia el pasado, hacia los «buenos tiempos» en que fuimos señores del mundo o, más modestamente, de nuestros caminos. Se trataría más bien de desbrozar ese camino y liberarlo de lo que el tiempo y los acontecimientos han ido amontonando en él, hasta encontrarnos, como pueblo, conscientes, ahora sí, de un tiempo histórico vivido y asumido, ante la nueva sociedad —y quién sabe si la nueva civilización— que se está formando en todo el mundo entre los sobresaltos y los estertores de lo que aún no hace mucho tiempo parecía tan sólido y duradero.

Vistos de lejos (y vistos de cerca después), damos, en cierto modo, la idea de vivir nuestro día a día como si no hubiera habido ayer y no vaya a haber mañana, en una especie de sonambulismo fatalista que espera resignadamente la repetición del terremoto de 1755. O quizá a la espera de un brazo salvador (tal vez el del rey don Sebastián)* que nos arranque a todos de un tirón del vago ensueño en que nos hemos hundido. Individualmente. Colectivamente.

Este estilo de melancólico razonar nadie se lo ha pedido al cronista, y lo más seguro es que me lo censuren los que del optimismo han hecho profesión y credo. Pero la pregunta «¿qué seremos mañana?» es para mí una obsesión, una voz murmurante, un grito en ciertas horas de silencio.

La respuesta (si alguna vez nos va a ser dada) es infinitamente plural, pero en ella no habrá ninguna contribución mía: nunca como hoy se puede jugar menos con cosas serias,

* La desaparición del rey don Sebastián en 1578, en la batalla de Alcazarquivir, provocó la anexión de Portugal a España, hecho que nunca fue aceptado por el pueblo portugués, que, durante siglos, siguió esperando el retorno del rey que algún día devolvería a Portugal su independencia y su grandeza. Se sucedieron los impostores a lo largo de varias generaciones. Este «sebastianismo», sentido como un mesianismo redentor, se ha considerado una de las peculiaridades de la psicología colectiva de los portugueses. *(N. del T.)*

y las exigencias del análisis que a ella llevaría son tales, y tan diversificadas, que el simple cronista, que soy yo, tendrá que darse por satisfecho con aflorar levemente los interrogantes más próximos. Éste es su modo de estar presente, de intervenir, de expresar su ciudadanía, de amar al país donde nació, de amar al pueblo al que pertenece.

Cuatro jinetes a pie

Lo llaman pequeño almuerzo* y yo me atrevo a preguntar qué es lo que ganamos con la novedad. Teníamos «almuerzo», «comida» y «cena», tres palabras distintas para el acto de comer, y una cuarta palabra más —«merienda»—, tal vez la más fresca de todas, destinada a enriquecer la memoria gustativa de los chiquillos, al menos de aquéllos que de tan privilegiada costumbre se beneficiaban. Era, en definitiva, un vocabulario de gente de poca comida que no engullía bocado desde las ocho de la noche y se acostaba a la hora de las gallinas. Después vinieron las veladas prolongadas, las noches en blanco, vino el apetito de la una de la madrugada; entonces se torció la nomenclatura, se adoptó la francesa, se lusitanizó en *lanche* o «almuerzo británico» llevándolo a cuatro horas más tarde; así creíamos estar, con nuestros relojes, en la hora europea. Ingenuidad de gente sencilla que somos nosotros.

A causa de estos accidentes lingüísticos tengo que decir que tomo mi pequeño almuerzo (no el almuerzo, como

* *Pequeno-almoço* («pequeño almuerzo»), «desayuno» en portugués. *(N. del T.)*

antes) en una cafetería cualquiera de las que quedan camino de mi trabajo, no siempre la misma, va por temporadas, hasta que me cansan el sabor del pan, el café con leche y la cara del camarero, o incluso la frecuencia con que veo y vuelvo a ver las caras de los otros parroquianos. En el fondo, soy un bicho raro, un poco insociable, esquivo, huidizo, irritable en las horas malas, con asombro de quien, creyendo conocerme bien, muy mal me conoce. Si no fuera por la deliberada reserva en que me escondo, no sé qué rabia más constante se expandiría por ahí.

Pero vuelvo a la barra, donde mordisqueo a toda prisa, sin placer, el bocadillo de fiambre, donde soplo impaciente y sorbo escaldado un café con leche que sabe a todo (y cada día de modo diferente) menos a esos dos líquidos que creeríamos no nos podían proporcionar ya ninguna sorpresa. Miro el reloj, pienso en el trabajo y luego procuro distraerme pasando los ojos por el paisaje de bollos, botellas, cajas de bombones y quesos, que acaban por causarme la neurastenia de un patio de luces o de quien sólo tiene el patio de luces como vista distraída. Es entonces cuando cambio de cafetería, para ir a encontrarme con la misma leche, el mismo pan, el mismo café, el mismo profundo desánimo y la misma tristeza.

Es conocido el gusto de los decoradores de estos establecimientos. Sufren todos de «nuevo-riquismo» artístico, muy atento a las modas, metiendo plásticos que fingen piedra, hojas de papel que simulan madera, haciendo paneles con prensados de agujeritos, estofando la napa, y sobre todo —¡ah!, sobre todo— infiltrando en el ambiente un no sé qué de insolencia pretenciosa que distingue hasta las caras de los camareros, extrañas o visceralmente rastreras, de acuerdo con la importancia del parroquiano. ¿Qué se puede hacer, pues? El hombre se complace muchas veces siendo simple respuesta al medio, cambia con él, como parece que los criados con alma de eso mismo suelen seguir los humores del patrón.

Por este camino puedo acabar dejando mi historia por contar, y sería una lástima. Vamos pues al tema, antes de que se enfríe. Estaba yo, como he dicho, aburriéndome con el desayuno (ocurría esto muy temprano, apenas abierta la cafetería) cuando entran cuatro provincianos. Los había visto ya antes, mientras contemplaban la fachada del establecimiento y el triunfalismo de la puerta. Vi enseguida que sufrían los horrores de la timidez campesina ante los esplendores que en la ciudad se usan. Seguro que habían llegado del pueblo el día antes para visitar a un pariente hospitalizado y se habían pasado la noche en un cuarto de pensión con bombilla colgada en el techo, con gente que roncaba, con extraños olores en el jergón, cosas de sudores, orines y otras secreciones secretas.

Los había visto desde la barra y empecé a apostar contra mí mismo: entran, se atreven, no se atreven. Ahí están ya. He ganado la apuesta y, mentalmente, empecé a desafiarlos: siéntense, pidan, reclamen, discutan la cuenta, desafíen al insolente papelín de la entrada: «Reservado el derecho de admisión». Están ahora mismo junto a mí, en grupo, secreteando siempre, tal vez echando cuentas del dinero que hay en los bolsillos, calculando el billete de vuelta, atentos al lujo del establecimiento, a la sonrisa del camarero. Lo disimulan como pueden, pero están temblando de miedo. Hay allí cincuenta cajas diferentes de chocolatinas, treinta especies de pastelitos incógnitos, ¡y es todo tan caro, Manuel!

Se van acercando otra vez a la puerta, con las maneras de quien sólo pretende salvar la honra y, en un abrir y cerrar de ojos, desaparecen, muertos de vergüenza, de miedo, asustados ante su propio valor, que tan poco ha durado. (Aún hace muy poco, el café con leche no amargaba, y el bocadillo no tenía este sabor a paja). Habían entrado en el establecimiento cuatro jinetes a pie, montados en el olvido de su importancia, distraídos, o nunca sabedores de que nada es más alto que el hombre, cualquier hombre y en cualquier lugar, aunque en éste se reserve el derecho de admisión. Cuatro caballeros que más parecían atados a la cola de los caballos, como reos. Cuatro caballeros que me dejaron mirando hacia el fondo de este zaguán fétido al que mucha amorosa gente llama jerarquía, paz social, conformidad de tantos con la suerte dictada por unos pocos.

Faltan caballos, amigos, faltan caballos.

Sólo para gente de paz

Si corresponde al cronista ese registro de su tiempo, el tiempo propio en el que más prolongadamente vive, grave falta de oficio cometería yo si no hablara de los juegos olímpicos, ese magno congreso abierto a cuantos más y mejor han probado que corren, saltan, nadan, luchan, juegan, reman, navegan a vela, esgrimen, tiran, lanzan, cabalgan. Y si algún arte he olvidado no me lapiden, que por mal no fue. Sé bien que el escenario se beneficia de un mecanismo de emociones hábilmente estimuladas, de efecto seguro, y en algunos casos tan antiguo que ya se han perdido de la memoria sus primeras raíces. Pero si fuera ahí a buscar razones para rechazar el tema que estos días me proponen, no sé qué otras materias se salvarían de la criba. Sobraría el silencio, que es siempre la fascinación de quien escribe, pero al que sólo rarísimos tuvieron el valor de abrir las puertas de su casa.

A cualquier persona que conceda al caso dos minutos de reflexión le resultará claro que los juegos olímpicos son, de modo destacado, el lugar en el que confluyen las más banales convenciones humanas. Citaré sólo dos o tres. Para empezar, el vencedor recibe una medalla en un podio más alto que los que merecen los dos clasificados siguientes; así se distingue e impone una jerarquía: está más cerca de las divinidades, participa de la naturaleza de ellas. Da la derecha (lugar de honor, lado de la mano leal) al segundo clasificado y la izquierda (lugar secundario, subalterno, lado de la mano siniestra) al tercer clasificado. Mientras resuena el himno del país vencedor (sólo el de éste), izan en los mástiles las banderas de los países que han merecido tal honor. Ahora bien, esas banderas son símbolos de múltiples aplicaciones, desde batallas hasta desfiles, desde ataúdes importantes hasta balcones de edificios públicos, desde emblemas de solapa hasta las implantaciones en la luna. Ya nadie recuerda, sin duda, que el más antiguo antepasado de ellas fue el útero de la vaca, símbolo sagrado de la fertilidad, que en el Egipto faraónico era paseado en lo alto de un mástil en ciertas ceremonias religiosas.

Me cuentan (me lo cuentan los periódicos, que es siempre por donde estas cosas se saben) que en estos juegos no todo es pureza, que anda por ahí un tanto de tramoya y falsedad, que eso del *amateurismo* es para echarse a reír, que la publicidad se insinúa por todas partes y para todos los provechos. Pero no logro resistir, sabedor incluso de tales negruras, sensible también al ridículo y convencido de la sutileza con que se estimulan, precipitan y laquean las emociones, no resisto, digo, a la súbita fraternidad que me introduce en la piel y en los músculos de aquel corredor lanzado pista adelante, con la fatiga entre sí mismo y la meta. Vencedor, si es posible; vencido, si no se puede evitar. Para mí, en este caso, la diferencia no es grande.

En los tiempos antiguos se decretaban treguas mientras duraran los juegos. Se suspendían los combates, las guerras, en nombre, no sé si de un ideal, pero sí de la conciencia de una fraternidad esencial, que al menos por algunos días nadie se atrevía a discutir. Y si es verdad que, terminados los juegos, la sangre volvía a correr, el hecho es que se había honrado a la especie humana en la dignidad del esfuerzo físico. (No hablemos del esfuerzo en el trabajo: ése era entonces cosa de siervos. Y los esclavos no participaban en los juegos).

Hoy las guerras no se interrumpen por tan poco. Mientras el estadio congrega gente de todo el mundo, unos aplaudiendo, otros forzando los aplausos y la conquista de las medallas (oro, plata, bronce: una escala más), otra gente, en otros lugares, sigue obstinadamente matando y muriendo, capaces de entusiasmarse con las victorias que más de cerca les toquen hasta que pierdan la vida. El absurdo es, sin duda, el más dilecto compañero de los hombres.

Con todo, aparte de la pueril disputa de las medallas (más para mí, más para mí), aparte de los podios desiguales, aparte de las banderas y los himnos, aparte de las historias entre bastidores, flota en el aire el estremecimiento de otra victoria que no por provisional resulta menos exaltadora. La paz es posible, la sabiduría del hombre ha de ser una sabiduría de paz, no de guerra. Y no se puede creer que, mientras los estadios se agitan y aclaman, sean ideas de guerra las que ocupen los pensamientos.

Por todo esto que he venido escribiendo a vuelapluma, presento una propuesta para los próximos juegos olímpicos: que ningún país sea autorizado a participar si, directa o indirectamente, está alimentando una guerra en cualquier parte del mundo.

Disculpe el lector el tiempo que ha perdido ahora conmigo, de vez en cuando se me ocurren estas ingenuidades.

Del principio del mundo

Habíamos hablado durante horas de ese modo nuestro, cambiante y dispersivo, exagerando el valor de las trivialidades y discutiendo sobre ellas como si en la discusión empeñáramos la vida o desempeñáramos (doble sentido) el destino del universo. Los pensamientos acertados (que también los había) afloraban y rompían por un instante la superficie de la banalidad como rompe el agua el dorso espléndido de un delfín, y luego, perdidos en una retórica flameante, se hundían resignados. No tenía demasiada importancia. Todos nos conocíamos bien y no íbamos a condenarnos mutuamente por la manera inconexa en que habíamos intentado vencer en aquella pequeña batalla verbal que ya nadie sabía cómo había empezado. Afortunadamente, la conversación se había ido haciendo más mortecina y acabó muriendo en el punto en que a cada uno de nosotros le convenía para creer que había obtenido la victoria. Nada mejor para iniciar una nueva discusión. Pero no iba a ser así.

Durante todo el tiempo estuvo flotando por allí un fondo musical, liso y humilde, bajo la carga de caballería que iba perdiendo tiempo y herraduras desencadenada por el diálogo. Ahora, en medio del silencio que había acabado por imponerse, la música empezaba a oírse mejor, a tener opinión, el último argumento para conciliar los puntos de vista aún divergentes. Un Beethoven vino a acallarnos a todos, entrando por la puerta del pasillo, desgreñado, las manos enlazadas en la espalda y el entrecejo cargado y dirigido hacia quien así disponía de su música. Entendí que no le desagradábamos del todo, pues se quedó allí, adosado a la jamba de la puerta con los brazos cruzados hasta que acabó el disco.

Vino luego un Mozart feliz que se sentó sobre la alfombra, llevando el compás mientras bebía un vaso de vino que había cogido de manos de una amiga nuestra. Un muchacho contento. Pero cerca del final, no sé por qué, Mozart posó lentamente el vaso, abatió la cabeza sobre las rodillas dobladas y rompió a llorar. De inmediato se me ocurrió la idea de que quizá había bebido demasiado cuando por el corredor vi avanzar a Monteverdi, con su barba de corte mefistofélico y su música de júbilo celeste, al tiempo que las voces del coro se materializaban en rostros que venían cantando desde el fondo del espacio y estallaban en silencio sobre mi cabeza como una onda gigantesca vista de lejos.

No sé si mis amigos veían exactamente lo mismo que yo, pero estaban todos callados, con un aire de compenetración minuciosa que sin duda disfrazaba la convicción de ser ellos los únicos beneficiarios de aquellas visitas. Sin embargo, el más desinteresado era el dueño de la casa, que iba cambiando los discos, quizá porque era costumbre, allí, invocar de este modo a los espíritus.

Fue entonces cuando empezó a oírse una música nueva, algo que era campo libre, selva, desfiladero, montaña nevada. Una flauta, un tamboril que por su son diríamos hecho de piel de serpiente, un cascabeleo de arena gruesa en el interior de una cápsula vegetal; nada de lo que se pudiera decir: es Mozart, es Beethoven, es Bach, es Monteverdi. Esta vez no avanzó nadie por el pasillo iluminado. Mis amigos no volvieron la cabeza, no miraban de soslayo para ver si llegaba alguien. Incapaces de mirarnos, clavamos todos la mirada en el suelo de la sala, a la espera, al tiempo que la música expresaba cosas intraducibles, que articulaba de un modo entrecortado, como quien aprende su propia lengua mientras habla, como quien, vacilante, lo crea todo a partir de la nada. Esto lo sabíamos sin decírnoslo unos a otros. Pero, evidentemente, faltaba allí quien nos explicara, de viva voz (¡oh, maravillosas palabras, ésas que sólo la viva voz sabe decir!), lo que todo aquello significaba.

No fueron palabras. Cuando la música se volvió amenaza y gritó como un animal bravío en medio de la selva, como un halcón entre dos escarpes verticales, una de nuestras amigas —animal largo, delgado, oscuro de piel, envuelto en una túnica larguísima— avanzó hacia el medio de la sala y empezó a danzar sola, dejando primero que la música la envolviera, atrapada por ella después, en un acto sucesivo de absorción que se expresaba en un discurso infinito de gestos, de movimientos, de flexiones, que constituían el son de la flauta que se hacía visible, el corazón del tambor y la lluvia empujada por los campos adelante bajo el viento que transformaba los granos de arena en gotas de agua.

El primer sonido que murió fue el de la flauta: un levísimo eco se deshizo como una sombra al apartarse de un rostro. Después, la intensa lluvia fue amainando, se alejó y, por unos instantes, quedó sólo el corazón de la serpiente, latiendo cada vez más espaciado, hasta que se detuvo, injustamente.

Nuestra amiga negra dobló las rodillas, jadeando. Y cuando, vencida, dejó caer la cabeza hacia atrás, su cabellera, palpitante, era el sol nocturno del principio del mundo.

El taller del escultor

El taller del escultor es alto como una caverna que vaciase una montaña. Es también sonoro como un pozo. Los sonidos caen dentro de él de un modo redondo, líquido, son como agua fría salpicando una campana de cristal. No es raro que la música llene todo este espacio. Entonces, el taller se transforma en sala de concierto, en catedral, en volcán, y la música se abre como una flor escarlata y gigantesca bajo cuyos pétalos inclinamos la cabeza. Pero esto no es el trabajo. Las esculturas iniciadas, envueltas como espectros en telas blancas, en sacos de plástico translúcido que condensan la respiración del barro, esperan el gesto delicado que las desnude como a un cuerpo vivo y unas manos capaces de aplastar, con el mismo gesto, o descubrir blandamente la línea exacta. Como las manos lanzaron al espacio el movimiento justo, la masa de arcilla se recrea por el lado de dentro, y es un rostro sombrío o abierto, un labio, una luz en la pupila inmóvil, una mirada recta.

Están también los dibujos, las hojas de papel que duermen preciosamente echadas, protegiendo el trazo imponderable del carbón. Y aquella hoja que un gesto absurdamente calmo fija en la plancheta vertical como si no fuesen a abrirse en el instante siguiente las puertas del gran combate. Otro gesto quizá no se admitiera: si no queremos decir que va a empezar una ceremonia religiosa, diremos que es una lucha cuerpo a cuerpo, un acto de amor, como aquel mismo gesto que desnudó las estatuas. Ahora, el escultor se enfrenta a la hoja blanca, vertical y desnuda como un cuerpo. Tiende el brazo armado del fragmento negro del carbón y, con un movimiento breve o largo, pero segurísimo como un estoque, abre en el papel la primera cicatriz. Todo el dibujo será un juego de tintas, de avances y retrocesos rápidos, hasta el momento en que el escultor olvide el modelo ya aprendido definitivamente y dialogue rostro a rostro con la imagen poseída.

El taller ya está poblado de figuras. Hay rostros de bronce en el suelo, son los rostros de la propia tierra que nos mira. La leve capa de polvo que cubre los barros cocidos es barro sobre barro, muerte sobre vida, el rostro que el tiempo arrastra, la trituración de las horas. Animales vivos, objetos cogidos al azar de encuentros que son descubrimientos e invenciones, introducen en el taller del escultor todos los reinos de la naturaleza. Raíces de árboles están suspendidas en el aire como si de aire alimentasen a las hojas perdidas. Hay troncos con ramas que son crucifijos o montones de gente apuñalada, piedras que el agua, el viento y la sal trabajaron durante mil años y un día hasta que dos manos vivacísimas las levantaron del suelo y las aproximaron por primera vez al aliento del hombre; y dos palomas libres, de rémiges intactas, cortan la atmósfera como si estuviesen en un bosque o como si arriesgaran el vuelo sobre un valle profundo donde figuras inmóviles asistieran al desfile de lo invisible.

Cien mil objetos creados por otras manos están dispuestos en graderío, en terrazas, en estanterías. Cada uno, porque fue encontrado, porque se dejó transportar hasta allí, porque tomó aquel lugar y no otro, porque fue puesto en acuerdo o en oposición con los que lo rodean, es una entidad viva, opaca o transparente sobre la cual la luz y la sombra se armonizan como la noche y el día, el crepúsculo de la mañana y de la tarde. Las botellas redondean sus vientres vacíos al lado de tallos solitarios donde una rama reseca y torcida sustituye a la flor. Hay también innumerables tinteros, con las mil formas que un tintero podría tener sin renunciar a la función para la que fue creado: pirámides de Egipto, palmas vegetales, manos abiertas, cajas misteriosas que parecen de música, esferas cerradas, conchas de animales. Sobre todo esto, vuelan rápidas las palomas, batiendo el aire, mientras en una jaula dos tórtolas se bañan en la luz plateada que pasa a través del vidrio translúcido. Esta luz va a abrir relieves en una corteza de árbol que forra una franja de pared encalada. En los intersticios de la superficie rugosa, líquenes secos y hongos muertos; también ellos, la cáscara inerte de una vida ínfima, interrumpida.

En este pozo, en esta caverna, en este volcán sonoro, en este helado espacio, en esta montaña habitada por dentro, el escultor circula como habitante único de un país donde sólo él cabe, que se mueve lentamente como una vena de la muñeca. Porque hay realmente un movimiento de palpitación en estas altas paredes. Entretanto, un bulto espera, barro viscoso y mojado, estatua inacabada; y allí la hoja blanca del papel, seca e imperiosa. Ambos serán vida en la soledad súbitamente poblada de voces minerales, mientras las palomas diseñan una espiral hasta la claraboya del techo.

Sin un brazo en el infierno

Esta expresión meditabunda y seca que paseo por las calles engaña a todo el mundo. En el fondo, soy un buen hombre, con una sola y confesada flaqueza de mala vecindad: la ironía. Aun así, procuro ponerle freno, para que la vida no se me complique demasiado. Pero he de confesar que esta ironía me sirve como receta de buen médico cuando la otra puerta de salida tendría que ser la indignación. A veces, el impudor es tanto, tan maltratada se ve la verdad, tan ridiculizada la justicia, que si no lo tomo a broma estallo en justísimo furor. Así me aparté del camino.

Quería decir con esto que, a pesar de mi aire circunspecto y grave, que se limita a ofrecer una sonrisa al coro de carcajadas, también desciendo a los infiernos. Y no por gusto propio real, sino por bienhumorada complacencia. Cuando entro en aquellas oscuras cavernas, entre el relampagueo del órgano de luces y el despliegue sonoro de los altavoces, cuando siento estremecido el suelo bajo los pies y veo aquellas decenas o centenares de siluetas retorciéndose y oscilando en lances desencontrados y, en definitiva, armoniosos, me vienen de inmediato al recuerdo (si a eso voy de antemano decidido, claro) los tercetos con que Dante describió el infierno. Y lo encuentro parecido.

Pero luego (contritamente, lo reconozco), aquella música feroz se apodera de mí y no tarda en acelerárseme la respiración y en latirme más fuerte el pulso. Un pequeño estímulo derriba lo que me quedaba de reserva, y ya estoy en la vorágine, sin talento, desde luego, pero con una gran convicción. Así, el infierno cuenta un condenado más.

Cuidado, ironía, es momento de que vuelvas a tu jaula, a distraer los dientes con un hueso insensible, porque estoy hablando de carne viva y sangrante. Bebo sin interés el gintonic de consumo obligatorio, paseo la mirada por la sala volcánica, aturdido por el vértigo del sonido, y me quedo observando, súbitamente helado. Allí, a la derecha, en el límite de la pista, baila un hombre solo. Es un viejo que lleva una camisa de encajes; un hombre con pelo abundante, liso, de un color desvanecido de oro falso; un viejo con calzones floreados, bailando solo, moviendo con insolencia y desafío las piernas y un brazo. El otro brazo, el derecho, es sólo una manga vacía cuyo puño va prendido al cinturón. A través del tejido casi transparente se ve el muñón agitándose al balanceo de la música, con un resto de músculos que aún no se han desprendido de los restos de la antigua armonía y siguen ciegos el vuelo desamparado del brazo izquierdo.

El espectáculo es como un puñetazo en la boca del estómago. Aquel hombre ha descendido todos los escalones del infierno y baila solo contra la belleza de la juventud que lo rodea (decadente, sí, pero bella), baila contra la música, contra las luces que lo deslumbran y lo denuncian, danza contra las jaulas doradas donde unas muchachas en trance profesional marcan el ritmo de pasos que parecen iguales pero que no se repiten nunca. Danza contra sí, contra todo el mundo.

Ahora sí, ironía, ha llegado tu vez. Sal de tu jaula, ronda solapadamente a este hombre, afila los dientes golosos, habituados a una ridícula y doméstica pitanza. Él danza absorto, no se fija en ti, ¿por qué no atacas? Llámale viejo, manco, otros nombres que él está habituado a oír. Él danza, infinitamente danza, se aleja cada vez más. Dile adiós, ironía, enróscate en la paja.

No conoces esta música, de este baile no sabes nada, y tienes miedo.

Hecho en Pisa*

Siempre me han intrigado esos libros o cuadernos de viaje escritos de paso y a vuelapluma, en los que, puntualmente, alguien va anotando los casos e incidentes de cada día, desde el buen almuerzo mundanal hasta una sutilísima impresión estética. Para mí, que el memorialista hace trampa. No creo en el provecho que pueda sacar de un viaje quien todo el día anda registrando mentalmente lo que por la noche escribirá, o peor aún, quien desvía los ojos del baptisterio de Pisa para anotar en el cuadernito una interjección ridícula. A mi modesto entender, no hay nada mejor que andar y circular, abrir los ojos y dejar que las imágenes nos atraviesen como el sol hace con un cristal. Dispongamos en nosotros el filtro adecuado (la sensibilidad ajustada, la cultura posible), y más tarde encontraremos, en estado de inesperada pureza, el maravilloso centelleo de la memoria enriquecida. Y también, cuántas veces, una risa burlona, una mueca

* A lo largo de toda esta crónica, titulada en portugués *Criado em Pisa*, juega el autor con el doble sentido de esta frase, que puede significar «Hecho en Pisa» *(made in Pisa)* o «Camarero en Pisa». *(N. del T.)*

provocadora o una amenaza de muerte. Por todo eso se abre la crónica de hoy con un título ambiguo, del que el lector queda avisado para que no me acuse de tramposo a mí.

Hecho en Pisa, por ejemplo, fue precisamente el baptisterio, que parece una tiara gigantesca posada sobre el césped verdísimo. Todo de mármol blanco, va uno dándole la vuelta y al cabo de un rato empezamos a darnos cuenta de que lo vemos mal, pues una súbita humedad nos viene a los ojos. Hecho en Pisa también el camposanto con los frescos de Benozzo Gozzoli, de Taddeo Gaddi, de Spinello Aretino, del maestro del *Triunfo de la muerte.* Pasaron siglos sobre las pinturas y las han ido royendo con sus dientes blandos y silenciosos. Hubo también bombardeos e incendios, plomo derretido: guerra.

Hecho en Pisa fue el campanario, inclinado para dar la razón a las fotografías y que, para mucha gente, representa más un recuerdo divertido que un monumento precioso. También hecho en Pisa es el espacio poligonal llamado plaza de los Caballeros —*piazza dei Cavalieri*, como apetece decir en italiano. Por la noche, liberado de turistas, da un salto a la Edad Media y hace que nos sintamos intrusos y aberrantes. Hecho en Pisa es el genio de los Pisani, escultores. Hecho fue, tal vez en Pisa, el lampadario que Galileo vio oscilar en la catedral, concebida también, hecha y construida en Pisa, en el siglo XI, por un hombre llamado Buscheto, cuyos huesos se ignoran en un sarcófago colocado bajo la última arcada de la fachada izquierda. Todo esto, y lo demás que no puedo o no sé contar, fue hecho en Pisa.

También hecho en Pisa era aquel hombre de mediana edad que nos sirvió nuestra primera cena verdaderamente italiana, en un restaurante cubierto de malas pinturas, todo naturalezas muertas y paisajes no menos muertos. Allí comimos la infalible pasta, bebimos el infalible *chianti*, mientras el camarero, hecho en Pisa, se esforzaba por adivinar nuestra nacionalidad. Falló por dos veces, y al fin se la dijimos nosotros. Le gustó saberlo. Se esmeró en el servicio, nos hizo oportunas sugerencias, sirvió el vino, dijo cuatro chistes. Un primor de camarero.

A los postres anduvo remoloneando por allí, como si nos hubiera adoptado. Todo él era una nostalgia anticipada. Y cuando, al fin, nos trajo el cambio de la cuenta, ya no pudo contenerse; «¡Ah, portugueses! ¡Qué suerte! ¡También nosotros, en tiempos de Mussolini...!».

Nos lo quedamos mirando, perplejos. El camarero hecho en Pisa nos miró con expresión cómplice a la que sólo le faltaba un guiño. Le respondimos en nuestro italiano, precario pero suficiente para lo que el caso requería. Y nos fuimos.

Fuera, la torre seguía inclinada. Pero no se había caído. Y ése fue el asombro mayor de mi viaje.

El jardín de Boboli

El cuerpo disforme de Pietro Barbino está sentado sobre una tortuga de cuya boca o pico brota un hilo de agua hacia una jofaina marmórea. Es la fuente del pequeño Baco, la fuente de Bacchino, como la llaman los florentinos. Este Pietro Barbino, me dice el libro, fue un enano que distrajo al duque Cosme I de sus cuidados y de las mortificaciones del gobierno. Méritos particulares habría, sin duda, para haberlo inmortalizado así y para colocarlo a la entrada del jardín, a mano izquierda del que llega.

Hablo del jardín de Boboli, al que da este fabuloso y anárquico museo que es el palacio Pitti, absurdo museológico del que sale el visitante harto y perdido. Circulé por las alamedas, recuperando el equilibrio, oyendo el murmullo de las aguas, descubriendo la blancura de las estatuas entre la mansedumbre de aquellos verdes toscanos, aprendiendo, en definitiva, poco a poco, lejos ya de los cuadros, lo que los mismos cuadros me habían quedado a deber. Es al doblar una calle arborizada donde se nos aparece la estatua de Pietro Barbino, desnuda y obesa, con la mano en la cintura y gesto de orador. Es enigmática esta figura. Algo repugnante, también. Hay en toda ella una especie de insolencia, como si Pietro Barbino fuese el reflejo animal de cada uno de los visitantes que ante él se detienen: «No te engañes, eres exactamente como yo, enano y disforme, objeto de diversión de otro más poderoso que tú».

Me quedé parado ante la estatua, solo, durante unos segundos, el tiempo suficiente para pensar en todo esto, más que esto y menos lisonjero que esto. Sé muy bien que sólo fueron unos segundos, aunque entonces me pareció que el tiempo se detenía. Había un gran silencio en el jardín, y un grupo de japoneses que avanzaba desde el lado izquierdo parecía fluctuar sin peso, relampagueando gafas y camisas blancas. Di unos pasos hacia la estatua (¿para verme mejor?). De repente, quedé sumergido por un alud de hombres resudados y mujeres gordas, con vestidos chillones, con ridículos sombreros de paja atados a la barbilla, cámaras fotográficas y gritos. Toda aquella gente se precipitó hacia Bacchino con grandes restallidos de frases italianas y de interjecciones universales. Las mujeres gordas quisieron fotografiarse al lado de la estatua desnuda, empujándose unas a otras, histéricas y convulsas, frenéticas como bacantes embriagadas, mientras los hombres reían, pesados y lentos, dándose codazos unos a otros y avanzando los mentones brillantes. El gesto de Bacchino se había vuelto protector, bendecía a aquellos fieles peregrinos suyos, al tiempo que la tortuga lanzaba a lo lejos sus ojos vacíos.

Los japoneses se acercaron. Quedaron alineados ante la estatua, graves, sin una gota de sudor, apuntando fríamente los objetivos. Luego, se reunieron disciplinados en torno al guía para escuchar las explicaciones que él les daba en inglés. Volvieron a mirar la estatua, todos al mismo tiempo, hablaron en su lengua y se alejaron. Los italianos tomaban ahora por asalto las escaleras del museo, donde los esperaba *El hombre de los ojos grises*, de Tiziano.

Me quedé solo otra vez. Mojé distraído las manos en el hilo de agua que la tortuga me ofrecía y me retiré suspirando. En portugués.

Tierra de Siena mojada

(Y hay también aquellas palabras que oímos en nuestra infancia, ya de por sí misteriosas, pero que los adultos poco letrados hacían aún más secretas, porque las pronunciaban mal, con el aire contrahecho de quien viste un traje que no fue cortado para su cuerpo. Así era, por ejemplo, aquella tinta oscura para los muebles, a la que daban el nombre de «biochene», y que sólo mucho después entendí que era *vieux chêne*, «roble viejo, antiguo, tiznado por el tiempo». Era el caso también de aquel otro color, «tierrasena», «tierrasena quemada», que yo veía comprar en polvo de un amarillo sombrío y ardiente, como si fuera polvo del sol. Magníficas palabras de la infancia, que necesitan que uno espere largos años hasta dejar de ser un ciego cantar de sonidos y puedan tomar la imagen real que les corresponde).

Durante todo el camino, después de haber salido de Perugia, el cielo se fue cubriendo poco a poco. El día oscureció cuando estábamos aún lejos de Siena y la lluvia empezó a caer con fuerza. Se cerró la noche en agua y bajo una tempestad furiosa entramos en la ciudad entre relámpagos alucinantes que incendiaban las casas. El coche atravesaba una ciudad desierta. Por las calles estrechas, enlosadas, el agua corría en cascada. Y en el breve silencio entre dos truenos resonaba la lluvia sobre el capó del coche como baquetas en el cuero de un tambor.

Tras innumerables vueltas, el coche se detuvo en un espacio desahogado, junto a unos escalones. Estábamos en la plaza del Duomo. A través de los cristales empañados veíamos vagas luces, gente abrigada en los portales y, hacia la derecha, una masa enorme, toda ella en franjas negras y blancas, que se perdía en la noche y en la altura: era la catedral. La violencia de los truenos sacudía el automóvil y la lluvia acabó por aislarnos del mundo. Siena nos recibía mal. Pusimos el coche en marcha y volvimos al laberinto de callejuelas, hasta que desembocamos en lo que me pareció un amplio cráter. «Es el Campo», dijo uno de nosotros. Y la lluvia seguía cayendo.

Mojados, fatigados, descubrimos un lugar para pasar aquella noche. No un hotel (todos estaban llenos), sino un verdadero palacio del siglo XIII cuyas piedras gemían agua e historia. No obstante, su interior era simultáneamente primitivo y confortable. Había cuartos alquilados a estudiantes (¿y qué era yo en Siena, sino un estudiante?). Abrí la pesada ventana y miré hacia fuera. La tempestad se había alejado o había muerto allí, y la lluvia empezó a caer lentamente, mansa, sin los latigazos de los relámpagos.

A la mañana siguiente, después de una noche atormentada por la inquietud de otro día de temporal, abrí otra vez los batientes medievales de la ventana. El cielo aparecía liso y limpio, y la luz del sol, rasante aún, se mostraba al fin en los tejados de Siena. Fue como si de las antiguas tierras de la memoria viniera un niño a colocarse allí, a mi lado, un chiquillo flaco y tímido, de calzones cortos y blusa. Éramos dos: yo, callado, grave, sabedor ya de que en tales circunstancias sólo el silencio es sincero; él, grumete que en el tope del palo mayor descubre por primera vez la tierra que buscaba, murmura con miedo: «tierrasena, tierrasena quemada», y desapareció, volvió al pasado, feliz por haber visto, por haber sabido al fin lo que significaban las misteriosas palabras que había oído decir a los adultos, muertos en la ignorancia de lo que habían dicho.

Alguien se acercó a mí. Y yo dije, sin mirar, con una voz entrecortada que me dominaba: «Tierra de Siena, tierra de Siena mojada».

El tiempo y la paciencia

Si alguien me preguntara qué es el tiempo, declararía de inmediato mi ignorancia: nò lo sé. Ahora mismo oigo el latido del reloj de péndulo y la respuesta parece estar allí. Pero no es verdad. Cuando se le acaba la cuerda, la máquina queda en el tiempo y no lo mide, lo sufre. Y si el espejo me muestra que ya no soy yo quien hace un año era, ni siquiera eso me dirá lo que es el tiempo, sólo lo que el tiempo hace.

Perdónenseme estas falsas profundidades. Nada en mí se disponía a cojear tras Einstein, si no fuera por esa noticia de Francia: «En el río Saona, toda la fauna se ha extinguido por acción de productos tóxicos accidentalmente derramados en él. Serán precisos cinco años para que esa fauna se recobre». El mismo tiempo que envejece, gasta, destruye y mata (buenas noches, espejo), va a purificar las aguas, poblarlas poco a poco de criaturas, hasta que, pasados cinco años, el río resucite de la fosa común de los ríos muertos, para gloria y triunfo de la vida. (Y después, se casaron y tuvieron muchos afluentes).

No iría lejos esta crónica si no fuese por la providencia de los cronistas, que es (aquí lo confieso) la asociación de ideas. Va llevando el Saona su corriente envenenada y es en este momento cuando una gota de agua se me dibuja en la memoria como una enorme perla suspensa, que, lentamente, va engrosándose; está a punto de caer, pero no cae, mientras la miro fascinado. Me rodea un fantástico amontonamiento de rocas. Estoy en el interior del mundo, cercado de estalactitas, de blancos manteles de piedra, de formaciones calcáreas que tienen apariencia de animales, de cabezas humanas, de secretos órganos del cuerpo, sumergido en una luz que, del verde al amarillo, se degrada de manera infinita.

La gota de agua recibe la luz de un foco lateral; es transparente como el aire, suspensa allí sobre una forma redonda que recuerda un bulbo vegetal. Caerá no sé cuándo desde una altura de seis centímetros y resbalará en la superficie lisa, dejando una infinitesimal película calcárea que hará más leve la próxima caída. Y como nos paramos a mirar la gota de agua, el guarda de Aracena dijo: «Dentro de doscientos años, estas dos piedras estarán juntas».

Es ésta la paciencia del tiempo. En la gruta inmensa, el tiempo está aproximando dos piedras insignificantes y promete de aquí a doscientos años la silenciosa unión de ambas. En la hora en que escribo, avanzada la noche, la caverna está sin duda en una oscuridad profunda. Se oye el gotear de las aguas sueltas sobre los lagos sin peces, mientras, en silencio, la montaña vierte la gota lenta de la promesa.

La paciencia del tiempo. Doscientos años fabricando piedra, construyendo una columnita, un troco mísero en el que nadie reparará después. Doscientos años de trabajo monótono y aplicado, indiferente a las maravillas que cubren las paredes altísimas de la gruta y hacen brotar flores de piedra en el suelo. Doscientos años así, sólo porque así tiene que ser.

Hablo del tiempo y de las piedras y, sin embargo, pienso en los hombres. Porque son ellos la verdadera materia del tiempo, la piedra de encima y la piedra de abajo, la gota de agua que es sangre y también sudor. Porque son ellos el paciente coraje, la larga espera, el esfuerzo sin límites, el dolor aceptado y rechazado. Doscientos años, si así tiene que ser.

Con los ojos en el suelo

El cielo está hecho todo de rosa y amarillo en partes iguales. El pintor olvidó las fáciles memorias del azul y amontonó en el fondo unas nieblas espesas que filtran la luz sin dirección ni sombras que rodea las cosas y hace visible el otro lado de ellas, como si todo fuese simultáneamente opaco y transparente. Después, bajó la cabeza y hundió el rostro en la tierra hasta que los ojos, los párpados inferiores, las pestañas arqueadas y trémulas, quedaron rozando la superficie del suelo hecho de pasta vegetal, cenagosa, y al mismo tiempo, vítrea, como un mechón transportado a través de todos los ardores y fríos de la vuelta mayor al mundo, como una cabellera arrancada entera.

Y ahora que se refleja en el agua única que cubre los ojos, pulidos y suaves como esferas viejas de marfil, la tela vegetal que es la única vida más acá del color amargo del espacio, el pintor va a defender minuciosamente de la muerte, del viento rápido, de la inundación que derriba, los tallos finísimos, las hojas rastreras y gruesas, las cápsulas cartilaginosas y las palmas minúsculas de las gramíneas. Todas estas hierbas han de tener nombre en las clasificaciones botánicas, todas han de tener sin duda mil apelativos diferentes conforme a los lugares donde nazcan y los hombres que los habiten. Aquí, no obstante, el tiempo no ha empezado, los hombres son mudos, los nombres no existen, el lenguaje está por inventar. Sólo la mano encamina en el papel el gesto entendedor del mundo.

Un poco hacia la derecha, algunas hojas anchas, envolventes, curvadas como palas, encierran en la oscuridad interior no se sabe qué criatura perturbadora, mientras otra hoja igual, ya despegada, como si hubiera sido mordida a ras de suelo, cae hacia atrás. Pero las que están de pie condensan una energía insolente, una amenaza, como si fueran a devorar a la que vuelve hacia el cielo opaco y triste un rostro en el que ya se descomponen las nervaduras. Entretanto, una hierba cilíndrica se levanta como una vaina donde nace una hoja única, delgada como una espada, mientras otra hoja gemela se lanza hacia fuera y hacia arriba, apuntando hacia tallos delgadísimos, sustentadores de racimos leves que tal vez acaben siendo aves en tiempos futuros, o ya lo son, sin nombre todavía.

Hacia la izquierda, se balancean (balancearían) sobre tallos secos una especie de pagodas con grietas a su alrededor, una eflorescencia color naranja, y también unos filamentos pilosos como barbas, todo suponiendo o sugiriendo promesas de destilaciones secretas para los grandes sueños de los futuros hombres aterrorizados.

Flotando abajo, sin que parezca apoyarse en nada, hay una lluvia de puntitos amarillos, que son flores, pero de las que no se ve más que su palpitación microscópica. Podrían ser insectos, pero los insectos fueron excluidos de aquí, para que nada se antepusiera a la serenidad, a la lentitud de las savias, a la permanencia de las fibras. Justo al lado, naciendo directamente de la tierra, hojas que parecen andrajos; hojas, que son como los árboles que poblarán los bosques de las hadas y los duendes cuando los hombres necesiten animar de deseos y miedos la impasibilidad vegetal.

Los ojos del pintor rozan ahora la superficie del suelo, el musgo que es guante sobre la tierra húmeda, cubriendo las flatulencias del agua que vagamente rezuma bajo el peso de la vegetación. No hay nada más que ver entre el musgo y el cielo, todo está por ver aún. Porque las hierbas se han estremecido. Se hizo y deshizo por dos veces la red cruzada de los tallos. Han oscilado las hojas. Todo estaría de nuevo por contar y es imposible el relato. Se guarda, pues, la imagen primera, mientras el rostro del pintor se hunde más y los ojos bajan al suelo vítreo donde las raíces rompen camino, como pequeñas manos multiplicadas en dedos larguísimos, de los que nacen otros dedos más finos, ventosas minúsculas que absorben la leche negra de la tierra. Los ojos del pintor descienden aún más, están ya lejos del cuerpo y bogan en medio de la fermentación esponjosa de la turba, entre burbujas de gas, ojos impares que lentamente se hinchan para reventar luego en lágrimas.

La mano del pintor pasa sobre el papel, disponiendo la tinta en manchas que parecen abandonos, avanza con la fijeza de los movimientos de un astro en órbita a lo largo de la necesidad de un asta de hierba, vuelve a cubrir con más nieblas el cielo aún falto de sol y de nubes. Entretanto, los ojos se cierran fatigados, la mano deja en suspenso el último gesto, y después, mientras los párpados vuelven a abrirse, el pincel desciende lentamente y deposita en el lugar predestinado una levísima capa de tinta, casi invisible, pero sin la cual todo el trabajo habría sido falso e inútil.

Nada hay más vivo que esta acuarela de Albrecht Dürer, aquí descrita con palabras muertas. Con los ojos en el suelo.

El mayor río del mundo

Hoy he tenido un gesto de esos que sólo podían permitirse los grandes conquistadores del pasado: un Alejandro de Macedonia, por ejemplo, que podía regalar el mundo entero, por la sencilla razón de que todo el mundo era suyo.

A tanto no he llegado, claro, pero he regalado un río. Y si algún chismoso, que sabe de qué río estoy hablando, quiere meter cizaña diciendo que no es verdad, que no lo he dado, que el río sigue en el mismo lugar y lecho, mi respuesta está pronta: si un día el planeta fuera propiedad exclusiva de un nuevo Alejandro, seguro que no lo iba a cambiar de órbita. He regalado el río, está ya dado, pero no por ello iba a dejar yo huérfano el paisaje. Y tan lejos va mi generosidad y mi respeto que todos los hombres y todas las barcas seguirán teniendo derecho de paso y de navegación por él. En el fondo, sólo dos personas saben que el río ha cambiado de dueño. Y es suficiente.

Pero lo más importante no lo he dicho aún. Caso raro es haber descubierto que con un solo color se hace un río y un paisaje, saber, en fin, que el silencio se compone de innumerables rumores y que bajo un cielo cubierto, olvidado de la primavera, puede nacer una canción verde.

A lo largo del río, mientras la barca baja la corriente con la rápida ayuda de la pértiga que rechina en la arena o clava lanzazos en el lodo, los pájaros invisibles transforman los árboles en extrañísimos seres cantores. El misterio sólo se deshace cuando una de las aves se asoma en las ramas que se inclinan hacia el agua, o cuando acompaña la barca, revoloteando con un batir de alas trémulas en el que hay sólo temor, pero no mucho, y osadía, pero no demasiada. Atrevidos, maliciosos, los mirlos silban de lejos y cruzan el río en su vuelo un poco desastrado: son negros de tinta y llevan el pico amarillo como si se hubieran untado con el polen de las flores.

Grandes nubes oscuras llenan el cielo. Y como el sol sólo a hurto aparece, hay en todo el paisaje, en los colores y en los sonidos, una sordina amable. El mismo tiempo se arrastra perezoso. Se navega como en un sueño, el aire es más espeso, retiene en suspensión los gestos, las palabras breves que se cambian. Y cuando, por una desgarradura en la cortina de árboles, la orilla se prolonga de repente hasta el cabo del mundo, aparece un chopo solitario allí plantado a propósito para marcar la escala, como aquella pequeña silueta colocada junto a un dibujo de las pirámides de Egipto que luego descubrimos que es un hombre.

Entonces, bajando por el río que fue dado y recibido, hablamos de la gente que seguirá viéndolo todos los días. De aquellas personas para quienes el río no es paisaje ni canción verde, sino una línea hipnotizadora que las ha amarrado en el mismo lugar y dentro de sí mismas. Hablamos de estas cosas gravemente, divididos entre lo que sólo a nosotros pertenece y aquello que sólo con un respeto infinito podemos tocar. Imaginamos una larga hilera de hombres que van a lanzarse a la carrera y sabemos que, por una injusticia fundamental, por un monstruoso absurdo, a la mayor parte de ellos les será cortada una pierna: amargos y disminuidos se arrastrarán sobre aquello que de la tierra les ha sido dejado. Pero resignados no, decimos.

El agua nos transporta lentamente. Rozan nuestros hombros las ramas pendientes de los sauces. No ha aparecido el guardarríos de pecho azul. No era preciso. Lo guardábamos nosotros, como guardábamos la vida, la esperanza y esta larga mirada silenciosa.

Aquí está, pues, el mayor río del mundo. No hay nada mayor. No hay nada mayor.

Una noche en la plaza Mayor

Vagamente imprecisas, surgen en la memoria imágenes de otros lugares y de otros días, casos de viajes, atmósferas, visiones rápidas o demoradas contemplaciones. Si de todo esto hablo a veces no es sin cierto embarazo, como el de quien salió a la calle con traje nuevo y teme que le pregunten si ya ha pagado el sastre. Tengo la impresión (quizá escrúpulo excesivo de conciencia, ¿qué le vamos a hacer?) de que el lector sacude impaciente el libro y dice: «Muy presuntuoso nos sale este hombre». Pero juro que no lo soy. Si paso mis recuerdos al papel, es más para que no se pierdan (en mí) minutos de oro, horas que resplandecen como soles en el cielo tumultuoso e inmenso que es la memoria. Cosas que son también, con lo demás, mi vida.

Desgraciadamente, no todo puede recuperarse. Aunque vuelva cien veces a Florencia, aunque elija el día y la luz, no volveré a sentir el estremecimiento físico (sí, estremecimiento físico, en el sentido literal de la expresión, fisiológico) que me recorrió de la cabeza a los pies ante la entrada a la Biblioteca Laurenciana que Miguel Ángel proyectó y construyó. Sería un milagro, y los milagros, si los hay, son demasiado preciosos para que se repitan. Y no volveré a ver camino de Venecia aquel sol suspendido entre una neblina de aceite en la que irradiaban los colores del arcoíris, pero blandos, mortecinos, como la ciudad que parecía fluctuar sobre balsas y derivar en la corriente.

La tarea de la memoria es conservar esas cosas prodigiosas, defenderlas del desgaste banalísimo de lo cotidiano, celosamente, porque tal vez no tengamos otra mejor riqueza. Ella es algo así como la caverna de Alí Babá, toda un fulgor de joyas, de oro, de perfumes, o como un arca de piratas devuelta a la luz del día, que enciende dentro de ella perlas como flamas.

Ahora mismo acabo de tender el brazo para coger un diamante negro: aquella noche mía en la plaza Mayor de Madrid; aquí, tan cerca que todo el mundo ha ido ya, o va a ir, o no va nunca (sí, o no va nunca). Pero yo tengo un diamante, que es negro porque era de noche y que centellea porque había hogueras.

Lo mejor es empezar por el principio. Sucedió en diciembre, en la antevíspera de una de las últimas Navidades, y en Madrid hacía frío, mucho. Por la noche lavaban las calles con grandes chorros de agua helada, todo resbalaba y brillaba con amplias superficies de reflejos, pero esto era más tarde. Salimos de la Gran Vía por la calle de Mesonero Romanos, luego por Rompelanzas, atravesamos Arenal y nos metimos por Coloreros. Los faroles de la plaza convertían la niebla en una especie de luminosidad grandiosa. Aquel enorme cuadrilátero parecía un pozo lunar, o una plaza donde tal vez se escondieran toros de bruma. Fantasías. Era sólo la plaza Mayor, en antevíspera de Navidad, con todo el suelo cubierto de ramas, follaje y media docena de hogueras dispersas, y la niebla alta que veíamos moverse en olas, como alguien que lanzara su aliento contra el río. Se oían también unos sonidos extrañísimos de instrumento musical (¿flauta?, ¿plancha de metal sonoro?, ¿silbido de ave de la montaña?) que atronaban violentamente contra las cuatro fachadas filipinas en una fiesta que era al mismo tiempo diversión y amenaza.

Avanzamos medrosos, ¿por qué no he de confesarlo? La atmósfera era tan rara, tan inesperado el espectáculo, que, de repente, no estábamos en Madrid, en el centro de una ciudad civilizada y policial, sino en cualquier desfiladero de Sierra Morena, con personajes de Cervantes o de las novelas picarescas. Bajo los pies, la blandura de las hojas nos convertía en fantasmas entre fantasmas. Las flautas (los gritos) continuaban, y las hogueras, vistas desde más cerca, no eran hogueras, sino faroles sofocados por la niebla. Nos acercamos más. Todo quedó explicado, o casi todo. Había bandadas de pavos, y los hombres que los guardaban eran quienes tocaban aquellos rudimentarios instrumentos, un bramante sujeto a una caja de resonancia, como aquellos juguetes que hacíamos antaño con una lata de betún y un cordel encerado.

Todo sin misterio. Todo cosas banales, comunes, simple situación de hombres en un pacífico menester. La otra gente que los rodeaba, toda soberbiamente indiferente a los turistas que éramos nosotros. Circulábamos por allí, aún no del todo convencidos de que fuera real lo que veíamos. Niebla de selva petrificada, ramas sobre las losas del suelo, faroles que parecían hogueras, hombres como troncos de carrascas. Y, envolviéndolo todo, la carcajada multiplicada, infinita, de las cuerdas cacareantes e irónicas. Forzosamente, todo aquello tenía un sentido.

Bajamos por el otro lado hacia Cuchilleros. Empezamos a oír sones de palmadas y guitarras, los rumores tranquilizantes de la noche madrileña. Pero, por el cielo abierto, sobre la plaza, seguían subiendo las carcajadas rechinantes.

¿Quién se reía así en la noche estremecida de la plaza Mayor? ¿De qué? ¿De quién?

Ver las estrellas

La dama avanzó entre las sillas siguiendo una línea sinuosa que el meneo de las ancas repetía conscientemente, tal vez para provecho y regalo de los hombres que se derramaban al sol con los párpados pesados. Trabajo inútil. La lechuza ama sin discernimiento a sus lechucillos, nada le importa la belleza, o será que tiene otros patrones. Pero allí en la piscina, entre tantos cuerpos primorosos, alguna ceguera personal y providencial hurta a los ojos de esta dama su propio cuerpo. Cualquiera de nosotros puede tener que resignarse a su cuerpo feo, tener incluso el valor de mostrarlo, pero no se enorgullece de un cuerpo lamentable como hace la dama que ostentosamente se echa ahora en su tumbona mientras habla con dos conocidos, uno gordo y el otro flaco. Se quedarán ahí conversando hasta el fin de esta crónica. Monótonos como papagayos.

Pronto se ve que la dama no va a meterse en el agua, ni siquiera para mojar un pie y dar un gritito con el que haría sonreír a los hombres. Está minuciosamente peinada y lacada, con reloj y pendientes, con unas patillitas bruñidas y compuestas al lado de las orejas y, mientras yo esté explicando esto, fumará tres pitillos seguidos, con gestos estudiados, siempre iguales, como un animal amaestrado. Para los hombres que le sirven de acólitos, tiene una sonrisa fija, que no sé por qué artes me hace pensar en la boca de un caballo al que le han cortado los belfos al rape.

Odio a esa mujer. Nunca la he visto hasta hoy, no sé ni quién es ni qué hace, ni cómo se llama, pero la odio. Representa la estupidez que detesto, una estupidez que en ella rebosó al cuerpo. Repare el lector: es gorda, con michelines mal escondidos, sin un punto de respeto por sí misma. Se mira las piernas complacientemente, se retoca el maquillaje. Me vienen ganas de agarrarla por un pie, llevarla perneando entre las sillas y los parasoles y lanzarla al agua. Sonrío, embelesado, mientras imagino pormenores: los caballeros ofendidos que me piden explicaciones, uno de ellos metiéndose en el agua aparatosamente para rescatar a la víctima de aquellos cinco palmos de profundidad, el gerente del hotel que manda despejar la piscina contaminada...

Dejo de mirar a la estúpida dama. Me recuesto más aún en la tumbona, saboreo el calor, reencuentro poco a poco la paz conmigo mismo y miro el cielo, todo azul, con unos levísimos andrajos blancos que mañana serán nubes y otoño verdadero. Dejo vagar el pensamiento, lo fuerzo a ser como aquellos juegos de cajas chinas, metidas unas dentro de otras, que tienen paisajes misteriosos, nunca entendidos, en sus tapas doradas. Por eso, la piscina de aguas transparentes y la fiesta de colores y cuerpos desaparecen de súbito, surgiendo en su lugar una tierra extensa y brava, con árboles inmóviles; por eso el sol de repente se oculta, es de noche, y mi cuerpo distendido cambia de posición, va ahora sentado, un poco molido por el largo viaje, mientras el griterío confuso de la piscina se transforma en el ruido continuo de un motor. Voy en automóvil por una carretera del Alentejo, los faros captan imágenes rápidas de troncos y copas que la luz platea. A veces, unos ojos de animal, verdes y fijos, se escapan hacia un lado en el último momento.

Venimos de lejos, de tierras extrañas, conversamos lentamente, en ese tono sordo que es fatiga pero también pacífico contento. Todo el viaje ha ido bien, y ahora, ya tan cerca de la casa, nada nos hará detener. El depósito tiene la suficiente gasolina, la carretera es nuestra, la conductora es prudente. Uno de los amigos del asiento de atrás empieza a tararear una tonada de la región y el coche se llena de una música muy simple. Es bueno viajar con amigos.

De pronto, el coche se detiene. Es un frenazo brusco, de accidente, que nos alarma a todos. ¿Qué ha pasado? ¿Qué ocurre? La conductora abre la puerta de su lado y sale como un torbellino (ella es un torbellino) gritando: «¡Todos fuera, todos fuera!».

Atropelladamente (el coche tiene dos puertas, los ocupantes son cuatro) salen los pasajeros: «¿Qué es? ¿Qué ha ocurrido?». La conductora (definición: la que lleva, la que conduce, la que orienta) está parada en la carretera, con el rostro vuelto al cielo, el brazo apuntando como una saeta o un grito: «Las estrellas».

Miramos. El cielo, negro como sólo puede serlo el azul, está inundado de luz, es un río claro que palpita dulcemente, y flota en el aire una especie de temblor que es casi un sonido, un zumbido interminable como si todos aquellos astros se estuvieran comunicando entre sí en un lenguaje del que sólo entendiéramos la música, pero no el sentido.

Y allí nos quedamos, no sé cuánto tiempo, recibiendo de lleno la luz viva del cielo en medio de la campiña desierta. Callados, volvemos al coche. El motor empieza a trabajar de nuevo, las ruedas habían aplastado la gravilla del arcén. El viaje continúa. Volví la cabeza hacia la izquierda y me estremecí. Después, rápidamente, miré a los amigos. Entonces, sonriendo como un hombre feliz, volví los ojos a la carretera. Me pasé lentamente los dedos por el rostro, como quien se tienta la barba, y oí perfectamente el quebrarse de la luz que lo cubría.

El viaje perfecto

Salimos de Lisboa al caer la tarde, aún con luz de día, por una carretera de tráfico tranquilo. Podíamos hablar con calma, sin precipitar las palabras ni temer las pausas. No teníamos prisa. El motor del coche zumbaba como un violonchelo cuya vibración de una sola nota se prolongara indefinidamente.

En los intervalos entre las frases llegaba hasta nosotros el suave rumor de los neumáticos al deslizarse sobre el asfalto, y en las curvas el jadeo de la goma crecía como una advertencia, para seguir luego rodando con el mismo pacífico murmullo. Hablábamos de cosas tal vez ya sabidas, pero que, al ser dichas otra vez, eran tan nuevas y tan antiguas como un amanecer.

Las sombras de los árboles se tumbaban en la carretera, pálidas y muy largas. Cuando el camino cambiaba de orientación, cara al sol, recibíamos en el rostro un chorro rápido de relámpagos llameantes. Nos mirábamos y sonreíamos. Más allá, el sol se apagó tras una colina inesperada. No volvimos a verlo. La noche empezó a nacer de sí misma y los árboles recogieron las sombras dispersas. En una recta más extensa, los faros se dispararon de pronto como dos brazos que fuesen tanteando el camino a lo lejos.

Cenamos en una ciudad, la única que había entre Lisboa y nuestro destino. En el café-restaurante, la gente del país miraba con curiosidad a los desconocidos que creíamos ser. Pero, en medio de una frase, oímos pronunciar el nombre de uno de nosotros: nunca nadie es suficientemente incógnito.

Continuamos el viaje, noche cerrada. Íbamos retrasados. La carretera era peor ahora, llena de baches, irregular, con bordes resbaladizos y muros que se alzaban en las curvas. Ya no era posible hablar. Ambos nos recogimos deliberadamente en un diálogo interior que intentaba adivinar otros diálogos, que preveía preguntas y construía respuestas. De la penumbra de unos rostros imprecisos llegaban las preguntas, primero tímidas, toscas, y luego firmes, con una vibración de cólera que intentábamos comprender, que cautelosamente esquivábamos o que decidíamos afrontar poniendo en la respuesta una cólera mayor.

Atravesábamos aldeas desiertas, iluminadas en las esquinas por faroles cuya luz muerta se perdía sin ojos que la vieran. Muy raramente, otro automóvil se cruzaba con nosotros y, más raramente aún, nuestros faros captaban la luz piloto de una bicicleta fantasmal que se iba quedando atrás como un perfil trémulo perdido en la noche. Empezamos a subir. Por la ventana entreabierta penetraba un aire frío que daba vueltas por el interior del coche causándonos escalofríos en la nuca. Las luces blandas del tablero difundían por nuestros rostros un resplandor sereno.

Llegamos casi sin darnos cuenta, tras una revuelta del camino. Anduvimos alrededor de una iglesia que parecía estar en todas partes. Al fin dimos con la casa. Un cobertizo alto, con dos puertas estrechas. Había gente esperándonos. Entramos y, mientras en un rincón conversábamos con el que nos había recibido, la sala fue llenándose silenciosamente. Ocupamos nuestros lugares. En la mesa había dos vasos y una jarra de agua.

Los rostros eran ahora reales. Salían de la penumbra y se volvían hacia nosotros, graves, interrogativos. Era esa clase de gente a quien la palabra «pueblo» es tan adecuada como su propia piel. Había tres mujeres con niños en el regazo, una de las cuales, más tarde, abrió la blusa y allí mismo dio de mamar al niño mientras miraba y escuchaba. Con la mano libre cubría un poco el rostro del niño y el seno, pero sin pensar demasiado en eso, tranquila. Había hombres de barba sin afeitar, trabajadores del campo, obreros, algunos empleados (¿dependientes de comercio?, ¿oficinistas?), y niños que querían estar quietos y no podían. Hablamos hasta la madrugada. Cuando nos callamos y se callaron ellos, hubo alguien que dijo simplemente, en el extraño tono de quien pide disculpa y da una orden: «Vuelvan cuando puedan». Nos despedimos.

Era tarde, muy tarde. Pero ni el uno ni el otro teníamos prisa. El automóvil rodaba sin rumor, buscando el camino dentro de una noche altísima, con el cielo cubierto de luminarias. Sólo muchos kilómetros más allá conseguimos decir algo más que las pocas palabras de contento que habíamos intercambiado al arrancar.

Teníamos ahora ante nosotros un viaje largo. Atravesábamos un mundo deshabitado: canales silenciosos, las calles de las aldeas con sus fachadas adormecidas, y luego volvíamos a irrumpir en los campos, entre árboles que parecían recortados y explotaban en verde cuando la luz de los faros los perforaba. No teníamos sueño. Y entonces hablábamos como dos niños felices.

A la izquierda del camino, un río corría a nuestro lado.

Estas crónicas fueron publicadas por primera vez
en el diario *A Capital* (1969) y en el semanario
Jornal do Fundão (1971-1972).

Índice

De este Mundo y del Otro

Las maletas del viajero